C·H·Beck
PAPERBACK

W0196649

# HEINRICH AUGUST WINKLER

# ZERREISS PROBEN

Deutschland, Europa und der Westen

Interventionen
*1990 bis 2015*

C.H.Beck

Originalausgabe

© Verlag C.H.Beck oHG, München 2015
Gesamtherstellung: Druckerei C.H.Beck, Nördlingen
Umschlaggestaltung: Kunst oder Reklame, München
Printed in Germany
ISBN 978 3 406 68424 1

*www.beck.de*

# Inhalt

## II. Streitfragen der deutschen Innenpolitik

## III. Europa zwischen Erweiterung und Vertiefung

IV. Zerreiß- und Bewährungsproben des Westens

V. Die Deutschen von sich selbst befreit

Für Dörte

# Vorwort

Dieser Band enthält Essays zu politischen Streitfragen, entstanden in den Jahren 1990 bis 2015, ein Interview mit dem Wiener «Standard» sowie die Rede, die ich auf Einladung von Bundestagspräsident Norbert Lammert aus Anlass des 70. Jahrestags des Endes des Zweiten Weltkriegs in Europa am 8. Mai 2015 im Deutschen Bundestag gehalten habe.

Die Texte betreffen vier Themenbereiche: erstens die Versuche der Deutschen, nach der unverhofften Wiedererlangung der staatlichen Einheit sich über ihren historischen und politischen Standort klar zu werden; zweitens innenpolitische Kontroversen über so unterschiedliche Fragen wie die wechselseitigen Vorbehalte von West- und Ostdeutschen, notwendige Reformen, nicht zuletzt an den deutschen Universitäten, und das Für und Wider von mehr direkter Demokratie; drittens Krisen und Widersprüche des europäischen Einigungsprozesses; viertens Herausforderungen des Westens zwischen dem transatlantischen Zerwürfnis unter Präsident George W. Bush, ausgelöst durch die Vorbereitung und Durchführung des Irakkriegs von 2003, und der neuen Ost-West-Konfrontation um die Ukraine seit Ende 2013.

Die Anlässe meiner Interventionen sind jeweils aktueller Natur, die Probleme von denen sie handeln, reichen aber über den Tag hinaus, sind also eher grundsätzlicher Art. Das gilt auch für die Texte, bei denen ich der Versuchung, eine Satire zu schreiben, nicht widerstanden habe. Wo der Hintergrund eines Beitrags nicht mehr als allgemein bekannt vorausgesetzt werden kann, habe ich dem Text eine kurze Erläuterung vorangestellt. Wörtliche Zitate werden, wo immer möglich, in den Anmerkungen belegt. Dass einige zentrale Argumente und Zitate mehr als einmal vorkommen, habe ich in Kauf genommen.

Die meisten Essays wurden in Tages- und Wochenzeitungen,

einige in anderen Periodika veröffentlicht. Sie wenden sich an ein Publikum, das sich für Geschichte und Politik interessiert, und nicht so sehr an die Fachwelt. Die Zeit, von der die folgenden Beiträge handeln, ist das Vierteljahrhundert von der deutschen Wiedervereinigung bis zur unmittelbaren Gegenwart. Um ebendiese Zeit geht es auch im vierten und letzten Band meiner «Geschichte des Westens», der unter dem Titel «Die Zeit der Gegenwart» Anfang 2015 im Verlag C.H.Beck, München, erschienen ist. Auf dieses Buch möchte ich alle Leserinnen und Leser verweisen, die sich intensiver mit einigen der in diesem Band behandelten Fragen befassen wollen.

Bei der Vorbereitung dieser Essaysammlung waren mir Frau Monika Roßteuscher, Frau Janna Rösch und Herr Angelo D'Abundo, beim Korrekturlesen und bei der Herstellung des Personenregisters Herr Alexander Goller eine große Hilfe. Ihnen allen danke ich herzlich.

Berlin, im Juni 2015                    Heinrich August Winkler

# I

## DEUTSCHLAND AUF DER SUCHE
## NACH SICH SELBST

---

Mit der Wiedervereinigung Deutschlands am 3. Oktober 1990 entfielen die alliierten Vorbehaltsrechte «in bezug auf Berlin und Deutschland als Ganzes». Deutschland erhielt seine Souveränität zurück. An das höhere Maß an außenpolitischer Verantwortung, das damit verbunden war, mussten sich die Deutschen aber erst mühsam gewöhnen. Die Folgerungen, die aus den Verbrechen der nationalsozialistischen Zeit zu ziehen waren, blieben bis in das neue Jahrtausend hinein umstritten. Es gab auch immer wieder Versuche, das schrecklichste Kapitel der deutschen Geschichte in nationalapologetischer Absicht zu relativieren – Versuche, die teilweise heftige Debatten auslösten.

# Der unverhoffte Nationalstaat.
# Deutsche Einheit:
# Die Vorzeichen sind günstiger als 1871

*28. September 1990*

## I.

Marx mag tot sein, aber die Dialektik lebt. Jedenfalls ist die Geschichte noch immer gut für überraschende Volten und schwer auflösbare Widersprüche. Jahrzehntelang haben die Deutschen sich an den Gedanken gewöhnt, daß es mit dem Ende ihres Nationalstaates seine historische Richtigkeit habe und die Lösung der deutschen Frage infolgedessen keine nationalstaatliche mehr sein könne. Fast über Nacht fällt ihnen jetzt in den Schoß, woran sie kaum mehr geglaubt, worauf sie auch nicht hingearbeitet haben: ein neuer deutscher Nationalstaat. Werden die Deutschen mit dieser unverhofften Entwicklung fertig werden?

In keinem anderen europäischen Land ist die Skepsis gegenüber dem Nationalstaat so groß wie in Deutschland. Der Grund liegt auf der Hand: Nirgendwo ist der Nationalstaat auf so furchtbare Weise gescheitert wie hier. Der deutsche Nationalstaat, das 1871 von Bismarck gegründete Reich, hat sich selbst zerstört, bevor er nach dem zweiten der von ihm ausgelösten Weltkriege von den Siegern besetzt und schließlich geteilt wurde. Dem äußeren Untergang von 1945 war zwölf Jahre zuvor der innere vorausgegangen. Mit der Übertragung der Macht an Hitler am 30. Januar 1933 endete nicht nur die kurzlebige erste deutsche Demokratie, die Republik von Weimar, sondern auch der sehr viel ältere deutsche Rechts- und Verfassungsstaat. Das Ende des deutschen Nationalstaates hätte sich nur noch aufhalten lassen, wenn es den Deutschen gelungen wäre, sich aus eigener Kraft von der Diktatur Hitlers zu befreien.

Der äußere Untergang des Deutschen Reiches war eine Folge seiner totalen militärischen Niederlage. Der innere Untergang hatte seine tieferen Ursachen in den Widersprüchen der Nationalstaatsgründung von 1871. In der Revolution von 1848/49 war der Versuch der Liberalen und Demokraten fehlgeschlagen, gleichzeitig die Einheit und Freiheit Deutschlands zu verwirklichen. Bismarcks Reichsgründung, nach seiner eigenen Meinung wie der der Zeitgenossen eine «Revolution von oben», brachte den Deutschen die ersehnte Einheit – in der «kleindeutschen» Form, also unter Ausschluß Österreichs. Diese Lösung der deutschen Frage war nicht nur mit den Interessen des übrigen Europa verträglicher als ein noch mächtigeres «Großdeutschland». Sie entsprach auch den Wünschen der Liberalen nordwärts des Mains und vor allem in Preußen: Sie waren zumeist evangelisch und sahen im katholischen Vielvölkerstaat der Habsburger ein klerikales, wirtschaftlich rückständiges, national nicht integrierbares Gebilde, kurz ein Relikt des Mittelalters.

Aber die Freiheit im Sinne eines parlamentarischen Systems und damit der politischen Vorherrschaft des liberalen Bürgertums konnte und wollte Bismarck den Deutschen nicht gewähren. Er erfüllte nach dem Sieg über Österreich im Jahre 1866 jene liberalen Forderungen, die mit den Interessen der altpreußischen Führungsschicht – Dynastie, Adel, Armee und hohes Beamtentum – vereinbar waren. Das liberale Bürgertum konnte sich in Kultur und Wirtschaft frei entfalten und der Gesetzgebung weitgehend seinen Stempel aufdrücken. Das Zentrum der staatlichen Macht jedoch, die eigentliche Regierungsgewalt, blieb ihm in Bismarcks konstitutioneller Monarchie versperrt.

Die Nationalliberalen, wie sich der kompromißwillige Flügel der liberalen Bewegung nannte, wußten sich zu trösten: «Ist denn die Einheit nicht selbst ein Stück Freiheit?» fragte einer ihrer Wortführer, Ludwig Bamberger, im Dezember 1866 in einem Aufruf an die Wähler Rheinhessens.[1] Für die deutsche Einheit eintreten, das hieß aus der Sicht der Liberalen, aber auch der jungen Arbeiterbewegung, für Freiheit und Fortschritt, gegen die vielen Dynastien und ihren adligen Anhang sein. Die nationale Parole war bis in die Reichsgründungszeit ein Kampfruf der Liberalen und der Linken. Aber die Nationalliberalen trugen selbst dazu bei, daß nach 1870/71 der freiheitliche Glanz dieser Parole rasch verblaßte. Während des «Kulturkampfes», den sie im Bunde mit Bismarck führten, scheuten sie nicht davor zurück, die kirchentreuen Katholiken als Deutsche zweiter Klasse, ja als «Reichsfeinde» zu diffamieren. Mit demselben Begriff wurden die Sozialdemokraten bedacht, die Bismarck von 1878 bis 1890 mit Hilfe eines von den Nationalliberalen gebilligten Ausnahmegesetzes verfolgte.

Der Begriff «national» verwandelte sich seit Mitte der 1870er Jahre von einer linken in eine rechte Parole. Sie diente dem Kampf gegen die international gesinnte Sozialdemokratie und gegen die liberale Freihandelslehre, der der «Schutz der nationalen Arbeit» in Gestalt hoher Einfuhrzölle entgegengestellt wurde. Antisemitische Agitatoren machten hinter der «roten Internationale» der Arbeiter und der «goldenen Internationale» des Bankkapitals einen gemeinsamen Drahtzieher aus: das internationale Judentum. National sein hieß fortan in erster Linie antiinternational und sehr häufig auch bereits antisemitisch sein.

Der deutsche Nationalstaat hat die inneren Feindbilder seiner Entstehungsphase nie völlig überwunden. Den Sozialdemokraten half es nur wenig, daß sie im August 1914 dem Reich Kriegskredite bewilligten und wie alle Deutschen zu den Fahnen eilten. Noch in den Jahren der Weimarer Republik galten sie in den Augen «nationaler» Kreise als «vaterlandslose Gesellen». Auch gegenüber den Katholiken gab es in der ersten deutschen Demokratie fortdauernde Vorbehalte. Sie waren so stark, daß ein katholischer Politiker wie Heinrich Brüning, der Reichskanzler der Jahre 1930 bis 1932, sie nur durch einen forcierten Nationalismus glaubte entkräften zu können.

Die Republik von Weimar, wie sie aus der Revolution von 1918/19 hervorging, erscheint uns rückblickend als ein Versuch, den Hauptwiderspruch des Kaiserreiches, den Gegensatz zwi-

schen kultureller und wirtschaftlicher Modernität auf der einen
und der Rückständigkeit des politischen Systems auf der anderen Seite, zu überwinden. Gegen das Gelingen dieses Versuches
stand eine doppelte Erbschaft der Monarchie: die Abneigung
großer Teile der traditionellen Eliten gegen die neue Mehrheitsherrschaft und das Unvermögen vieler Demokraten, sich auf die
Kompromisse einzulassen, ohne die ein Vielparteienstaat nicht
parlamentarisch regiert werden konnte. Der Übergang zu einem
vom Reichspräsidenten gestützten Notverordnungsregime im
Jahre 1930 markiert das Ende Weimars als parlamentarische
Demokratie und die Rückkehr zu einer bürokratischen Spielart
des Obrigkeitsstaates.

Doch das Rad der Geschichte ließ sich nicht einfach zurück-
drehen. Seit sechs Jahrzehnten waren die Deutschen an das allgemeine gleiche Wahlrecht für Männer gewöhnt, und seit 1918
bedurften die Regierungen des Vertrauens des Reichstags, mittelbar also auch der Bevölkerung. Daß die Präsidialregierungen
ab 1930 den Willen der Massen auszuschalten suchten, mußte
massenhaften Protest auslösen. Das wirkungsvollste Sprachrohr
dieses Protests waren die Nationalsozialisten. Die Partei Hitlers
appellierte gezielt an beides: den überlieferten Anspruch der
Massen auf politische Teilhabe und an das verbreitete Ressentiment gegenüber dem neuen, angeblich undeutschen parlamentarischen System, das den Willen des Volkes verfälsche. Was
die Nationalsozialisten der parlamentarischen Demokratie und
dem Präsidialregime entgegensetzten, war ein System, das sie als
Ausdruck des wahren Volkswillens ausgaben: der plebiszitär
legitimierte Führerstaat.

Deutschland war das einzige hochindustrialisierte Land, das
im Verlauf der Weltwirtschaftskrise sein demokratisches System
aufgab und durch eine totalitäre Diktatur ersetzte. Ohne die
Langlebigkeit des Obrigkeitsstaates oder, anders gewendet, die
verspätete Demokratisierung Deutschlands ist dieser «Sonderweg» nicht zu erklären. Gewiß läßt sich im historischen Vergleich nirgendwo ein «Normalweg» zur liberalen Demokratie
erkennen, und so gesehen ist alle Geschichte eine Geschichte

von Sonderwegen. Aber im Hinblick auf die deutsche Entwicklung darf man hinzufügen: Einige dieser Sonderwege sind noch besonderer als die anderen.

## II.

Eine der Voraussetzungen für Hitlers Erfolg war die allgemeine Überzeugung, daß Deutschland keine größere Schuld am Ersten Weltkrieg auf sich geladen hatte als die anderen kriegführenden Mächte, der Vertrag von Versailles also schreiendes Unrecht war. Zwar belegten die seit 1919 bekannten deutschen Dokumente die kriegstreibende Rolle der Reichsleitung in der Julikrise von 1914 zur Genüge, aber das behinderte nicht die Verbreitung einer Kriegsunschuldlegende – der ebenbürtigen Schwester jener Dolchstoßlegende, wonach «marxistische» Verräter der kämpfenden Front in den Rücken gefallen seien und damit Deutschlands militärische Niederlage herbeigeführt hätten. Nach dem Zweiten Weltkrieg bestritten nur kleine Gruppen von Unbelehrbaren, daß dieser Krieg vom nationalsozialistischen Deutschland entfesselt worden war. Diese Einsicht erleichterte den moralischen Bruch mit dem Nationalsozialismus.

Der politische und gesellschaftliche Bruch mit dem untergegangenen Regime war 1945 ebenfalls ungleich tiefer als 1918. Neben der politischen Führung verschwand auch die militärische von der Bildfläche. Den ostelbischen Rittergutsbesitzern, die bei der Zerstörung der ersten Republik und der Machtübertragung an Hitler eine Schlüsselrolle gespielt hatten, wurde durch Vertreibung und Enteignung im Wortsinn der Boden entzogen. Das Land Preußen, das schon durch den Staatsstreich des «Kabinetts der Barone» vom 20. Juli 1932 seiner staatlichen Selbständigkeit beraubt und nach 1933 von den Nationalsozialisten rigoros gleichgeschaltet worden war, hörte 1947 aufgrund eines Gesetzes des Alliierten Kontrollrats auf zu bestehen.

Die Tiefe der Zäsur von 1945 erklärt zu einem guten Teil,

warum Bonn nicht Weimar wurde. Aber es war nur ein Teil Deutschlands, der eine zweite Chance erhielt, sich als Demokratie zu bewähren. Die Wiedervereinigung mit dem anderen Teil wurde von den Bundesregierungen unter der Kanzlerschaft Adenauers immer wieder beschworen, aber nicht «operativ» angestrebt. Der Preis, um den die deutsche Einheit allenfalls zu haben gewesen wäre, erschien Adenauer aus guten Gründen zu hoch: Eine Neutralisierung Deutschlands hätte Europa in das Zeitalter der nationalen Rivalitäten zurückgeworfen und das Gleichgewicht der Kräfte zugunsten der Sowjetunion verschoben. Ein isoliertes Deutschland wäre, schon wegen des noch längst nicht bewältigten Verlustes der Ostgebiete, vor nationalistischen Versuchungen mitnichten gefeit gewesen. Eine solche Perspektive war nicht nur für Adenauer und viele Deutsche erschreckend, sondern erst recht für alle Nachbarn Deutschlands.

Adenauers vorrangiges Ziel war mithin nicht die Wiederherstellung eines deutschen Nationalstaates, sondern die volle Souveränität für die Bundesrepublik und deren unauflösliche Verbindung mit Westeuropa. Eine Wiedervereinigung hielt der erste Bundeskanzler nur dann für wünschenswert, wenn sichergestellt war, daß auch Gesamtdeutschland ebenso zum Westen gehören würde wie die Bundesrepublik. Da diese Art von deutscher Einheit auf absehbare Zeit nicht erreichbar war, hatten Adenauers wiederholte Bekenntnisse zur Wiedervereinigung primär eine innenpolitische Funktion: Sie dienten der Gewinnung der Mehrheiten, die er für seine Politik brauchte, die er durch eine Darlegung seiner wirklichen Prioritäten aber schwerlich gefunden hätte.

Mag sein, daß Adenauer die deutschen Ereignisse von 1990 mit dem berühmten Satz kommentiert hätte: «Die Situation ist da.» Tatsächlich ist die deutsche Vereinigung, die sich jetzt vollzieht, *die* Lösung der deutschen Frage, die er für die einzig annehmbare hielt. Aber möglich wurde diese Lösung erst durch die Ostpolitik seiner sozialdemokratischen Nachfolger.

Die SPD, die sich während der Kanzlerschaft des überzeugten

Europäers Adenauer als Wiedervereinigungspartei profiliert und damit den nationalen Part in der bundesdeutschen Politik übernommen hatte, zog nach dem Bau der Berliner Mauer im Jahre 1961 die Konsequenzen aus der Tatsache, daß die Spaltung Deutschlands im Zeichen der «Politik der Stärke» immer tiefer geworden war. Mit dem ersten Berliner Passierscheinabkommen von 1963 begann jene Neuorientierung der deutschen Politik, die in den Ostverträgen der Regierung Brandt-Scheel gipfelte. Die Anerkennung der Nachkriegsrealitäten im östlichen Mitteleuropa, einschließlich der staatlichen Existenz der DDR, hat jenen Wandel in Gang gesetzt, dessen Höhepunkt die friedlichen Revolutionen des Jahres 1989 bilden.

Die bundesdeutschen Leitartikel und Sonntagsreden, in denen die Wiederherstellung der staatlichen Einheit Deutschlands gefordert wurde, haben die Umwälzung in der DDR nicht gefördert, sondern eher verzögert. Bis zum Herbst 1989 konnte Honeckers SED ihre Reformblockade mit der auch für Gorbatschow lange einleuchtenden Alternative begründen: «Wir oder die Wiedervereinigung.» Unter diesen Umständen sprach alles dafür, statt der Abschaffung der DDR die Schaffung demokratischer Verhältnisse in der DDR, also nicht die staatliche Einheit, sondern die Freiheit für alle Deutschen zum obersten Ziel der Deutschlandpolitik zu machen.

Wer so argumentierte (ich selbst tat es zuletzt in dem Aufsatz «Die Mauer wegdenken» in der «Zeit» vom 11. August 1989), setzte seine Hoffnungen auf Reformkräfte in der DDR, die bis in die SED hineinreichten. Heute wissen wir, daß die oppositionellen Gruppen sehr viel weniger Rückhalt in der Bevölkerung hatten, als sie und wir meinten. Die schweigende Mehrheit verhielt sich abwartend. Der Ruf nach «Deutschland einig Vaterland» wurde erst laut, nachdem die SED bereits kapituliert hatte. Diese Entwicklung wäre undenkbar gewesen, hätte die Sowjetunion sich im Oktober 1989 zugunsten «brüderlicher Hilfe» entschieden. Die Nichtintervention Moskaus machte die Vereinigung der beiden deutschen Staaten *möglich*, der Wille der Deutschen in der DDR machte sie *notwendig*.

## III.

Die deutsche Einheit käme nicht zustande, wenn die Weltmächte und Europa ein neues Deutsches Reich, die Wiederherstellung eines souveränen Nationalstaates der traditionellen Art, zu gewärtigen hätten. Aber dies steht nicht auf der Tagesordnung. Das vereinigte Deutschland wird nicht weniger föderalistisch und nicht minder «multikulturell» sein als die bisherige Bundesrepublik. Außerdem ist es von vornherein eingebunden in die Europäische Gemeinschaft und in eine Atlantische Allianz, die dabei ist, ein neues, kooperatives Verständnis von europäischer Sicherheit zu entwickeln. Diese supranationale Einbindung ist, zusammen mit der von Deutschland akzeptierten Beschränkung seines militärischen Potentials und dem Verzicht auf ABC-Waffen, geradezu das politische «a priori» der Vereinigung. Der deutsche Nationalstaat hebt sich infolgedessen, indem er *entsteht*, teilweise auch schon wieder auf. Und das ist gut so. Denn erstens liegt es im wohlverstandenen Interesse der Deutschen selbst, daß aus der Wirtschaftskraft des bevölkerungsreichsten Landes westlich des Bug keine deutsche Vorherrschaft über Europa erwächst. Und zweitens kann nur ein bewußt europäisches Deutschland dazu beitragen, daß die Teilung des Kontinents überwunden wird und ein Rückfall in nationalstaatliche Politik nicht stattfindet.

Was sich heute in Deutschland vollzieht, kann schon deshalb keine Rückkehr zu nationalstaatlicher Normalität sein, weil es diese in Deutschland nie gegeben hat. In den Grenzen des Bismarckreiches lebten starke Minderheiten, die aus Deutschland hinausstrebten, nämlich Polen, Dänen, Elsässer und Lothringer. Nach 1918 waren die Deutschen mit dem ihnen verbliebenen Territorium nicht zufrieden; sie verlangten die Rückkehr vieler der an Polen abgetretenen Gebiete und den «Anschluß» Österreichs. Das vereinigte Deutschland von 1990 begreift sich dagegen, von einigen Vertriebenenfunktionären abgesehen, als vollständig und kennt keine ungelösten Nationalitätenprobleme.

Gleichwohl gibt es eine historische Kontinuität zwischen dem neuen Nationalstaat und dem von 1871. Die Entscheidung für die kleindeutsche Lösung wird heute nochmals bestätigt. Wer bislang lässig von «drei deutschen Staaten» sprach (und damit die Bundesrepublik, die DDR und Österreich meinte), muß umlernen: Es gab nur zwei Staaten, aus denen jetzt einer wird. Österreich ist kein deutscher Staat, weil es keiner sein will. Revisionsbedürftig sind auch andere Formeln und Theorien. Als wenig tragfähig hat sich zum Beispiel die Annahme erwiesen, die Bundesdeutschen könnten die Frage nach ihrer nationalen Identität dadurch ausreichend beantworten, daß sie ihren Staat als «postnationale Demokratie» definieren. Erst recht hat die jüngste Entwicklung denen unrecht gegeben, die zu Beginn der achtziger Jahre einen Prozeß der «Bi-Nationalisierung» beider Teile Deutschlands zu erkennen glaubten. Was so aussah, war auf der einen Seite bundesdeutsche Bequemlichkeit und auf der anderen SED-Propaganda. Ein moralisches Fundament hatte das Konstrukt von den zwei deutschen Nationen zu keiner Zeit, weshalb es denn auch in der intellektuellen Diskussion kaum Spuren hinterlassen hat.

Doch die Gefahr besteht, daß man demnächst in einem ganz anderen Sinn von «zwei Nationen» sprechen könnte – in dem Sinn, in dem Benjamin Disraeli 1845 in seinem Roman «Sybil, or the Two Nations» diese Formel eingeführt hat: als Umschreibung des Gegensatzes zwischen Arm und Reich. Zwischen den Deutschen im Westen und denen im Osten gibt es ein Wohlstandsgefälle, das durch die Währungsunion stärker als zuvor ins allgemeine Bewußtsein gerückt worden ist. Das Bild von den «two nations» könnte, so paradox es klingt, im Zeichen der Einigung einen größeren Wirklichkeitsgehalt bekommen als in den vier Jahrzehnten der Trennung. Und es geht ja nicht nur um ein materielles Gefälle. Es sind radikal unterschiedliche Erfahrungswelten, die jetzt in *einem* Staat aufeinanderstoßen und Spannungen hervorrufen werden.

Um die Teilung zu überwinden, müssen die Westdeutschen infolgedessen nicht nur tun, was der Bundeskanzler allzu lange bestritten hat, nämlich materielle Opfer bringen. Sie müssen, was viel schwerer ist, sich in vielerlei Hinsicht innerlich umstellen. Sie müssen ihren Verfassungspatriotismus weiterentwickeln zu einem Patriotismus der Solidarität. Dazu gehört, daß sie nicht alles und jedes so belassen, wie es ist, nur weil es nun einmal so ist. Das gilt für die gesamtdeutsche Verfassung, die sicherlich weitgehend mit dem Grundgesetz von 1949 übereinstimmen wird und doch, um der demokratischen Legitimation des neuen Gemeinwesens willen, zum Gegenstand einer Volksabstimmung gemacht werden sollte. Und es gilt für die Hauptstadtfrage. Das Zusammenwachsen beider Teile Deutschlands verlangt eine Hauptstadt, die diesen Vorgang als ihre ureigenste Herausforderung begreift und erlebt. Bonn mag auch künftig einen Teil der Ministerien beherbergen und eine Art Verwaltungshauptstadt bleiben. Die *politische* Hauptstadt Deutschlands aber kann nur Berlin sein.

Für Berlin sprechen aber nicht nur deutsche, sondern auch europäische Gründe. Das vereinte Deutschland hat gegenüber den neuen Demokratien des östlichen Mitteleuropa eine Bringschuld abzutragen: Polen war der Pionier jener friedlichen Revolutionen, in deren Verlauf schließlich auch die Deutschen in der DDR ihr diktatorisches System abschütteln konnten. Kein Land hat so viel wie Ungarn zur Öffnung der Mauer und der innerdeutschen Grenze beigetragen. Polen, Ungarn und die Tschechoslowakei sind nicht weniger europäisch als die DDR, aber sie werden sehr viel später als diese in die Europäische Gemeinschaft aufgenommen werden. Deutschland muß sich in der EG zum Anwalt der neuen Demokratien machen. Berlin als tatsächliche und nicht nur nominelle deutsche Hauptstadt kann noch mehr bewirken: Es wird das Bewußtsein schärfen, daß Europa größer ist als der Torso, der diesen Namen bisher für sich in Anspruch nahm. Die Wiedervereinigung des Westens mit der Mitte Europas bedarf der Symbole. Die deutsche Hauptstadt an der Spree wäre ein solches Symbol.

Die deutsche Vergangenheit, die so oft gegen Berlin ins Spiel gebracht wird, ist in Wahrheit ein Argument *für* die alte Hauptstadt. In Berlin kann man der Vergangenheit des deutschen Nationalstaates nicht ausweichen, der Zeit des Nationalsozialismus und seiner säkularen Verbrechen schon gar nicht. Berlin fordert zur Auseinandersetzung mit der jüngeren deutschen Geschichte heraus; es ist der Ort, wo die Nation mehr als in irgendeiner anderen deutschen Stadt in ihren Spiegel blicken muß. Zum Zusammenwachsen der beiden Teile Deutschlands gehört auch das gemeinsame Nachdenken über die deutsche Geschichte – die gemeinsame wie die getrennt erlebte. Eine Hauptstadt Berlin würde dies fördern – ein Grund mehr, sich in der Hauptstadt-frage nicht von Gesichtspunkten der Bequemlichkeit leiten zu lassen.

Die bundesstaatliche Einheit ist die Form, in der die Freiheit auch für *die* Deutschen Wirklichkeit wird, die sie bis zum Herbst 1989 entbehren mußten. Anders als in der Vorgeschichte der ersten Gründung eines deutschen Nationalstaates läßt sich die Einheit diesmal nicht gegen die Freiheit ausspielen. So schwierig die Vereinigung für die Deutschen selbst auch noch werden mag, ein neuer deutscher Sonderweg ist 1990 nicht in Sicht.

# War die Wiedervereinigung ein Fehler?
## Bonn oder Berlin:
## Eine Glosse zum Hauptstadtstreit

*26. April 1991*

Sage niemand, es gebe in Deutschland keinen Fortschritt der politischen Kultur. Wer würde heute seine Abneigung gegen Berlin als Hauptstadt noch so unverblümt ausdrücken wie der Schriftsteller Ludwig Thoma im *Miesbacher Anzeiger* vom 28. November 1920: «Wir Bayern wissen, daß alle Schuld am Unglück Deutschlands der Berliner Unfähigkeit, der alten wie der neuen, zuzuschreiben ist ... Berlin ist nicht deutsch, ist heute das Gegenteil davon; es ist galizisch verhunzt und versaut. Und jeder brave Mann in Preußen weiß heute, wo er den Grundstock eines ehrlichen Deutschtums zu suchen hat – in Bayern. Daran macht sie und uns kein Jud irre.»[1]

Heute findet man dergleichen, ohne antisemitisches Beiwerk, versteht sich, allenfalls in den Leserbriefspalten von Regionalblättern. Ein südwestdeutscher Universitätsrektor etwa tat unlängst, bevor er in sein hohes Amt gewählt wurde, seine Meinung zur Hauptstadtfrage dergestalt kund, daß er der örtlichen Zeitung anvertraute, mit welcher Begründung seinerzeit ein juristischer Kollege einen Ruf in die Reichshauptstadt abgelehnt habe: «Berlin verdirbt den Charakter.»[2] Im führenden Blatt einer anderen Universitätsstadt des deutschen Südwestens hieß es am 3. September 1990 in einem Leserbrief, Berlin sei das Symbol für die ganze unselige deutsche Vergangenheit dieses Jahrhunderts, mit Bonn dagegen verbinde sich Frieden, Freiheit und Bescheidenheit: «Berlin erinnert an Unfreiheit, Krieg und großdeutsches Protzentum ... Wer für die Kosten einer Verlegung der Bundeshauptstadt aufkommen müßte, steht ohnehin schon fest. Es wären wieder einmal die süddeutschen Bundesländer, die ohnehin schon die Zahlmeister der Nation sind und wohl auch die Hauptlast der deutschen Vereinigung werden tragen müssen. Von ‹Wiedervereinigung› will ich hier gar nicht reden. Pfälzer, Bayern oder Schwaben haben sich von niemand getrennt gefühlt.»[3]

Die prominenteren Fürsprecher Bonns würden so etwas weder schreiben noch sagen, noch, in den meisten Fällen jedenfalls, denken. Im Zweifelsfall lieben sie alle Berlin, und wenn sie den Parlaments- und Regierungssitz am Rhein belassen wollen, dann natürlich im wohlverstandenen Interesse von Spree-Athen, das schon rein verkehrs- und smogmäßig dankbar sein müßte, wenn nicht auch noch Abgeordnete, Ministerialbeamte und Diplomaten seine Straßen und Autobahnen verstopfen. Andererseits würden die Bonn-Freunde vielleicht nicht gerade der Magnifizenz, aber doch dem anderen Leserbriefschreiber, der offenbar ein Mann aus dem Volk ist, ein wenig zustimmen: Berlins Ruf war ja wirklich nicht immer der beste, es liegt ziemlich nahe bei Potsdam und unbestreitbar in Preußen, und daß sein Image sich nach 1945 etwas gebessert hat, ist vor allem seiner Entlastung durch Bonn zu verdanken, das bekanntlich nicht nur nicht Weimar, sondern eben auch nicht Berlin ist.

Zugegeben: Es wäre noch besser, wenn im Juni 1963 ein amerikanischer Präsident vor dem Rathaus der kleinen Metropole einer jubelnden Menge zugerufen hätte, alle freien Menschen, wo immer sie leben mögen, seien Bürger Bonns, und er selbst sei stolz zu sagen: «Ich bin ein Bonner.» Und ganz unbezahlbar wäre der Nachweis, daß der Bundestag immer wieder beschlossen habe, nach einer Wiedervereinigung Deutschlands müsse Bonn endgültig zur deutschen Hauptstadt werden. Aber auch wenn sich solche Entschließungen nicht auffinden lassen und statt dessen Bekenntnisse zu einer Hauptstadt Berlin ans Tageslicht gefördert werden sollten, so darf man doch darauf vertrauen, daß schon immer allen mündigen Bürgerinnen und Bürgern bewußt war, wie solche Erklärungen gemeint waren: als vertrauensbildende Maßnahme nämlich und insoweit dem Versprechen vergleichbar, im Zusammenhang mit der deutschen Einheit werde es keine Steuererhöhungen geben.

Es sollte auch niemanden irritieren, daß einige der wärmsten Befürworter einer wenn schon nicht offiziellen, so doch real existierenden Hauptstadt Bonn – zu denken wäre an Horst Ehmke, Otto Graf Lambsdorff und Gerhart Baum – ihre Wahlkreise in Bonn, um Bonn und um Bonn herum haben. Und ein Schuft, wer Böses dabei denkt, daß es im größten Bundesland, was die Hauptstadtfrage angeht, keine Parteien mehr gibt, sondern von Rau bis Blüm nur noch Nordrhein-Westfalen. Geradezu infam wäre die Unterstellung, manche Bonner Korrespondenten ließen sich bei ihrem Eintreten für den Regierungs- und Parlamentssitz Bonn davon beeinflussen, daß ein Hauptstadtwechsel den Verkaufswert ihrer Eigenheime drücken könnte.

Im übrigen treten ja nicht nur Nordrhein-Westfalen und Bonner Residenten für einen Regierungssitz am Rhein ein, sondern auch die meisten Ministerpräsidenten der alten Bundesländer. Wollen wir sie etwa verdächtigen, sie täten das nur deshalb, weil eine Hauptstadt Berlin an kulturellem Glanz Kiel, Mainz oder München übertreffen könnte? Von den Ministerpräsidenten der neuen Länder und ostdeutschen Abgeordneten hört man zwar mitunter, sie zögen Berlin vor, aber vermutlich hat nicht einer von ihnen zur Kenntnis genommen, was 1990 ein bedeutender Denker aus Walter Wallmanns Wiesbadener Staatskanzlei namens Alexander Gauland über das westöstliche Kulturgefälle in Deutschland herausgefunden hat.[4] Es ist ja wohl kein Zufall, daß die Zentren von Wirtschaft Technologie, Presse und Hochfinanz alle im alten Westen liegen. Und da sollte gerade die Politik eine Ausnahme machen und sich, durch eine Übersiedlung nach Berlin, aus dem eigentlichen Deutschland entfernen?

Die Entwicklung der erweiterten Bundesrepublik verlangt vor allem eines: Optimismus. Wo aber sollen die Abgeordneten und Beamten den hernehmen, wenn sie ihre Gesetze nicht mehr in einer Umgebung rheinischen Frohsinns, sondern mit jenem penetranten Armeleutegeruch in der Nase verabschieden müssen, der bei ungünstiger Windrichtung vom Prenzlauer Berg zum Reichstagsgebäude herüberweht? Und könnte nicht schon die Anreise auf dem Landweg den Parlamentariern auf das Gemüt schlagen? Schließlich bieten viele Städte und ganze Regionen Ostdeutschlands einen Anblick, den man den Volksvertretern gern ersparen würde.

Zudem ist Berlin, wofür es natürlich nichts kann, sehr an den Rand gerückt. Es liegt näher an der polnischen Grenze als Bonn an der belgischen und daher an der Peripherie jenes Europa, das von Bonn aus als das eigentliche erscheint. Ein Umzug von Bonn nach Berlin würde das Bild der Westdeutschen von Deutschland und Europa nachhaltig verändern. Deutschland ließe sich dann nicht mehr mit der alten Bundesrepublik, Europa nicht mehr mit der Gemeinschaft der Zwölf gleichsetzen. Das aber hieße Abschied nehmen von Gewohnheiten, die durch lange Dauer den Charakter wohlerworbener Rechte erlangt haben, und die pflegen in Deutschland auch Revolutionen zu überdauern.

Eine Hauptstadt Berlin, die diesen Namen wirklich verdient, würde die Deutschen an eine Vergangenheit erinnern, von der man in Bonn manchmal nicht sicher sein konnte, ob sie nicht bloß eine Erfindung der Historiker war. Die Möglichkeit, diese Vergangenheit mit Berlin zu identifizieren, wirkte auf angenehme Weise entlastend. Während des letzten Bundestagswahlkampfes wurde das noch einmal besonders deutlich, als die Bayernpartei in einem Fernsehspot den Hauptstadtanspruch Berlins mit der Behauptung konterte, Berlin sei die «Hauptstadt des Nationalismus und des Kommunismus» gewesen. (Welche süddeutsche Landesmetropole einst den Titel «Hauptstadt der Bewegung» führte, blieb der knappen Sendezeit wegen unerwähnt.) Eine derartige Entsorgung der gemeinsamen deutschen Vergangenheit ließe sich weniger leicht bewerkstelligen, würde Berlin tatsächlich zur deutschen Hauptstadt. Aber wiederum fragt sich, ob die Macht einer vierzigjährigen Gewohnheit nicht bereits zu einem einklagbaren Rechtsanspruch geworden ist.

Ein Umzug von Bonn nach Berlin will also wohlbedacht sein. Käme es dazu, würde aus dem Anschluß der DDR doch noch eine Vereinigung. Das hätte über kurz oder lang Auswirkungen auf Alltag, Habitus und Mentalität der Westdeutschen. Die ostdeutsche Revolution würde Westdeutschland mehr durcheinanderwirbeln, als bei der Aushandlung des Beitritts nach Artikel 23 Grundgesetz absehbar war. Die Freunde Bonns haben richtig erkannt, daß es jetzt an das Eingemachte geht. Noch ist nicht sicher, ob sie sich durchsetzen werden. Sollten sie unterliegen und Berlin Parlaments- und Regierungssitz werden, ist eine schmerzhafte Selbstprüfung angesagt. Spätestens zu diesem Zeitpunkt wird dann die Frage beantwortet werden müssen, die sich manche insgeheim jetzt schon stellen: War die Wiedervereinigung nicht vielleicht doch ein Fehler?

# Wider die postnationale Nostalgie

*Juli 1993*

Von «DDR-Nostalgie» liest und hört man viel und wahrscheinlich mehr, als der Sache angemessen ist. Denn ernsthaft zurück hinter die «Wende» von 1989/90 wollen nur sehr wenige Ostdeutsche. Anders steht es um ein Phänomen, von dem vergleichsweise selten die Rede ist: die Sehnsucht nach der alten Bundesrepublik. Diese Nostalgie ist weitverbreitet, und wenn sie auch noch keinen klaren Begriff von sich hat, so wirkt sie sich doch praktisch aus: als innerer westdeutscher Vorbehalt in bezug auf Deutschland als Ganzes.

Die alte Bundesrepublik hatte sich spätestens in den achtziger Jahren selbst anerkannt: Sie verstand sich als «postnationale Demokratie unter Nationalstaaten». Die Formel wurde 1976 von dem Bonner Zeithistoriker und Politikwissenschaftler Karl Dietrich Bracher geprägt.[1] Sie machte Karriere, weil sie klärend wirkte. Das postnationale Credo räumte auf mit der immer unglaubwürdiger gewordenen Doktrin, die Bundesrepublik sei bloß ein Provisorium. Die Standortbestimmung von 1976 verwandelte überdies einen deutschen Mangel in eine europäische Tugend: Gerade weil sie kein Nationalstaat war, schien die Bundesrepublik besonders befähigt, die supranationale Integration Westeuropas voranzutreiben.

Bracher verband sein Verdikt von 1976 mit einer eindringlichen Absage an «Sonderwege», wie sie das Verhältnis Deutschlands zum Westen vor 1945 geprägt hatten. Die alte Bundesrepublik hatte sich im Verlauf der Jahre zu dem entwickelt, was die Weimarer Republik nie gewesen war: eine funktionstüchtige westliche Demokratie. Der historische deutsche «Sonderweg» hatte im Nationalsozialismus seinen Höhe- und Endpunkt erreicht. Der «Zusammenbruch» des «Dritten Reiches» und die Teilung Deutschlands konfrontierten die Deutschen mit den

Folgen ihrer erst (bis 1918) autoritären, dann (nach 1933) totalitären Abweichung vom demokratischen Westen und bildeten darum ein schlagendes Argument *für* die Demokratie: Das war der breite liberale Konsens, der bis 1990 zu den Bedingungen von politischer Stabilität in der Bundesrepublik gehörte.

Die These, daß die Teilung Deutschlands in letzter Instanz ein Ergebnis deutscher Politik war und darum von den Deutschen hingenommen werden mußte, hatte ihre Verfechter nicht nur in liberalen bis linken Kreisen der alten Bundesrepublik, sondern auch in den Oppositionsgruppen der DDR. Für die letzteren war die Absage an einen neuen deutschen Nationalstaat unlösbar verknüpft mit der Forderung nach durchgreifenden Reformen in der DDR. In der alten Bundesrepublik befürworteten nicht alle, aber doch viele Kritiker einer zur Routine gewordenen «Wiedervereinigungsrhetorik» ein solches Junktim. Noch weniger kontrovers war zwischen West- und Ostdeutschen eine andere Einsicht: Der Friede in Europa beruhte auf einem annähernden Gleichgewicht zwischen West und Ost, und dieses Gleichgewicht war nicht anders zu gewährleisten als durch die Existenz von zwei deutschen Staaten.

Beide Argumente, das historisch-moralische wie das realpolitische, waren auch die meinen. Nach dem Beginn der «Perestrojka» Mitte der achtziger Jahre erschien mir der Ruf nach der staatlichen Einheit Deutschlands geradezu als kontraproduktiv: Er öffnete, so sah ich es jedenfalls, den Gegnern Gorbatschows in Ost-Berlin die Chance, sich der Sowjetunion gegenüber als die einzige Alternative zur Wiedervereinigung zu präsentieren und mit ebendieser Behauptung grundlegende Reformen zu blockieren. Deshalb schrieb ich im Februar 1988 in der Zeitschrift «Die Neue Gesellschaft/Frankfurter Hefte»: «Solange die Menschen- und Bürgerrechte nur in der Bundesrepublik, nicht aber in der DDR gewährleistet sind, ist die Last der deutschen Geschichte ungleich und ungerecht verteilt. Daraus ergibt sich für die Deutschen in der Bundesrepublik eine Pflicht zur nationalen Solidarität mit denjenigen Deutschen, denen die demokratische Selbstbestimmung bis heute vorenthalten wird.

Auf die Tagesordnung gehört also nicht die Restauration des Deutschen Reiches, sondern die Demokratisierung der Deutschen Demokratischen Republik.»[2]

Auch im Rückblick läßt sich dieser Standpunkt verteidigen. Das Bewußtsein vieler Deutscher, daß die tieferen Ursachen der Teilung ihres Landes in der deutschen Geschichte lagen und das Ja zur Zweistaatlichkeit ein Stück Friedenspolitik war, wirkte deutschem Nationalismus entgegen, baute im Ausland Vorbehalte gegenüber Deutschland ab und erleichterte so am Ende die Vereinigung der beiden deutschen Staaten. Und auch das bleibt richtig, daß die Wiedervereinigung im Lauf der Jahre immer mehr zu einem Instrument der bundesdeutschen Innenpolitik geworden war. Es wurde in erster Linie benutzt, um die Bedürfnisse einer konservativen Wählerklientel zu befriedigen und den Wählern links von der Mitte fehlende Vaterlandsliebe zu unterstellen. Wer wie der Vorsitzende der CSU, Bundesfinanzminister Theo Waigel, noch im Juli 1989 auf dem Deutschlandtreffen der Schlesier das Deutsche Reich in den Grenzen von 1937 beschwor, wußte, was er tat und warum er es tat. Brennende Sorge um die Deutschen in der DDR war dabei nicht im Spiel.

Die Irrtümer derer, die ganz auf eine Demokratisierung der DDR setzten, liegen seit 1990 klar zutage. Die Reformkräfte in der DDR waren viel schwächer, als sie selbst und ihre westlichen Sympathisanten meinten; die DDR war ökonomisch bankrott, ihre Stabilisierung unter den Vorzeichen der Eigenstaatlichkeit ausgeschlossen, der rasche Zusammenschluß mit der Bundesrepublik also ohne realistische Alternative.

Doch es gibt noch einen anderen Grund, die westdeutschen Vorbehalte gegenüber der deutschen Einheit kritisch zu überprüfen. Heute ist deutlicher als in der Zeit vor 1990, daß viele Altbundesdeutsche nicht nur einem deutschen Nationalstaat, sondern auch der Idee einer deutschen Nation eine Absage erteilt hatten. Das Motiv war nicht selten schlichtes Desinteresse an den Ostdeutschen, geboren aus der Macht der Gewöhnung an die Annehmlichkeiten des Status quo.

Meinungsumfragen aus der zweiten Hälfte der achtziger Jahre

zeigen, daß das Gefühl der nationalen Zusammengehörigkeit mit den Ostdeutschen bei jüngeren Westdeutschen sehr viel schwächer entwickelt war als bei älteren. Von den Bundesbürgern im Alter von 14 bis 29 Jahren fühlten sich im Jahre 1987 nur 65 Prozent (gegenüber 90 Prozent der über Sechzigjährigen) als Angehörige *eines* deutschen Volkes. Immerhin 34 Prozent der jüngeren Bundesbürger gingen von der Existenz zweier deutscher Völker aus. Zwischen 1976 und 1987 empfanden in der Gruppe der über Sechzigjährigen im Durchschnitt 15 Prozent die DDR als einen ausländischen Staat; bei den jungen Bundesbürgern war es gut die Hälfte. Eine Auswertung der entsprechenden Daten im «Deutschland Archiv» mündete 1989 in die Schlußfolgerung, die DDR werde von einem großen Teil der jungen Generation als fremder Staat mit einer anderen Gesellschaftsordnung und nicht mehr als Teil Deutschlands wahrgenommen. «Dies führt zu einem Abbau des Bewußtseins einer nationalen Gemeinsamkeit und macht stetiger Entfremdung Platz.»[3]

Die Entfremdung war keineswegs nur ein Generationsphänomen. Viele, auch ältere Bundesbürger, darunter nicht wenige, die man als «posthume Adenauersche Linke» apostrophieren kann, empfanden die Teilung als entlastend und den Nationalstaat, jedenfalls den deutschen, als Irrweg. Nicht alle gingen so weit wie Günter Grass, der in der Spaltung Deutschlands die Strafe für Auschwitz sah.[4] Aber der Gesamtverlauf der deutschen Geschichte schien doch Goethe und Schiller recht zu geben, die schon 1796 in den «Xenien» gewarnt hatten: «Zur Nation euch zu bilden, ihr hoffet es, Deutsche, vergebens; Bildet, ihr könnt es, dafür freier zu Menschen euch aus!»[5]

Die späte Bundesrepublik, die sich als postnationales Gemeinwesen begriff, wußte sich also im Einklang mit den besten Traditionen der deutschen Geschichte. Als Fortschritt hatte der Historiker Friedrich Meinecke zu Beginn des Jahrhunderts die deutsche Entwicklung vom Weltbürgertum zum Nationalstaat gewürdigt.[6] Gegen Ende des Jahrhunderts schien sich die deut-

sche Geschichte in der Umkehrung dieses Prozesses zu vollenden: vom Nationalstaat zum Weltbürgertum.

Das Unbehagen an der neugewonnenen Einheit hat hier seinen tieferen Grund. Erst nach dem staatlichen Zusammenschluß
wurde vielen Deutschen bewußt, wie sehr sich die beiden Teile
Deutschlands in den vier Jahrzehnten der Trennung auseinanderentwickelt hatten. Manche Westdeutsche fühlten sich durch die
Ostdeutschen in eine überwunden geglaubte Zeit, die Welt der
fünfziger Jahre, zurückgeworfen. Die Ostdeutschen hatten, anders als die Westdeutschen, keine Chance gehabt, sich in «Europäer» und «Weltbürger» zu verwandeln. Viele von ihnen waren
auf eine Weise, die intellektuelle Altbundesbürger zutiefst be-
fremdete, «deutsch», wenn nicht gar «deutschnational» geblieben. Was man im Westen gern vergißt: Diese «Rückständigkeit»
ist eine Folge der Tatsache, daß die Ostdeutschen, innerdeutsch
gesehen, die eigentlichen Verlierer des Zweiten Weltkriegs waren – durch Reparationen, Diktatur und Einmauerung massiv
benachteiligt gegenüber den Deutschen, die das Glück hatten,
auf der «richtigen Seite», nämlich im Westen, zu leben.

Doch es geht nicht nur um unterschwellige Animositäten
zwischen West- und Ostdeutschen. Im dritten Jahr der deutschen Einheit stellt sich die Frage, ob wir überhaupt begriffen
haben, was die Zäsur von 1990 bedeutet. Am 3. Oktober 1990 ist
der postnationale Sonderweg der alten Bundesrepublik definitiv
zu Ende gegangen. Auf die neue Bundesrepublik läßt sich die
Formel von der «postnationalen Demokratie unter Nationalstaaten» nicht mehr anwenden. Das vereinigte Deutschland ist,
unbeschadet seiner Einbindung in supranationale Zusammenschlüsse wie die Europäische Gemeinschaft und den Atlantik-
pakt, ein Nationalstaat – ein demokratischer Nationalstaat unter
anderen.

Der Verlust ihres postnationalen Sonderstatus scheint viele
Altbundesbürger zu schmerzen, mutet er sie doch wie ein historischer Rückschritt an. Noch schmerzhafter ist womöglich eine
andere Erkenntnis: Der an universalen Prinzipien orientierte
«Verfassungspatriotismus», für die alte Bundesrepublik fraglos

ein großer Gewinn, reicht nicht aus, um *die* Solidarität zu begründen, auf die es im vereinten Deutschland ankommt: die nationale Solidarität.

Die besondere Beziehung zwischen West- und Ostdeutschen ergibt sich aus der gemeinsamen Geschichte seit der Nationsbildung im 19. Jahrhundert. Die deutsche Nation, wie sie sich 1871 konstituierte, wäre nur dann ein abgeschlossenes Kapitel der deutschen Geschichte, wenn sich West- und Ostdeutsche nach 1949 zu eigenen Nationen entwickelt hätten. In der Bundesrepublik gab es dazu Ansätze, die aber nicht «offiziell» wurden. Die DDR verstand sich seit den frühen siebziger Jahren zwar offiziell als neue «sozialistische» deutsche Nation, fand aber damit in der Bevölkerung keinen Widerhall. Die deutsche Nation bestand also fort, und sie ist seit 1990 wieder, was sie in der Zeit der Teilung nicht war: eine Staatsnation.

Nicht darum also kann es gehen, *ob* die Deutschen eine Nation sind, sondern *wie* sie sich dazu verhalten und *was* sie daraus machen. «Daß es Nationen gibt, ist historisch das Europäische an Europa», hat der Historiker Hermann Heimpel einmal bemerkt.[7] So gesehen, kann der Abschied vom postnationalen Sonderweg der alten Bundesrepublik sogar ein Stück europäischer Normalisierung, eine Annäherung an das Selbstverständnis der anderen Europäer, bedeuten.

Allerdings lastet auf dem deutschen Begriff von Nation eine Hypothek, von der sich auch die alte Bundesrepublik nicht befreit hat. Es ist die in Artikel 116 des Grundgesetzes festgeschriebene Idee der Nation als Abstammungsgemeinschaft – das vermeintlich «objektive» Kontrastprogramm zum «subjektiven», auf den Willen der einzelnen abstellenden Nationsverständnis des Westens. Auf die traditionelle deutsche Vorstellung von «Volkszugehörigkeit» beruft sich auch heute noch, wer Ausländern, die seit Jahrzehnten in Deutschland leben, und ihren hierzulande geborenen Kindern die Einbürgerung verweigert und ableugnet, daß Deutschland seit langem zum Einwanderungsland geworden ist. Fremdenfeindlichkeit nährt sich vielfach aus dem nämlichen ethnischen, um nicht zu sagen «völkischen» Begriff von Nation, der den deutschen Nationalismus seit dem frühen 19. Jahrhundert geprägt hat.

Nach vier Jahrzehnten wechselseitiger Entfremdung zwischen Ost- und Westdeutschen kommt das, was sich seit 1990 in Deutschland vollzieht, einer Neubildung der deutschen Nation gleich. Gelingen kann diese Aufgabe nur, wenn sie einhergeht mit der Verwestlichung des deutschen Verständnisses von Nation. Schon weil Deutschland aus demographischen Gründen der Zuwanderung bedarf, wird der Begriff «Deutscher» künftig nicht mehr nur durch Abstammung, sondern auch durch den Willen zur Zugehörigkeit zur deutschen Nation bestimmt sein müssen. Jene «vorbehaltlose Öffnung der Bundesrepublik gegenüber der politischen Kultur des Westens», in der Jürgen Habermas zu Recht *die* große intellektuelle Leistung der Nachkriegszeit sieht,[8] ist solange ein unvollendetes Projekt, als das deutsche Staatsbürgerschaftsrecht nicht das Niveau der westlichen Demokratien erreicht hat.

Was das vereinte Deutschland braucht, ist ein Patriotismus der Solidarität. Das ist kein Gegensatz zum Verfassungspatriotismus, sondern seine Weiterentwicklung. Nationale Solidarität darf nicht als exklusive und auch nicht als die höchste Solidarität verstanden werden. Aber sie ist eine Solidaritätsstufe, die die Deutschen so wenig überspringen können wie andere Nationen. Der unmittelbare Sprung ins «Weltbürgertum» ist eine Wunschvorstellung und wohl auch noch etwas anderes: eine Flucht aus der Geschichte und vor der Verantwortung, die sich aus dieser Geschichte ergibt.

# Rücksichtslos gewaltfrei.
## Der Balkan, die SPD und die politische Moral

*7. August 1995*

*Am 30. Juni 1995 stimmte der Deutsche Bundestag mit 386 gegen 258 Stimmen bei 11 Enthaltungen der Beteiligung der Bundeswehr an einem von den Vereinten Nationen gebilligten Einsatz zum Schutz der Zivilbevölkerung in Bosnien-Herzegowina zu. Für den entsprechenden Antrag der Bundesregierung stimmten die Koalitionsparteien CDU/CSU und FDP sowie 45 Sozialdemokraten und 4 Abgeordnete von Bündnis 90/Die Grünen. Im Augustheft des Mitgliedermagazins «Vorwärts» verteidigte der Bundesgeschäftsführer der SPD, Günther Verheugen, die Haltung der Mehrheit seiner Partei.*

Einsamer nie als im August? Wenn die Sozialdemokratische Partei Deutschlands der außenpolitischen Linie folgt, die ihr Bundesgeschäftsführer Günther Verheugen in der Augustausgabe des Mitgliedermagazins «Vorwärts» absteckt, wird sie auch in den kommenden Monaten und Jahren sehr einsam sein, und zwar auch innerhalb der Sozialistischen Internationale. In Deutschland selbst würde die SPD Zustimmung bei einem schrumpfenden Teil von Bündnis 90/Die Grünen und bei jener Partei finden, die es nicht zuletzt Verheugen verdankt, daß sie im Bundesland Sachsen-Anhalt als stiller Teilhaber der rot-grünen Minderheitsregierung politisch salonfähig wurde: der PDS. Mit einer solchen Kombination der Kräfte ließe sich Deutschland zwar vorläufig nicht regieren. Aber zunächst geht es Verheugen auch um etwas anderes: Die SPD müsse ihr Profil als Friedenspartei schärfen, und deswegen komme es jetzt darauf an, «die deutsche Außenpolitik streitig zu stellen».[1]

Der Autor des Grundsatzartikels begründet sein Plädoyer für

eine «prinzipiell gewaltfreie Außenpolitik» historisch. Deutschland könne auch nach der großen Wende in Europa «nicht in dem Sinne ein normales Land werden..., wie andere ohne eine so anomale Geschichte es sind. Wer es immer noch nicht glaubt, sollte sich einmal fragen, was das erst jüngst eröffnete Washingtoner Holocaust-Museum bedeutet.» Es bedeutet offenbar, daß Deutschland sich angesichts von Verbrechen gegen die Menschlichkeit grundsätzlich anders zu verhalten hat als die übrigen westlichen Demokratien und sich an etwaigen international vereinbarten Kampfeinsätzen nicht beteiligen darf. Erst recht soll das für Gebiete gelten, in denen im Zweiten Weltkrieg deutsche Soldaten gekämpft haben, also für Bosnien.

Nun ist es gewiß ein Gebot politischer Klugheit, im ehemaligen Jugoslawien möglichst keine deutschen Bodentruppen einzusetzen. Aber ist diese Entscheidung deswegen auch schon ein moralisches Gebot, wie Verheugen sich und uns suggerieren möchte? Kant hat, den kategorischen Imperativ erläuternd, eine strikte Unterscheidung angemahnt: «Die Maxime der Selbstliebe (Klugheit) rät bloß an; das Gesetz der Sittlichkeit gebietet. Es ist aber doch ein großer Unterschied zwischen dem, wozu man uns anrätig ist, und dem, wozu wir verbindlich sind.»[2]

Verheugens Hinweis auf die Ermordung der europäischen Juden leistet auch nicht, was er soll. Ralph Giordano, ein Überlebender des Holocaust, hat sich vor kurzem gegen den Versuch gewandt, «den Völkermord an den Juden im deutsch besetzten Europa während des Zweiten Weltkriegs als Kronzeugen für eine abermalige deutsche Verdrängungsakrobatik zu instrumentalisieren».[3] Der Bundesgeschäftsführer der SPD betreibt eine solche Instrumentalisierung des Holocaust. Er verwandelt das schrecklichste Kapitel der deutschen Geschichte geradezu in einen Anspruch der Deutschen auf Anomalie.

## Zweierlei Sonderweg

Widerspruch gegen sein Manifest hat Verheugen vorhergeahnt. Er übt sich daher in Vorwärtsverteidigung. Wer die These von der Normalisierung Deutschlands ablehne, werde «von einer konservativen Übermacht in der Beeinflussungsindustrie unseres Landes mit dem Totschlagargument vom deutschen ‹Sonderweg› bedient», und das sei auf eine atemberaubende Weise unverfroren. «Das rücksichtslose Verfolgen nationaler Interessen war historisch der deutsche Sonderweg. Der bewußte Verzicht auf eine solche Politik kann nicht gut mit demselben Urteil verdammt werden.»

Verheugen irrt. Der historische deutsche Sonderweg bestand nicht in der rücksichtslosen Verfolgung nationaler Interessen. Das gab und gibt es auch andernorts, bis hin zu den französischen Atomtests auf dem Mururoa-Atoll. Unter «deutschem Sonderweg» verstehen die Historiker vielmehr die verspätete Demokratisierung Deutschlands – verspätet im Vergleich zu den entwickelten Industriegesellschaften des Westens. Dieser Sonderweg fand seinen Höhe- und Endpunkt im «Dritten Reich». Ein Sonderweg ganz anderer Art war der der alten Bundesrepublik, die sich nach Karl Dietrichs Brachers Wort zu einer «postnationalen Demokratie unter Nationalstaaten» entwickelte.[4] Auf das vereinte Deutschland trifft diese Formel nicht mehr zu. Es ist ein postklassischer demokratischer Nationalstaat unter anderen. Von einem abermaligen deutschen Sonderweg müßte man dann sprechen, wenn die neue Bundesrepublik auf einem internationalen Sonderstatus beharren würde – also das täte, was Verheugen fordert.

## Bessere Deutsche?

Ähnlich anfechtbar ist sein Verdikt, die deutsche Sozialdemokratie repräsentiere, «anders als die sich selbst so nennenden bürgerlichen Parteien, jenen besseren Teil der deutschen Geschichte, der zu Unfreiheit und Gewalt immer entschlossen nein gesagt hat». Das tapfere Nein der SPD zu Hitlers Ermächtigungsgesetz am 23. März 1933 hat zwar die Ehre der ersten deutschen Demokratie gerettet, brachte aber bekanntlich nicht das «Dritte Reich» zum Einsturz. Dazu bedurfte es der militärischen Gewalt der Alliierten, die Hitler gegen sich zusammengezwungen hatte. Nach der Gründung der Bundesrepublik übernahm die SPD den sehr ehrenwerten nationalen Part: Sie verfocht gegen Adenauers «bürgerliche» Koalition den Vorrang der Wiedervereinigung vor der Westintegration. Zur Bewahrung der Freiheit haben alle demokratischen Parteien der Bundesrepublik ihren Beitrag geleistet. Monopolansprüche in Sachen Freiheit verraten ein Denken in den Kategorien von Freund und Feind, das dem Verhältnis zwischen demokratischen Parteien unangemessen ist.

Das Verdienst der SPD am friedlichen Ausgleich mit dem Osten ist unbestritten. Doch als zu Beginn der achtziger Jahre mit der Gründung der unabhängigen Gewerkschaft «Solidarność» eine neue Phase des polnischen Kampfes um die Freiheit begann, zeigte die deutsche Sozialdemokratie dafür nur wenig Verständnis. Das Interesse der SPD an außenpolitischer Stabilität in Europa war so stark, daß Egon Bahr, der intellektuelle Architekt der sozialdemokratischen Ostpolitik, 1981 der Sowjetunion das Recht, ja die Pflicht zur militärischen Intervention für den Fall zugestand, daß Polen seine Zugehörigkeit zum Warschauer Pakt in Frage stellen sollte.[5]

Die Sowjetunion gibt es seit 1991 nicht mehr. Aber das Rußland Jelzins, Gratschows und Kosyrews könnte zuwege bringen, was der Sowjetunion nicht gelungen ist: eine politische Erpressung des Westens. Es wäre ein Fall von gelungener Erpressung, wenn der Westen Rußland ein faktisches Vetorecht gegen die Osterweiterung der NATO einräumen würde. Verheugen scheint dazu bereit. Für die Zukunft und Sicherheit Europas sei die EU-Erweiterung das entscheidende Element, schreibt er und fügt wörtlich hinzu: «Nur wer immer noch in überholten militärischen Kategorien denkt, kann auf die Idee kommen, die Stabilisierung Osteuropas etwa sei schon mit der Ausdehnung der NATO zu erreichen. Um es am Beispiel zu sagen: Die Überlebensfähigkeit der Demokratie in Polen oder Ungarn wird von der EU viel stärker geprägt als von der NATO.»

Der Streit um die deutsche Außenpolitik, den Verheugen anzetteln möchte, soll damit beginnen, daß die SPD aufhört, sich über Außenpolitik zu streiten. So und nicht anders ist das Finale furioso des Artikels zu verstehen: «Die Außen-und Sicherheitspolitik kann sehr wohl, ja sogar ziemlich leicht ein Stück der Vision sein, die von der SPD verlangt wird. Allerdings: Dazu müßten Kinkel und Rühe und Co. wissen, daß sie die gesamte SPD gegen sich haben.»

Es ist klar, wer sich da angesprochen fühlen soll: jene sozialdemokratischen Bundestagsabgeordneten, die sich unlängst, bei der Abstimmung über mögliche Tornado-Einsätze in Bosnien, der Mehrheitslinie der Partei verweigert und mit den Regierungsparteien gestimmt haben. Daß die Abweichler verstummen werden, ist unwahrscheinlich. Sie stehen in einer Tradition, die Verheugen die sozialdemokratische nennt: der Tradition des entschlossenen Neins zu Unfreiheit und Gewalt.

# Lesarten der Sühne.
## Zur linken Instrumentalisierung von Auschwitz

*24. August 1998*

Man schrieb den 18. Dezember 1989. Im Internationalen Congress Centrum zu Berlin hielt die SPD ihren Bundesparteitag ab. Der Ehrenvorsitzende Willy Brandt, der an diesem Tag 76 Jahre alt wurde, warnte in einer großen Rede die Sozialdemokraten vor einer irrigen, gleichwohl unter den Genossen verbreiteten Meinung. Nirgendwo stehe geschrieben, sagte er, daß die Deutschen auf einem Abstellgleis zu verharren hätten, «bis irgendwann ein gesamteuropäischer Zug den Bahnhof erreicht hat». Und dann folgte ein Satz, der bei manchen schütteren Beifall auslöste, anderen aber den Atem stocken ließ: «Noch so große Schuld einer Nation kann nicht durch eine zeitlos verordnete Spaltung getilgt werden.»[1]

Angesprochen war, neben anderen, Günter Grass. Der Autor der «Blechtrommel» ließ seit dem Herbst 1989 kaum einen öffentlichen Auftritt verstreichen, ohne der Wiedervereinigung Deutschlands unter Hinweis auf den Holocaust entgegenzutreten. «Wer gegenwärtig über Deutschland nachdenkt und Antworten auf die deutsche Frage sucht, muß Auschwitz mitdenken», erklärte er im Januar 1990 vor der Evangelischen Akademie Tutzing. «Der Ort des Schreckens, als Beispiel genannt für das bleibende Trauma, schließt einen zukünftigen deutschen Einheitsstaat aus.»[2]

Die deutsche Teilung oder, nach 1989, der Verzicht auf einen deutschen Nationalstaat als Sühneopfer für Auschwitz: So dachte ein großer Teil der intellektuellen Linken in der alten Bundesrepublik. Streng historisch betrachtet, hatte die Entstehung von zwei deutschen Staaten mit der Vernichtung der europäischen Juden zwar nichts zu tun. Deutschland wurde geteilt, weil sich die vier Alliierten über seine Zukunft nicht hatten verständigen können. Und wenn die Siegermächte kein neues Deutsches Reich mehr erstehen sehen wollten, lag das nicht an Hitlers «Endlösung der Judenfrage», sondern an der Rolle, die Deutschland bei der Auslösung des Ersten und der Entfesselung des Zweiten Weltkrieges gespielt hatte. Aber einem erheblichen Teil der deutschen Linken ging es nicht um historische Kausalitäten, sondern um die Bewältigung einer nationalen Schuld. Das ungeheuerlichste Verbrechen der deutschen Geschichte als Sinngebung der deutschen Spaltung: Wer vor 1990 so argumentierte, hoffte insgeheim wohl wirklich auf das, was Brandt für unmöglich erklärte – die Tilgung deutscher Schuld durch die Teilung der deutschen Nation.

Im März 1919, wenige Monate nach der deutschen Niederlage im Ersten Weltkrieg, zitierte Walther Rathenau in seiner Schrift «Der Kaiser» eine Äußerung, die er im August 1914 einem vertrauten Freund gegenüber getan haben wollte: «Nie wird der Augenblick kommen, wo der Kaiser, als Sieger der Welt, mit seinen Paladinen auf weißen Rossen durchs Brandenburger Tor zieht. An diesem Tag hätte die Weltgeschichte ihren Sinn verloren.»[3]

Was 1918 für den Kaiser galt, ließ sich 1945 mit noch sehr viel größerem Recht vom «Führer» sagen. Aber erst nach dem Inkrafttreten des Grundlagenvertrages zwischen der Bundesrepublik und der DDR im Jahre 1973 begann sich bei liberalen und linken Intellektuellen die Meinung durchzusetzen, die deutsche Teilung sei eine Strafe für deutsche Schuld und darum hinzunehmen. Das Brandenburger Tor mußte folglich für alle Zukunft Symbol des gespaltenen Deutschland bleiben, weil sonst die Weltgeschichte ihren Sinn verloren hätte. Damit war der «antifaschistische Schutzwall» zu etwas geworden, woran seine Erbauer nie gedacht hatten: Die Berliner Mauer diente als jenes «riesige, unübersehbare Monument zum Gedenken an die über fünf Millionen ermordeten Juden», dessen Errichtung Lea Rosh dann im November 1988 im sozialdemokratischen «Vorwärts» forderte.[4]

Daß der Holocaust durch die nachträgliche Umwidmung der Mauer banalisiert wurde: Der Gedanke scheint den Anhängern dieser Sühne-Lesart nie gekommen zu sein. Auschwitz hatte sich längst in das negative Symbol einer neuen, «postnationalen» westdeutschen Identität verwandelt: Das größte nationalsozialistische Vernichtungslager galt als Inbegriff einer spätestens seit der Bismarckschen Reichsgründung von 1871 verfehlten Nationalgeschichte, es wurde als Argument nicht nur gegen einen neuen deutschen Nationalstaat, sondern auch gegen die Idee einer deutschen Nation benutzt. Die Deutschen, so lautete die unausgesprochene und dennoch tröstliche Botschaft, konnten von dem Fluch erlöst werden, der auf ihrer katastrophalen, auf Auschwitz zulaufenden Geschichte lastete. Sie mußten aufhören, sich als eine Nation zu fühlen, und sich statt dessen bemühen, gute Europäer und Weltbürger zu sein. Daß nur die Westdeutschen, nicht aber die Ostdeutschen diese Chance hatten, störte die altbundesdeutsche Linke nicht. Die These, die Teilung sei die Strafe für Auschwitz, war zu ihrer Lebenslüge geworden – zum Gegenstück der konservativen, von Konrad Adenauer vorformulierten Lebenslüge, wonach die Wiedervereinigung das vordringlichste Ziel der bundesdeutschen Politik war.

Beim Historikerstreit von 1986, der durch Ernst Nolte ausgelösten Kontroverse um die Einzigartigkeit der nationalsozialistischen Judenvernichtung und um den nationalsozialistischen Rassenmord als vermeintliche Notwehr gegen den Klassenmord der Bolschewiki[5], bildete sich eine postume Adenauersche Linke heraus, die, von der Öffentlichkeit fast unbemerkt, eine dramatische Kehrtwende vollzog. Die Bundesrepublik galt nun nicht mehr, wie zur Hochzeit der Außerparlamentarischen Opposition von 1968, als zeitgemäße Neuauflage des Faschismus, sondern als Glücksfall der deutschen Geschichte. Die Westbindung, von der Linken im weitesten Sinn, von Kurt Schumacher über Gustav Heinemann bis zu Martin Niemöller, einst erbittert bekämpft, wurde jetzt nicht nur als Tatsache akzeptiert, sondern als kulturelle Errungenschaft der Linken gewürdigt.

Im nachhinein fragt sich freilich, ob wir liberalen und linken

Kombattanten des Historikerstreits es uns nicht etwas zu leicht gemacht haben. Der notwendige Widerspruch gegen Noltes apologetische Absicht führte zur Aufstellung neuer Verbotstafeln. Fortan waren Fragen verpönt, die die historische Forschung hätten voranbringen können. Da war die Rolle der Bürgerkriegsangst beim Aufstieg des italienischen Faschismus und des deutschen Nationalsozialismus. Wer sich damit oder mit dem kommunistischen Beitrag zum Triumph der extremen Rechten befaßte, mußte hören, er argumentiere wie Nolte. Wer von «totalitärer Herrschaft» sprach, um das spezifisch Neue bestimmter Diktaturen des 20. Jahrhunderts herauszuarbeiten, provozierte den alten Vorwurf, er setze «rot» und «braun» gleich. Wer kommunistische Verbrechen untersuchte, geriet fast automatisch in den Verdacht, «rechts» zu sein und Auschwitz relativieren zu wollen.

Nun ist Deutschland aber seit 1990 wieder ein Nationalstaat, wenn auch kein klassischer, souveräner Nationalstaat nach Art des Deutschen Reiches, sondern ein europäisch und atlantisch fest eingebundener, mithin postklassischer Nationalstaat wie andere Mitgliedstaaten der EU auch. Die westdeutschen Intellektuellen indes, die fest davon überzeugt waren, daß sie die Sache mit der Nation endgültig hinter sich hätten, haben sich von diesem Schock bis heute nicht erholt. Fast könnte man meinen, an die Stelle des alliierten Vorbehalts in bezug auf Deutschland als Ganzes, der bis zum 3. Oktober 1990 galt, sei seitdem der entsprechende intellektuelle Vorbehalt getreten.

Wäre es nicht doch an der Zeit, von dem einen oder anderen ein erläuterndes Wort zu hören – etwa zu jener These von der «Binationalisierung» Deutschlands, die in den siebziger Jahren Karriere zu machen begann, oder zu der Behauptung, nicht der Nationalstaat, sondern die Mehrstaatlichkeit sei von jeher die angemessene politische Existenzform der Deutschen gewesen? Und ist aus dem Abstand von zwölf Jahren nicht doch das Eingeständnis möglich, daß es neben der plump nationalkonservativen Entsorgung der Vergangenheit à la Nolte auch sublimere Entsorgungsversuche gegeben hat – die eigenen?

Das Jahr 1998, das Jahr der 150. Wiederkehr der Revolution von 1848 und des 100. Todestages von Bismarck, hätte Anlässe genug geboten, sich mit der These auseinanderzusetzen, es führe ein direkter Weg von der Reichsgründung zum Holocaust – einer These, die Joschka Fischer dieser Tage in dem Verdikt gebündelt hat, die deutsche Geschichte der vergangenen 150 Jahre sei nicht weise, «sondern extrem brutal, blutig und zerstörerisch» verlaufen.[6] Doch in den zahllosen Revolutionsfeierstunden war so gut wie nie davon die Rede, daß die Mehrheit der deutschen Nationalversammlung in der Frankfurter Paulskirche bis in das Jahr 1849 hinein ein Großdeutschland unter Einschluß nicht nur des deutschsprachigen Österreich, sondern auch von Triest, Böhmen und Mähren anstrebte – ein Reich, das, wenn überhaupt, nur durch einen großen europäischen Krieg hätte durchgesetzt werden können.

Bismarcks «kleindeutsche» Lösung der deutschen Frage wirkt also vergleichsweise bescheiden. Und bei aller Kritik an seiner Innenpolitik und den verfassungspolitischen Defiziten des Kaiserreichs: Die Reichsgründung von 1871 war, was Marx und Engels sogleich anerkannten, ein historischer Fortschritt. Die Deutschen überwanden die partikularstaatliche Zersplitterung. Sie trennten sich zunächst einmal von großdeutschen Illusionen und mittelalterlichen Reichsträumen. Sie fanden Anschluß an die westeuropäische Normalität des Nationalstaats. Der Weg von Bismarck zu Hitler verlief alles andere als geradlinig und keineswegs so, wie Joschka Fischer es darstellt.

Fischer ist nicht der einzige deutsche Politiker, der mit der deutschen Nationsbildung im 19. Jahrhundert noch immer hadert. Oskar Lafontaine, den Willy Brandt in seiner Philippika vom Dezember 1989 vor allem im Visier hatte, entdeckte bald nach 1990 die «Nation Europa». Er berief sich dabei auf seinen verstorbenen Parteifreund Carlo Schmid, übersah aber, daß dieser, ohne dessen gewahr zu sein, den Begriff einer obskuren Quelle entnommen hatte: «Nation Europa» war vier Jahrzehnte lang der Titel einer rechtsradikalen, von einem früheren SS-Experten für Bandenbekämpfung redigierten Zeitschrift, die sich

1990 in «Nation und Europa» umbenannte.[7] Mit der «Nation Europa» wird es wohl nichts werden, und der «Staatenverbund», der die Europäische Union dem Maastricht-Urteil des Bundesverfassungsgerichts von 1993 zufolge ist, tut gut daran, ein Wort des Historikers Hermann Heimpel zu beherzigen: «Daß es Nationen gibt, ist historisch das Europäische an Europa.»[8]

«Nation» muß und darf freilich nicht so definiert werden, wie das seit Jahrhunderten in Deutschland üblich ist: als Sprach- und Abstammungsgemeinschaft. Die westliche, auf Ernest Renan zurückgehende Auffassung, wonach die Nation ein «plébiscite de tous les jours» ist, also eine Willens- und Abstimmungsgemeinschaft[9], ist zwar nirgendwo in Reinkultur verwirklicht, bildet aber ein wirksames staatsbürgerliches Korrektiv zum ethnischen, um nicht zu sagen: völkischen Verständnis von Nation, das es keineswegs nur in Deutschland gibt, das indes nirgendwo so mörderische Konsequenzen gehabt hat wie hier.

Die Wiedervereinigung bedeutete nicht das Ende der Versuche, den Holocaust für politische Zwecke zu instrumentalisieren. 1995 argumentierten die Sozialdemokraten so, wie fundamentalistische Bündnisgrüne es noch heute tun. Der Holocaust wurde als Grund dafür ins Feld geführt, daß Deutschland sich angesichts neuer Verbrechen gegen die Menschlichkeit grundsätzlich anders zu verhalten habe als die anderen westlichen Demokratien, also an den international vereinbarten Militäreinsätzen in Bosnien sich nicht beteiligen dürfe. Auschwitz als Argument, das in letzter Konsequenz auf die Hinnahme neuer Völkermorde hinausläuft: wahrhaftig ein pathologischer Lernprozeß.

Der laufende Streit um das französische «Schwarzbuch des Kommunismus» bestätigt den Befund.[10] Auf einer Veranstaltung der «Volksuni» in Berlin nannte der Historiker Wolfgang Wippermann das Buch einen Versuch, Auschwitz zu relativieren und «die Linke überhaupt zu delegitimieren».[11] Der Antifaschismus als einigendes Band der Linken, Auschwitz als Parteiabzeichen: Von der sittlichen Entrüstung zum blanken Zynismus, von der Zerknirschung zur Anmaßung ist es mitunter nur ein

Schritt. Da mögen Stalin oder Mao noch so schreckliche Menschheitsverbrechen begangen haben, die Aufarbeitung dieser Untaten fällt für manche deutschen Linken nicht nur unter ein Vergleichs-, sondern auch unter ein Wahrnehmungs- und Benennungsverbot.

Wippermanns Credo «Wir sollten an der Holocaustfixierung festhalten» habe einen religiös anmutenden Unterton, hat Stefan Reinecke kürzlich in der «taz» bemerkt: «Du sollst kein Jahrhundertverbrechen neben mir haben.» Das ist scharf beobachtet und ebenso zutreffend wie Reineckes Folgerung: «So rückt die Vernichtung der Juden in die Nähe einer negativen Sinnstiftung.»[12] Der Sinn liegt offenbar darin, daß die Deutschen auserwählt wurden, das absolut Böse zu tun, und darum berechtigt, ja verpflichtet sind, ihren Negativrekord gegenüber unerwünschter Konkurrenz zu behaupten.

Eine solche «Holocaustfixierung» ist von negativem Nationalismus kaum mehr zu unterscheiden und nicht minder pseudoreligiös als «echter» Nationalismus. Daß aus der Sakralisierung des Holocaust die Ideologie einer neuen deutschen Sendung wird, ist aber eher unwahrscheinlich. Nach den Erfahrungen mit zwei Diktaturen ist der Bedarf an politischer Religion in Deutschland stark zurückgegangen. Auch Linke sollten wissen: Deutsche Sonderwege mitsamt dem dazugehörigen Sonderbewußtsein sind den Deutschen in der Vergangenheit meist nicht gut bekommen.

# 3. Oktober oder 9. November?
## Der Streit um den Tag der deutschen Einheit

*9. November 2000*

Probleme lassen sich grob in zwei Gruppen einteilen: die wirklichen und die erfundenen. Am 3. Oktober 1990 wurde ein wirkliches Problem gelöst, das man mit Fug und Recht ein Jahrhundertproblem nennen kann: die deutsche Frage. Die Frage, ob man am 3. Oktober den richtigen Tag der Deutschen Einheit feiert, gehört indes zu den erfundenen Problemen.

Blicken wir zurück: «Einheit in Freiheit» war das Doppelziel der Revolution von 1848. Bekanntlich wurde damals weder das eine noch das andere Ziel erreicht. Die Einheit kam 1871 in Gestalt der Bismarckschen Reichsgründung, die Freiheit in Gestalt der parlamentarischen Demokratie erst sehr viel später, 1918/19. Diese Demokratie litt von Anfang an darunter, dass sie als Staatsform der Sieger im Ersten Weltkrieg galt, weswegen der Zustand «Einheit in Freiheit» auch nicht von Dauer war. Die kurzlebige Weimarer Republik war die erste gesamtdeutsche Demokratie. Die Bonner Republik bedeutete Freiheit nur für einen Teil der Deutschen. «Einheit in Freiheit» gibt es erst wieder seit der Wiedervereinigung Deutschlands am 3. Oktober 1990. Wenn es nichts anderes über diesen Tag zu sagen gäbe: Dies allein würde genügen, ihn zu einem der großen Tage der deutschen Geschichte, zu einem Freudentag, zu machen.

Aber dies ist nicht der einzige Grund. Die Lösung der deutschen Frage ging Hand in Hand mit der endgültigen Lösung der polnischen Frage, eines anderen Jahrhundertproblems. Die völkerrechtlich verbindliche Anerkennung der deutschen Ostgrenze an Oder und Görlitzer Neiße ist der Schlussstrich unter einen Konflikt, dessen Anfänge sich bis zu den polnischen Teilungen im späten 18. Jahrhundert zurückverfolgen

49

lassen. Im Rückblick könnte es fast so scheinen, als habe es der vier Jahrzehnte der deutschen Teilung bedurft, um der Oder-Neiße-Grenze zu einer mehr als bloß äußeren Anerkennung zu verhelfen. Als «Opfer» wurde die Grenzregelung des Zwei-plus-Vier-Vertrages und des anschließenden deutschpolnischen Grenzvertrages, von kleinen Minderheiten abgesehen, in Deutschland jedenfalls nicht mehr empfunden.

Apropos Zwei-plus-Vier-Vertrag: Er ist eine diplomatische Meisterleistung, auf die alle beteiligten Nationen stolz sein können. Der erste deutsche Nationalstaat entstand als Ergebnis dreier Kriege: des Deutsch-Dänischen von 1864, des Preußisch-Österreichischen von 1866 und des Deutsch-Französischen von 1870/71 (wobei es jedes Mal eine «Kriegspartei» auf beiden Seiten gab).

Der zweite deutsche Nationalstaat verdankt seine Entstehung einer bewussten Friedenspolitik. Er wurde in Übereinstimmung mit den europäischen Nachbarn gegründet. Der Unterzeichnung des Zwei-plus-Vier-Vertrages am 12. September 1990 in Moskau folgten als weitere Stationen auf dem Weg zur deutschen Einheit am 27. und 28. September die Suspension der westalliierten Vorbehaltsrechte und am 1. Oktober die Außerkraftsetzung der entsprechenden Rechte der Vier Mächte. Am gleichen 1. Oktober konnte das Ergebnis der Zwei-plus-Vier-Verhandlungen den Außenministern der Konferenz über Sicherheit und Zusammenarbeit in Europa, die in New York tagten, vorgetragen werden.

Als die frei gewählte Volkskammer der DDR am 23. August den Beitritt zum Geltungsbereich des Grundgesetzes mit Wirkung vom 3. Oktober 1990 beschloss, stellte sie in Rechnung, dass die internationalen Vorbedingungen der deutschen Vereinigung bis dahin geschaffen sein würden. Sie sollte Recht behalten. Leichter vorherzusagen war am 23. August der erfolgreiche Abschluss der Verhandlungen über den deutsch-deutschen Einigungsvertrag, der am 31. August unterzeichnet wurde: auch er, bei vielen Mängeln im Detail, eine bemerkenswerte politische und, ohne abschätzigen Unterton gesagt, bürokratische Leistung.

Die Volkskammer erfüllte, als sie den Beitritt zur Bundesrepublik gemäß Artikel 23 des Grundgesetzes beschloss, den Auftrag, den ihr die Wähler am 18. März 1990 erteilt hatten. Sie folgte zugleich der Aufforderung der Präambel des Grundgesetzes, «die Einheit und Freiheit Deutschlands zu vollenden». Der Bundestag tat, als er am 20. September (am gleichen Tag wie die Volkskammer) dem Einigungsvertrag zustimmte, dasselbe. Der Tag der Deutschen Einheit am 3. Oktober erinnert also nicht, wie man immer wieder hört, an einen «Verwaltungsakt», sondern an die Erfüllung des Verfassungsauftrages von 1949. Den 3. Oktober als Tag der Deutschen Einheit abschaffen hieße zwei frei gewählten deutschen Parlamenten nachträglich die Legitimation absprechen, so zu entscheiden, wie sie es getan haben.

Der 9. November, den die meisten Kritiker des 3. Oktober als Alternative ins Spiel bringen, ist als Tag der Deutschen Einheit hingegen denkbar ungeeignet. Der 9. November 1989 war ein Tag der Freude nicht nur für die Deutschen, sondern für die Freunde der Freiheit in aller Welt. An diesem Tag fiel eine Bastille des 20. Jahrhunderts. Die Diktatur der SED konnte sich von diesem Schlag nicht mehr erholen. Aber der Weg zur deutschen Vereinigung war noch lang. Der Ruf nach Einheit wurde unmittelbar nach dem Fall der Mauer laut. Es waren die demonstrierenden Massen in der DDR, die diese Forderung als Erste erhoben. Doch um das Ziel im internationalen Einvernehmen zu erreichen, bedurfte es eines hohen Maßes an Staatsklugheit – auf deutscher Seite, bei den Vier Mächten und bei den europäischen Nachbarn.

Wer den 9. November zum Tag der Deutschen Einheit machen will, beabsichtigt nicht, die Erinnerung an einen anderen 9. November auszulöschen: den des Jahres 1938. Das Gegenteil ist der Fall. Die Befürworter des 9. November wollen gleichzeitig des Falles der Mauer und der Opfer der Reichspogromnacht, ja des Holocaust gedenken. Sie wünschen einen ideellen Gesamtfeiertag, an dem sich die Deutschen der Höhen und Tiefen ihrer jüngeren Geschichte erinnern.

Dies aber kann nicht gelingen. Welcher Redner wäre in der

Lage, in ein und derselben Rede Freude und Scham, Stolz und Trauer angemessen zum Ausdruck zu bringen? Welche Zeremonie würde diesem Anspruch gerecht werden? Wird nicht auch das Publikum emotional überfordert, wenn es einen Nationalfeiertag begehen soll, der unter dem ungeschriebenen Motto «himmelhochjauchzend, zu Tode betrübt» steht?

Der 9. November 1989 kann nicht aus dem Schatten des 9. November 1938 heraustreten. Die Widersprüche der Empfindungen auszuhalten, die mit dem Datum des 9. November verbunden sind, ist notwendig. Die Widersprüche zu feiern ist unmöglich.

Wäre der 9. November der Tag der Deutschen Einheit, so hofft und vermutet Joschka Fischer, würde es keinen Streit von der Art geben, wie er anlässlich des 10. Jahrestages der Wiedervereinigung stattgefunden hat.[1] Nichts spricht für diese Annahme. Der Streit um die richtige Gestaltung der Feiern zum 9. November würde vielmehr heftiger ausfallen als die diesjährigen Kontroversen um die Rolle von Parteien und Personen im Vereinigungsprozess. Es wäre ein zermürbender, verbissener und unfruchtbarer Streit, der just das beschädigen würde, was er fördern soll: die politische Kultur.

Über die Haltung von Parteien und Intellektuellen zur deutschen Frage und zu ihrer Lösung sollte dagegen sehr wohl gestritten werden, und die Linke wird dabei um Selbstkritik nicht herumkommen.

# Die Fallstricke der nationalen Apologie.
## Eine Antwort an Martin Walser

*12. Mai 2002*

*Am 8. Mai 2002 hielt der Schriftsteller Martin Walser im Willy-Brandt-Haus in Berlin unter dem Titel «Über ein Geschichtsgefühl» eine Rede, über die er anschließend mit Bundeskanzler Gerhard Schröder diskutierte. Der folgende Text setzt sich mit Walsers Thesen auseinander.*

Mit dem Gefühl ist es wie mit dem Geschmack: Man kann darüber kaum streiten. Martin Walser hat seine Berliner Rede am 8. Mai im Willy-Brandt-Haus unter den Titel «Über ein Geschichtsgefühl» gestellt, und er hat auch gesagt, was es mit diesem Gefühl auf sich hat: «Mein Geschichtsgefühl, Deutschland betreffend, ist der Bestand aller Erfahrungen, die ich mit Deutschland gemacht habe.»[1] Als er über die deutsche Geschichte sprach, berief sich Walser dann aber kaum noch auf sein Gefühl. Er stellte Tatsachenbehauptungen auf, zitierte wissenschaftliche Autoritäten und versuchte damit, eine bestimmte Geschichtsdeutung zu begründen.

*Darüber darf, darüber sollte gestritten werden.*

Eine Behauptung Walsers lautet: «Der Zeitraum der Nationsbildung war das neunzehnte Jahrhundert. Überall in Europa.» Ein bisschen anders war es schon. Die Nationsbildung hatte bereits im Mittelalter begonnen, auch die Entstehung von Nationalstaaten in Westeuropa fällt in jene Zeit. Das 19. Jahrhundert erlebte noch einige weitere Nationalstaatsgründungen, darunter die italienische und die deutsche. In Deutschland entwickelte sich im

Gefolge des preußisch-österreichischen Krieges von 1866 und der Reichsgründung von 1871 aus der älteren Kulturnation eine «kleindeutsche» Staatsnation. Das ist die Nation, von der Walser spricht.

Auf eine wissenschaftliche Autorität verweist der Redner, wo es um 1914 und die Folgen geht: Golo Mann habe den Ersten Weltkrieg die «Mutterkatastrophe des Jahrhunderts» genannt. Im Prinzip ja, möchte man damit Radio Eriwan einwerfen. Aber es war nicht der deutsche Historiker Golo Mann, sondern der amerikanische Diplomat und Historiker George F. Kennan, auf den dieses Verdikt zurückgeht. Und Kennan nannte den Ersten Weltkrieg auch nicht die «Mutterkatastrophe», sondern die «Urkatastrophe dieses Jahrhunderts» («the great seminal catastrophe of this century»).[2] Apropos «Mutterkatastrophe»: Sollte Walser da an Saddam Husseins «Mutter aller Schlachten» gedacht haben?

## Das vergiftete Klima der Republik

Die Mutterkatastrophenthese begründet Walser wie folgt: «Ohne diesen Krieg kein Versailles, ohne Versailles kein Hitler, kein Weltkrieg Zwei, ohne Weltkrieg Zwei nichts von dem, was jetzt unser Bewusstsein oder unser Gefühl bestimmt, wenn wir an Deutschland denken.» Danach benennt er das für ihn wichtigste Glied der historischen Kette: «Ohne Versailles kein Hitler ... Versailles ist nicht die einzige Ursache für 1933, aber dass Versailles auch eine der Ursachen ist für Hitlers Erfolg, darf man wohl sagen.» Das darf man, wenn man Wert darauf legt, Türen einzurennen, die seit vielen Jahrzehnten offenstehen. Von den anderen «Ursachen für 1933» spricht Walser nicht – offenbar, weil sie ihm weniger wichtig sind. Vom Ersten Weltkrieg heißt es, er habe «Ursachen, die man aufzählen kann». Walser zählt sie nicht auf, und er musste das auch nicht. Eine Ursache hätte er freilich schon nennen dürfen: die Politik der deutschen Reichsleitung im Juli 1914. Immerhin hat Berlin die verbündete Habs-

burgermonarchie nach dem Mord am österreichischen Thron-
folger in Sarajevo in den Krieg mit Serbien förmlich hineinge-
trieben – wohl wissend, dass dieser Konflikt sich nicht isolieren
lassen würde. Das ergibt noch keine deutsche Alleinschuld.
Aber dass den beiden «Mittelmächten», dem Deutschen Reich
und Österreich-Ungarn, die Hauptverantwortung für die Auslösung des Ersten Weltkrieges zufällt, das «darf man wohl sagen». Walser sagt es nicht.

Nachdem Deutschland den Ersten Weltkrieg verloren hatte,
forderten einige wenige mutige Aufklärer wie der Sozialdemokrat Eduard Bernstein, die besiegte Nation solle der Wahrheit
die Ehre geben und den Anteil offenlegen, den die Reichsleitung
an der Entstehung des Krieges hatte. Eine Sammlung der wichtigsten Aktenstücke zum Kriegsausbruch lag der ersten parlamentarischen Mehrheitsregierung der Weimarer Republik, dem
Koalitionskabinett des Sozialdemokraten Philipp Scheidemann,
seit dem April 1919 vor. Reichspräsident Friedrich Ebert war für
die Veröffentlichung, aber die Mehrheit der Minister wünschte
keine Stunde der Wahrheit und vertagte die Angelegenheit.

Dass deutsche Ehrlichkeit die westlichen Siegermächte zu milderen Friedensbedingungen veranlasst hätte, ist eher unwahrscheinlich. Aber innenpolitisch hatte der Verzicht auf historische Aufklärung fatale Folgen. Der im Juni 1919 unterzeichnete
Vertrag von Versailles mit seinen Gebietsabtretungen, militärischen Auflagen und Reparationslasten traf die Deutschen un-
vorbereitet. In der Abwehr der harten, in vieler Hinsicht unge-
rechten und unvernünftigen Friedensbedingungen waren sich
die meisten Deutschen einig. Die nationalistische Rechte verband ihre Kampagne gegen das «Diktat von Versailles» und die
«Kriegsschuldlüge» der Alliierten mit einer deutschen Kriegsunschuldlegende. Sie hat das politische Klima der Weimarer Republik ebenso vergiftet wie die Dolchstoßlegende, nach der das
«im Felde unbesiegte» Heer durch Verrat der Heimat um die
Früchte seines heldenhaften Kampfes gebracht worden war.

Der Hauptnutznießer der nationalistischen Vergiftung hieß
Hitler. Dem Nationalsozialismus aber kam auch zustatten, dass

Deutschland einen Prozess der ungleichzeitigen Demokratisierung durchlaufen hatte. Das allgemeine, gleiche Reichstagswahlrecht, wenn auch nur für Männer, kannten die Deutschen seit der Reichsgründung von 1871 (nördlich des Mains schon seit dem Norddeutschen Bund im Jahre 1867). Eine parlamentarisch verantwortliche Regierung erhielt Deutschland jedoch erst im Herbst 1918 im Gefolge der militärischen Niederlage.

Darin lag die schwerste aller Vorbelastungen der Weimarer Republik. Als die parlamentarische Demokratie 1930 gescheitert und durch ein halbautoritäres Präsidialsystem ersetzt worden war, bekam Hitler die einzigartige Chance, an beides zu appellieren: an das verbreitete Ressentiment gegenüber der Demokratie und an den seit Bismarcks Zeiten verbrieften Anspruch des Volkes auf politische Teilhabe in Gestalt des allgemeinen Wahlrechts, das von den Präsidialregierungen um seine politische Wirkung gebracht wurde. Hitler nutzte seine Chance, und wenn er auch nicht nur auf Grund seiner Wahlerfolge seit 1930 Reichskanzler wurde, so wäre er doch ohne sie nicht an die Macht gelangt.

## Ein Geschichtsklitterungsgefühl

Kann man über 1933 sprechen, ohne auf die Vorbelastungen des deutschen Verhältnisses zur westlichen Demokratie einzugehen? Kann man die deutsche Geschichte so erzählen, dass der deutsche Nationalismus als Folge des Vertrages von Versailles erscheint? Kann man in diesem Zusammenhang jeden Hinweis darauf unterlassen, dass der deutsche Nationalismus nach 1918 sich nicht mit der Forderung nach einer Revision des Friedensvertrages begnügte, sondern für «das Reich» den Anspruch erhob, es sei von jeher etwas anderes und mehr gewesen als ein gewöhnlicher Nationalstaat und darum zur Führung Europas berufen? Kann man von der Verantwortung der alten Eliten und des gebildeten Deutschland schweigen, wenn es darum geht, tiefere Ursachen der «deutschen Katastrophe» zu benennen?

Man kann, wie der Fall Walser zeigt. Vielleicht muss man es sogar, wenn man zu den Schlussfolgerungen des Schriftstellers gelangen will. Der Zweite Weltkrieg, so hören wir, sei der letzte Krieg gewesen, «den diese Nation angezettelt» habe. Kein Einspruch. Doch dann fährt Walser fort: «Aber die Anzettelung hat eben nicht im Januar 1933 begonnen, sondern viel früher. Unter anderem eben durch die Mutterkatastrophe des zwanzigsten Jahrhunderts, den Ersten Weltkrieg. Und wenn auch das Entsetzlichste, wozu es kommen kann, erkennbar wird als eine Folge, die aus erkennbaren Ursachen stammt, dann ist mehr getan, als wenn man einer Gesellschaft die Schuld als etwas Absolutes einbläut.»

Der Zweite Weltkrieg und der Holocaust als Folge des Ersten Weltkriegs, dessen Ursachen im Dunkeln bleiben: Walsers «Geschichtsgefühl» führt ihn dorthin, wo man an deutschen Biertischen und Schulen schon in den fünfziger Jahren war. In der Zwischenzeit hat es ein paar historische Erkenntnisse und öffentliche Debatten gegeben, die an diesem Autor aber offenbar spurlos vorübergegangen sind. Sein «Geschichtsgefühl» bewahrt ihn davor, zur Kenntnis zu nehmen, was seine Grundüberzeugungen erschüttern könnte. Walser will einer Kollektivschuldthese entgegentreten, die kaum noch jemand vertritt, aber er weicht beharrlich der Frage aus, auf die alles ankommt: der Frage nach der Verantwortung für 1933 und alles, was daraus hervorging.

Nein, ein Verharmloser Hitlers und ein Antisemit ist Walser nicht. Er war es auch 1998 nicht, als er seine Rede in der Paulskirche hielt. Auschwitz treibt ihn um wie vielleicht keinen anderen deutschen Schriftsteller. Doch sein «Geschichtsgefühl» zieht ihn in die falsche Richtung. Er will die eigene Nation entlasten und belastet andere. Die Anderen sind jene, die für Versailles verantwortlich sind. Deutschland gehört nicht dazu. Es war vielmehr das Opfer des Friedensvertrages von 1919. Das ist der Kern der Botschaft. Sie *nicht* nationalapologetisch zu nennen heißt nicht verstehen zu wollen, worum es Walser geht.

# Ganz gewöhnliche Antisemiten.
## Wo sich Nationalkonservative und
## Rechtsradikale berühren.

*17. November 2003*

*Am 3. Oktober 2003 hielt der CDU-Bundestagsabgeordnete Martin Hohmann im osthessischen Neuhof eine Rede zum Tag der deutschen Einheit, die bundesweite Empörung auslöste. Er stellte darin die «provozierende Frage: Gibt es auch im jüdischen Volk, das wir ausschließlich in der Opferrolle wahrnehmen, eine dunkle Seite in der neueren Geschichte oder waren Juden ausschließlich die Opfer, die Leidtragenden?» Unter Hinweis auf den hohen Anteil von Juden an den Führungskadern der Bolschewiki und der internationalen Arbeiterbewegung beantwortete der Redner seine Frage im Sinne der These, die Juden seien auch «Täter» gewesen. Als sich der Chef des Kommandos Spezialkräfte der Bundeswehr, Brigadegeneral Reinhard Günzel, mit Hohmann solidarisierte, wurde er auf Antrag von Bundesverteidigungsminister Peter Struck (SPD) von Bundespräsident Johannes Rau entlassen. Hohmann selbst wurde im November 2003 aus der Bundestagsfraktion der CDU/CSU ausgeschlossen. Der Parteiausschluss aus der CDU folgte im Juli 2004.*

Nationalkonservative ja, Rechtsradikale nein: So etwa lautet die Devise der Unionsparteien, wenn es um die Frage geht, welche Teile des rechten Spektrums in CDU und CSU ihre politische Heimat sehen dürfen. Das klingt eindeutig, ist es aber nicht. Deutschlands Nationalkonservative unterscheiden sich von den Rechtsradikalen, aber es gibt auch Übereinstimmungen zwischen beiden Lagern. Die Nationalkonservativen distanzieren sich vom Nationalsozialismus und vom «Dritten Reich», die typischen Rechtsradikalen verzichten auf solche Abgrenzungen, wenn sie sich nicht sogar offen zu Hitler, seiner Bewegung und seinem Regime bekennen.

Doch schon beim Thema «Antisemitismus» wird es schwierig. Natürlich wird kein Nationalkonservativer die Judenvernichtung rechtfertigen, was bei Rechtsradikalen, wenn auch mit Rücksicht auf das Strafgesetzbuch eher hinter vorgehaltener Hand, durchaus geschieht. Aber Vorurteile und Ressentiments gegenüber Juden trifft man auch bei vielen Nationalkonservativen an. Hätte es dafür noch eines Beweises bedurft, so würde ihn die Rede des Christdemokraten Martin Hohmann zum Tag der Deutschen Einheit im hessischen Neuhof geliefert haben.[1] Und nicht nur die Rede selbst, sondern auch die Zustimmung, die der Parlamentarier bei seinen Zuhörern und späteren Lesern, darunter dem (ehemaligen) Kommandeur der Eliteeinheit KSK, Brigadegeneral Reinhard Günzel, fand.[2]

Siebzehn Jahre zuvor hatten schon einmal ganz ähnliche Thesen wie die Hohmanns in der Bundesrepublik für Furore gesorgt. 1986 erklärte der Berliner Historiker Ernst Nolte den Rassenmord der Nationalsozialisten zu einer Reaktion auf das «ursprünglichere» Verbrechen, nämlich den bolschewistischen Klassenmord.[3] Nolte konnte sich mit seinen aberwitzigen Konstruktionen nicht durchsetzen: Das war das Ergebnis des von ihm ausgelösten «Historikerstreits» um die Einzigartigkeit des nationalsozialistischen Judenmordes.

Aber überzeugte Nationalkonservative lassen sich durch solche Rückschläge nicht entmutigen. In unregelmäßigen Abständen erlebt Deutschland Neuauflagen des Versuchs, dem Bewusstsein von deutscher Schuld durch Hinweise auf die Schuld anderer entgegenzuwirken und so allmählich jene «allgegenwärtige Mutzerstörung im nationalen Selbstbewusstsein» rückgängig zu machen, die Hohmann zu den Nachwirkungen von Hitlers Herrschaft rechnet. Selbstverständlich sind nicht alle, die daran erinnern, dass es im Zweiten Weltkrieg und danach auch Verbrechen gegenüber Deutschen gegeben hat, Nationalkonservative oder gar Antisemiten. Aber wer das Leiden von Deutschen aufrechnen möchte gegen das, was Deutsche in dem von

Hitler entfesselten Krieg anderen Völkern und namentlich deutschen wie nichtdeutschen Juden angetan haben, der betreibt nationale Apologie. Und auf diesem Gebiet sind vorzugsweise Nationalkonservative und Rechtsradikale tätig.

Dass die Nationalkonservativen immer darauf geachtet hätten, sich von der jeweiligen äußersten Rechten abzuheben, ist eine ihrer Lebenslügen. Werfen wir einen Blick auf die deutsche Parteiengeschichte. Auf die Entstehung selbständiger Antisemitenparteien um 1880 antwortete die Deutschkonservative Partei mit ihrem «Tivoli-Programm» von 1892. Darin sagte sie dem «zersetzenden jüdischen Einfluss auf unser Volksleben» den Kampf an.[4] Ihre Erbin nach dem Untergang des Kaiserreichs, die monarchistische Deutschnationale Volkspartei, wandte sich in ihren «Grundsätzen» von 1920 «nachdrücklich gegen die seit der Revolution immer verhängnisvoller hervortretende Vorherrschaft des Judentums in Regierung und Öffentlichkeit».[5] Im Reichstagswahlkampf vom Dezember 1924 warben die Deutschnationalen unter anderem mit der Parole: «Wer nicht wählt, wird Judas Sklave, wird Frankreichs Kuli, ruft den Bolschewismus ins Land, opfert seine Kinder.»[6] Fünf Wochen später stellte die Deutschnationale Volkspartei erstmals Reichsminister.

Der Antisemitismus war im konservativen Deutschland der Weimarer Republik «salonfähig», solange er gewisse Formen des «bürgerlichen Anstands» wahrte, also nicht allzu rabiat auftrat. Die Protestanten, zumal die Lutheraner, waren im Durchschnitt judenfeindlicher als die Katholiken. Otto Dibelius, vor 1933 Mitglied der Deutschnationalen, danach ein führender Vertreter der regimekritischen Bekennenden Kirche, von 1949 bis 1961 Ratsvorsitzender der Evangelischen Kirche in Deutschland, erklärte es 1928 als damaliger Superintendent der Kurmark in einem vertraulichen Brief an die Pastoren seines Sprengels für unbestreitbar, dass «bei allen zersetzenden Erscheinungen der modernen Zivilisation» das Judentum immer «eine führende Rolle» gespielt habe.[7] Vergleichsweise moderat ließ sich demgegenüber der «Große Herder», das maßgebliche katholische Nachschlagewerk, aus. 1926 hieß es dort unter dem einschlägigen Stichwort, Antisemitismus sei «in seinem Wesen eine Abneigung der Mehrheit gegen die als artfremd empfundene Minderheit, welche hohe, namentlich geistige Werte, aber auch übersteigertes Selbstbewusstsein aufweist».[8]

Hitler ist bekanntlich nicht durch einen Wahlsieg an die Macht gekommen. Am 6. November 1932 verlor er gegenüber der vorangegangenen Reichstagswahl vom 31. Juli 1932 über zwei Millionen Stimmen. Als er am 30. Januar 1933 auf das Betreiben der nationalkonservativen Kreise um den Reichspräsidenten Paul von Hindenburg zum Reichskanzler ernannt wurde, verfügte er über keine parlamentarische Mehrheit, war aber immer noch Führer der stärksten Partei.

Niemals, so lautet eine beliebte nationalapologetische Schutzbehauptung, hätten die Nationalsozialisten bei freien Wahlen die absolute Mehrheit bekommen. Das ist formal richtig. Bei den letzten einigermaßen freien Wahlen am 5. März 1933 erhielt die NSDAP einen Stimmenanteil von 43,9 Prozent. Aber ihr Koalitionspartner, die «Kampffront Schwarz-Weiß-Rot» um Vizekanzler Franz von Papen und den deutschnationalen Parteivorsitzenden Alfred Hugenberg, kam auf 8 Prozent. Damit hatten sich 51,9 Prozent für die Regierung Hitler entschieden. Nicht der Parteiführer, aber der Reichskanzler Adolf Hitler konnte sich einer klaren Mehrheit erfreuen – dank der Nationalkonservativen.

Offene Gewalt gegenüber Juden war in Deutschland auch nach 1933 nicht beliebt. Das gilt vor allem für die Pogromnacht vom 9. November 1938. Gegen eine «gesetzmäßige» Entrechtung aber wurden keine Einwände laut. Von den «Nürnberger Gesetzen» von 1935, die die staatsbürgerliche Gleichberechtigung der Juden beseitigten, hat nur eines vernehmbaren Widerspruch hervorgerufen: das Reichsflaggengesetz, welches das im März 1933 eingeführte Nebeneinander der Hakenkreuzfahne und der schwarz-weiß-roten Flagge des Kaiserreichs zu Gunsten des nationalsozialistischen Symbols, der nunmehr alleinigen Nationalfahne, abschaffte. Die eigentlichen Entrechtungs- und Diskriminierungsgesetze, das «Gesetz zum Schutze des deutschen Blutes und der deutschen Ehre» sowie das Reichsbürger-gesetz, wurden mit einer Mischung aus Gleichgültigkeit und Befriedigung aufgenommen. Proteste gab es auch nicht gegen die «Arisierung» jüdischen Besitzes. Von dieser gewaltigen Um-verteilung profitierten zahlreiche nichtjüdische Deutsche – sie tun es vielfach noch heute.

Selbst erklärte Gegner Hitlers aus den Reihen der Natio-nalkonservativen hatten gegen die Rückgängigmachung der Judenemanzipation keine Bedenken. Der frühere Leipziger Oberbürgermeister Carl Goerdeler, der nach dem Aufstand des 20. Juli 1944 das Amt des Reichskanzlers antreten sollte, schlug Anfang 1941 in einer Denkschrift vor, in internationaler Zusam-menarbeit einen Judenstaat «unter durchaus lebenswerten Um-ständen entweder in Teilen Kanadas oder Südamerikas» zu er-richten, in den die deutschen Juden automatisch ausgebürgert werden sollten. Ausgenommen waren nur solche Juden, die am Ersten Weltkrieg teilgenommen hatten, die die Einbürgerung ihrer Familie vor der Reichsgründung von 1871 oder die christ-liche Taufe nachweisen konnten. Doch dieses klassische Do-kument des nationalkonservativen Antisemitismus war nicht Goerdelers letztes Wort zur «Judenfrage». 1944 sprach er in ei-nem Memorandum von der «Ungeheuerlichkeit der planmäßig und bestialisch vollzogenen Ausrottung der Juden».[9] Im Feb-ruar 1945 bezahlte er seinen Widerstand gegen Hitler mit der Hinrichtung in der Haftanstalt Berlin-Plötzensee.

Protest gegen die Judenvernichtung legte in Predigten wie in Briefen an Hitler und Goebbels auch ein prominenter evange-lischer Kirchenmann ein, der ein überzeugter Antisemit in der Tradition des berüchtigten Berliner Hofpredigers Adolf Stoecker war: der württembergische Landesbischof Theophil Wurm.[10] Seine Autorität und Popularität bewahrten ihn vor einer schwe-reren Strafe als einem Rede- und Schreibverbot, das im März 1944 über ihn verhängt wurde. Aus demselben Grund wurde auch der katholische Bischof von Münster, Clemens August Graf von Galen, geschont. In einem Hirtenbrief vom 14. Sep-tember 1941 übte er scharfe Kritik am «Naturalismus und Materialismus» des Nationalsozialismus und namentlich, wie schon zweimal zuvor, an der Tötung von Geisteskranken. Die mutige Tat sichert Galen bis heute Bewunderung. Weniger häufig wird ein anderer Passus aus dem gleichen Hirtenbrief erwähnt. Darin nannte es der Bischof von Münster eine «Befreiung von einer ernsten Sorge und eine Erlösung von schwerem Druck», dass «der Führer und Reichskanzler» am 22. Juni 1941 (anlässlich des Überfalls auf die Sowjetunion) den «Russenpakt», also den deutsch-sowjetischen Nichtangriffsvertrag vom 23. August 1939, für erloschen erklärt habe. Galen zitierte in diesem Zusammenhang zustimmend Hitlers Wort von der «jüdisch-bolschewistischen Machthaberschaft» in Moskau.[11]

Nachdem das «Dritte Reich» zusammengebrochen war, hielt sich die Selbstkritik der Nationalkonservativen in engen Grenzen. Als die wahren Konservativen galten spätestens seit dem 10. Jahrestag des Ereignisses die Männer des 20. Juli 1944. Viele derer, die Hitler gedient hatten, wurden nun als heimliche Gegner des «Führers» gewürdigt. Das traf selbst für Adenauers langjährigen Staatssekretär im Bundeskanzleramt, Hans Globke, zu. Er war einst Korreferent für Judenfragen im Reichsinnenministerium und offizieller Kommentator der Nürnberger Rassengesetze gewesen, hatte aber nachweislich zahlreichen Juden geholfen und war durch seine Gesetzesauslegung «Mischlingen» im Rahmen des Möglichen entgegengekommen. Die Bundesrepublik hat sich zwar schon früh um Wiedergutmachung gegenüber Israel und den Juden bemüht. Aber einen konsequenten Bruch mit dem scheinbar ganz normalen Antisemitismus nationalkonservativer Prägung hat sie lange nicht vollzogen.

Inzwischen haben sich die Zeiten geändert. Die deutsche Öffentlichkeit und die «politische Klasse» nehmen nicht mehr hin, wenn Nationalkonservative wie Hohmann und Günzel sich so äußern, wie das in der Frühzeit der Bundesrepublik noch des Öfteren vorkam. Doch disziplinarische Maßnahmen müssen kein Umdenken zur Folge haben. Die Unionsparteien täten gut daran, sich kritisch mit nationalkonservativem Gedankengut auseinanderzusetzen und auch den Begriff nicht mehr, wie noch während der Hohmann-Affäre, in positivem Sinn zu verwenden. Nationalkonservative Positionen sind von national-apologetischen und nationalistischen kaum zu unterscheiden. «Patriotisch» und «wertkonservativ» ist etwas anderes und Respektableres. Selbst ohne jeden Zusatz lässt sich dem Begriff «konservativ» etwas abgewinnen. «Der Konservative ist weder denkfaul noch gedankenarm. In einer demokratischen Ordnung bedürfen wir des konservativen Elements»: Das stammt nicht von einem Unionspolitiker, sondern aus einer Rede, die ein Sozialdemokrat, der damalige Regierende Bürgermeister von Berlin, Willy Brandt, vor vierzig Jahren, am 15. Juli 1963, im Politischen Club der Evangelischen Akademie Tutzing gehalten hat.[12]

# Macht, Moral und Menschenrechte.
## Über Werte und Interessen
## in der deutschen Außenpolitik

*1. Juli 2013*

Die Wochenzeitung «Die Zeit» hat einen Streit vom Zaun gebrochen: einen Streit um Werte und Interessen in der deutschen Außenpolitik, und, noch allgemeiner, um Macht, Moral und Menschenrechte. Diese Debatte ist überfällig. Sie zielt auf ein grundlegendes Dilemma aller westlichen Demokratien: das Spannungsverhältnis zwischen ihrem normativen Projekt – den Ideen der beiden atlantischen Revolutionen des späten 18. Jahrhunderts, der Amerikanischen Revolution von 1776 und der Französischen Revolution von 1789 – und der politischen Praxis dieser Staaten auf dem Gebiet der internationalen Beziehungen. Deutschland ist eine westliche Demokratie, aber es hatte einen langen Weg zurückzulegen, bis es zu einer solchen wurde. Eine Auseinandersetzung über Werte und Interessen in der deutschen Außenpolitik betrifft also nichts Geringeres als das politische Selbstverständnis einer, historisch gesehen, immer noch jungen westlichen Demokratie.

Im Kern geht es bei der aktuellen Debatte um die Frage, ob eine «zu starke Orientierung an historischer Kontinuität und einem überfrachteten Wertediskurs» die deutsche Außenpolitik daran hindert, «schnell und effizient auf neue Herausforderungen zu reagieren» (dies die These des Direktors des Forschungsinstituts der Deutschen Gesellschaft für Auswärtige Politik, Eberhard Sandschneider) oder ob die Absage an ein vermeintliches Übermaß an Moral in der Außenpolitik auf eine unwürdige und zudem zwecklose «Diktatorenknutscherei», sei es gegenüber Russland, den zentralasiatischen Republiken oder China, hinausläuft (so der «Zeit»-Redakteur Jörg Lau).[1]

Sandschneider ist ein eher moderater Vertreter des außenpolitischen Neorealismus: Wenn es um das Russland Wladimir Putins geht, wird aus dem Umfeld des Ostausschusses der Deutschen Wirtschaft sehr viel schärfere Kritik an westlichen und vor allem deutschen Mahnungen in Sachen Menschenrechte geübt. Alexander Rahr, der Forschungsdirektor des Deutsch-Russischen Forums, warf kürzlich in einem Gespräch mit der «Komsomolskaja Prawda» Deutschland vor, es führe sich Russland gegenüber auf wie eine «Siegermacht im Kalten Krieg» und versuche mit «aggressiven Methoden, liberale Werte und westliche Demokratie nach Russland zu exportieren».[2]

Im Hinblick auf China ist der entschiedenste Wortführer jener Richtung, die westliche Nichteinmischung in Wertefragen für ein Gebot politischer Klugheit hält, der Mitherausgeber der «Zeit», Helmut Schmidt. «Die Menschenrechte sind ein Erzeugnis der westlichen Kultur», so erklärte der Altbundeskanzler am 2. Mai in der Sendung «Beckmann» im Ersten Programm des Deutschen Fernsehens. Das Beharren auf der universellen Geltung der Menschenrechte sei eine amerikanische, nicht seine Meinung. «Ich finde, dieser Drang nach Bekehrung und nach Mission ist eine sehr westliche Eigenart … Ich bin dagegen, sich einzumischen in die Angelegenheiten Chinas oder Indiens oder des Irans. Ich bin dagegen, dass die westliche Kultur sich zum Fürsprecher macht … für die ganze Menschheit und in Wirklichkeit noch nicht einmal im Auftrag von einem Bruchteil der Menschheit redet.»[3]

## Das normative Projekt des Westens

Die unveräußerlichen Menschenrechte sind eine Errungenschaft des transatlantischen Westens, und es ist eine Eigenart des Westens, auf der weltweiten Geltung der Menschenrechte zu bestehen: Insoweit hat Helmut Schmidt völlig Recht. Die ersten Menschenrechtserklärungen, von der Virginia Declaration of Rights vom 12. Juni 1776 bis zur Déclaration des droits de l'homme et du citoyen vom 26. August 1789, haben eine lange Vorgeschichte. Zu ihren Voraussetzungen gehört die Unterscheidung zwischen göttlichen und weltlichen Gesetzen: ein Spezifikum des Christentums, auf das Montesquieu, der Vater der modernen Gewaltenteilungslehre, eindringlich hingewiesen hat.[4] Seiner, am Beispiel Englands ausgerichteten Unterscheidung von vollziehender, gesetzgebender und rechtsprechender Gewalt gingen zwei vormoderne, mittelalterliche Gewaltenteilungen voraus: die Trennung von geistlicher und weltlicher sowie die von fürstlicher und ständischer Gewalt. Diese Gewaltenteilungen hat nur der europäische Okzident erlebt, nur das lateinische, nicht das orthodoxe Europa. Und nur im alten, europäischen und im neuen, nordamerikanischen Westen setzten sich, auf diesen historischen Grundlagen aufbauend, im Zeichen der Aufklärung die Ideen der Herrschaft des Rechts, des «representative government» und der unveräußerlichen Menschenrechte durch – die Ideen, die in ihrer Summe das normative Projekt des Westens ausmachen.[5]

Das normative Projekt stand von Anfang an in einer scharfen Spannung zur politischen Praxis des Westens. Unter den Gründervätern der Vereinigten Staaten waren Sklavenbesitzer wie George Washington und Thomas Jefferson, die nicht daran dachten, den Grundsatz, dass alle Menschen von Natur aus gleichermaßen frei und unabhängig seien und gewisse angeborene Rechte besäßen, auch auf die aus Afrika stammenden Sklaven anzuwenden. Aber die ersten Menschenrechtserklärungen waren so formuliert, dass sich auch diejenigen auf sie berufen konnten, die zu den ganz oder teilweise Ausgesperrten gehörten: die Sklaven, die amerikanischen Ureinwohner und, was bestimmte Bürgerrechte wie etwa das Wahlrecht betraf, die Frauen. Das normative Projekt des Westens war also klüger als seine Urheber. Es diente als ständiges Korrektiv der politischen Praxis des Westens und entfaltete so eine konfliktreiche Dynamik, die die Geschichte der westlichen Demokratien bis heute prägt.

Das normative Projekt des Westens war kein «Selbstläufer». Viele Länder des alten Westens wehrten sich lange gegen die

Übernahme vieler der neuen revolutionären Ideen. Eines dieser Länder war Deutschland. Im Ersten Weltkrieg machten führende deutsche Intellektuelle Front gegen den Universalismus der westlichen Werte. Sie stellten den Ideen von 1789, also Freiheit, Gleichheit, Brüderlichkeit, die «Ideen von 1914» entgegen: die Ideen von Pflicht, Ordnung und Gerechtigkeit, die nur ein starker Staat gewährleisten könne. Ihren Gipfel erreichte die deutsche Auflehnung gegen die normativen Ideen des Westens, gegen Individualismus, Liberalismus und Demokratie, in der Zeit des Nationalsozialismus. Es bedurfte der Erfahrung der bedingungslosen Kapitulation, der Konsequenz der deutschen Katastrophe, um eine Umkehr zu bewirken. Doch nur im freien, dem westlichen Teil Deutschlands konnte sich jener Prozess vollziehen, den Jürgen Habermas 1986 als die «vorbehaltlose Öffnung der Bundesrepublik gegenüber der politischen Kultur des Westens» beschrieb und als die intellektuelle Leistung der westdeutschen Nachkriegszeit würdigte, auf die gerade seine Generation stolz sein könne.[6]

Der Untergang der kommunistischen Herrschaft in Europa in den Jahren 1989 bis 1991 bedeutete nicht, wie Francis Fukuyama meinte, das Ende der Geschichte.[7] Wohl aber stehen diese Epochenjahre für das Ende eines Kapitels in der Geschichte des transatlantischen Westens, das mit den atlantischen Revolutionen von 1776 und 1789 begonnen hatte. In diesen rund 200 Jahren war die Geschichte des Westens zu wesentlichen Teilen eine Geschichte von Normenkämpfen: von Kämpfen um die Aneignung oder Verwerfung des normativen Projekts des Westens. Es blieben die Kämpfe um die Auslegung des Projekts im Westen, darunter transatlantische Kontroversen um die Todesstrafe, um die Rolle der Religion in der Gesellschaft und um die soziale Verantwortung des Staates. Und es blieb der Streit um die universelle Geltung der Menschenrechte.

Zu der weltweiten Geltung dieser Rechte bekannte sich seit ihrer Gründung *die* Weltorganisation schlechthin. Die Charta der Vereinten Nationen vom 26. Juni 1945, sieben Wochen nach dem Ende des Zweiten Weltkriegs in Europa in San Francisco verabschiedet, verpflichtete die Unterzeichnerstaaten in Artikel 1 dazu, «die Achtung vor den Menschenrechten und Grundfreiheiten für alle ohne Unterschied der Rasse, des Geschlechts, der Sprache oder der Religion zu fördern und zu festigen».[8] Die Allgemeine Erklärung der Menschenrechte, von der Vollversammlung der Vereinten Nationen am 10. Dezember 1948 mit 48 Stimmen ohne Gegenstimmen bei acht Enthaltungen angenommen, brachte dieses Postulat in die Form eines ausgefeilten Katalogs.[9] Nach dem Ende des Ost-West-Konflikts verabschiedete die von den UN einberufene, von 171 Staaten beschickte Weltkonferenz über Menschenrechte in Wien im Juni 1993 eine Erklärung und ein Aktionsprogramm zur Durchsetzung der Menschenrechte, des Selbstbestimmungsrechts der Völker und der Demokratie.[10] Die Charta von Paris, die am 21. November 1990 unterzeichnet wurde, erhob zwar keinen weltweiten Anspruch, verpflichtete aber alle Mitgliedstaaten der damaligen Konferenz über Sicherheit und Zusammenarbeit in Europa, der jetzigen OSZE, die «Demokratie als einzige Regierungsform unserer Nationen aufzubauen, zu festigen und zu stärken» sowie die unveräußerlichen Menschenrechte und Grundfreiheiten zu gewährleisten.[11]

### Der universelle Geltungsanspruch

Manche neueren Einlassungen zum Thema Menschenrechte in nichtwestlichen Staaten, namentlich in Russland und China, lesen sich so, als ob die Erklärungen von 1945, 1948, 1990 oder 1993 nicht das Papier wert seien, auf dem sie gedruckt wurden. Richtig ist, dass es um die Chancen der UN und der OSZE, die Einhaltung der damals eingegangenen Verpflichtungen zu erzwingen, schlecht bestellt ist. Aber daraus folgt noch nicht, dass die westlichen Demokratien sie als nicht verbindlich betrachten dürften. Es war ein säkularer Fortschritt, als die Vereinten Nationen den normativen Ertrag der atlantischen Revolutionen von 1776 und 1789 in den Rang von Menschheitsnormen erhoben. Auf diesen nachgerade revolutionären Akt können sich seitdem Menschenrechtsaktivisten in aller Welt berufen, und sie haben dies immer wieder getan: von den Verfassern der «Charta 77», dem Manifest der tschechoslowakischen Dissidenten um Václav Havel, bis zu den Autoren der «Charta 08», die von über 5000 chinesischen Intellektuellen und Bürgerrechtsaktivisten unterzeichnet wurde, obenan dem Hauptautor und Friedensnobelpreisträger des Jahres 2010, Liu Xiaobo, dem das Engagement für Menschenrechte, Rechtsstaat und Demokratie eine elfjährige Haftstrafe einbrachte.[12]

Vor diesem Hintergrund verbietet es sich, die universelle Geltung der Menschenrechte mit dem kulturrelativistischen, besonders engagiert von Helmut Schmidt vertretenen Argument zu bestreiten, weil die Menschenrechte ein Produkt des Westens seien, hätten nur diejenigen Menschen Anspruch auf ihre Einhaltung, die in westlichen Demokratien lebten, während andere Kulturkreise, darunter der chinesische, gewissermaßen strukturell nicht auf die Menschenrechte hin angelegt seien. Der Westen hat in seiner Praxis über die Jahrhunderte hinweg immer wieder gegen die von ihm propagierten Ideen der einen Menschheit und der Gleichheit alles dessen, was Menschenantlitz trägt, verstoßen, aber er hat sie nicht zu zerstören vermocht. Sie sind das Beste, was er je hervorgebracht hat. Der Westen verlöre seine Glaubwürdigkeit, ja er gäbe sich selbst auf, wenn er sich von dieser Selbstverpflichtung lossagen und auf den universellen Geltungsanspruch der Menschenrechte verzichten würde.

Die Frage ist also nicht, ob der Westen eine Verantwortung für die Achtung der Menschenrechte in aller Welt trägt. Die Frage ist, wie er dieser Verantwortung gerecht werden kann. Der Weltgipfel der Vereinten Nationen hat sich im September 2005 in New York zu einer Schutzverantwortung der Völkergemeinschaft, ihrer «responsibility to protect», in Fällen von Massenverbrechen wie vor allem Völkermord bekannt.[13] Daraus folgt als Ultima Ratio die Möglichkeit einer humanitären Intervention zum Schutz der elementarsten Menschenrechte. Es versteht sich von selbst, dass jede Art von Sanktionen und erst recht ihre massivste, die bewaffnete Form, einer rigorosen Einzelfallprüfung und Folgenabwägung bedarf. Das Ergebnis wird häufig sein, dass ein Eingriff unterbleiben muss, weil er mit unkalkulierbaren Risiken verbunden wäre. Ein solcher Verzicht ist immer ein moralisches Dilemma, kann aber gleichwohl ein moralisches Gebot im Sinne der Verantwortungsethik sein.

Im Alltag der Menschenrechtspolitik spielen Sanktionen freilich nur eine geringe Rolle. Im Mittelpunkt der aktuellen Debatte über Werte und Interessen in der deutschen Außenpolitik steht die Frage, welche praktischen Folgerungen sich daraus ergeben, dass Staaten, mit denen die Bundesrepublik gute Beziehungen unterhält oder unterhalten möchte, auf dem Gebiet der Menschenrechte mehr oder minder weit hinter den Vorgaben der Völkergemeinschaft zurückbleiben.

In der sogenannten «realistischen» Schule empfinden es manche bereits als störend, dass das Thema Menschenrechte überhaupt öffentlich thematisiert wird, und das vor allem dann, wenn es um Russland unter Wladimir Putin geht. Die gemäßigten Vertreter dieser Schule empfehlen eine Arbeitsteilung: Die Zivilgesellschaft könne sich durchaus kritisch zur Lage der Menschenrechte in Russland, China oder, beispielsweise, in den zentralasiatischen Republiken äußern, die Bundesregierung sei aber gut beraten, sich mit öffentlichen Bewertungen zurückzuhalten, weil ansonsten übergeordnete wirtschaftliche oder strategische Interessen Deutschlands Schaden nehmen könnten.

Intellektuelle, Publizisten und Nichtregierungsorganisationen wie Amnesty International können und müssen in der Tat bei der Kritik an Menschenrechtsdefiziten weiter gehen als die amtlichen Vertreter westlicher Staaten. Aber in demokratisch verfassten Gesellschaften können sich Regierungen nicht sehr weit von der Zivilgesellschaft entfernen, ohne ihre Legitimität zu beschädigen. Demokratische Regierungen müssen versuchen, den allgemeinen Willen zu artikulieren, der sich durchaus nicht immer mit dem besonderen Interesse dieses oder jenes großen Industriekonzerns decken muss. Und sie tun gut daran, die Warnung Eberhard Sandschneiders vor einer doppelbödigen

Politik zu beherzigen: «Wer den Eindruck vermittelt, Werte zwar zu propagieren, sie aber bei Bedarf gegen ‹wichtigere› Interessen zurückzustellen, schadet eben diesen Werten – und der eigenen Glaubwürdigkeit – mehr, als er nützt.»[14]

Doch den mühsamen Ausgleich zwischen den materiellen und den immateriellen Interessen ihres Landes nimmt demokratischen Regierungen niemand ab. Der Einsatz für Menschenrechte in autoritär regierten Staaten dürfte stets ein diplomatischer Balanceakt sein: der Versuch, den besonderen Umständen vor Ort umfassend und taktvoll Rechnung zu tragen und gleichzeitig das höchste allgemeine Anliegen der Völkergemeinschaft, den Schutz der Menschenrechte, zur Geltung zu bringen. Käme das letztere zu kurz, hieße das, das normative Licht der Ideen von 1776 und 1789 und der Allgemeinen Erklärung der Menschenrechte von 1948 unter den Scheffel zu stellen.

Die deutsche Kritik am amerikanischen Missionsdrang auf dem Feld der westlichen Werte im Allgemeinen und der Menschenrechte im Besonderen entbehrt nicht einer gewissen Berechtigung. Unter der Präsidentschaft Jimmy Carters trug eine Menschenrechtsoffensive der USA dazu bei, die Spannungen zwischen West und Ost wieder zu verschärfen: eine Entwicklung, die im geteilten Deutschland besondere Besorgnisse auslöste. Unter George W. Bush überhöhten die USA ihre stark von strategischen Interessen bestimmte Politik des «regime change» im Irak mit einer Strategie der Demokratisierung, die, nahezu im Wortsinn, auf Sand gebaut war: Es fehlten die zivilgesellschaftlichen Traditionen, die notwendig gewesen wären, um aus freien Wahlen und Mehrheitsherrschaft mehr hervorgehen zu lassen als nur eine Karikatur von formaler Demokratie. Wenn die Erfahrungen mit dem Irak nach dem Sturz Saddam Husseins etwas Positives bewirkt haben, dann ist es die anhaltende amerikanische Skepsis gegenüber dem Versuch, ein nichtwestliches Land mit militärischen Mitteln in eine Demokratie zu verwandeln.

## Deutsche Realpolitik

Die deutschen Vorbehalte gegenüber dem normativen Universalismus amerikanischer Prägung haben jedoch noch andere
Ursachen. Bis heute wirkt nach, dass Deutschland nie eine erfolgreiche bürgerliche Revolution erlebt hat. Das Scheitern der
Revolution von 1848/49 fand einige Jahre später, 1853, seinen
theoretischen Niederschlag in einer Schrift mit dem program-
matischen Titel «Grundsätze der Realpolitik»: einer Selbstkritik
des liberalen Idealismus aus der Feder eines ehemaligen radikalen Burschenschafters, August Ludwig von Rochau. Der Kernsatz lautete: «Herrschen heißt Macht üben, und Macht üben
kann nur der, welcher Macht besitzt. Dieser unmittelbare Zusammenhang von Macht und Herrschaft bildet die Grundwahr-
heit aller Politik und den Schlüssel der ganzen Geschichte.»[15]
Bekanntlich hat der Begriff «Realpolitik» international Karriere gemacht. Er wurde zu einem deutschen Exportartikel, ähnlich wie «Kindergarten», «Rucksack», «Weltanschauung» und
«Götterdämmerung». Benutzt wurde der Begriff gemeinhin im
Sinne einer Abgrenzung von idealistischem Wunschdenken, und
insofern hat er eine kritische Dimension. Doch Rochaus Re-
duktion von Politik auf Macht war nicht dagegen gefeit, als
Rechtfertigung einer Machtpolitik ohne Wenn und Aber verstanden zu werden, wie sie in der nächsten Generation der Historiker Heinrich von Treitschke vertrat.[16] In diesem Sinn hat
das Buch von 1853 das deutsche politische Denken im 19. und
im frühen 20. Jahrhundert nachhaltig beeinflusst. Heute ist das
Werk weithin vergessen. Dennoch stellt sich die Frage, ob manche neueren deutschen Aufrufe zum «realpolitischen» Denken
völlig frei sind von der Gefahr, der der deutsche Liberale Rochau vor 160 Jahren erlegen ist: der Unterschätzung der Wirksamkeit von Ideen und der einseitigen Fixierung auf den Faktor
Macht.
Der «Realpolitik» immanent ist die Versuchung, längerfristige
Interessen hinter kurzfristigen zurückzustellen oder aus dem

Blickfeld zu verbannen. Ein klassisches Beispiel hierfür ist eine folgenschwere Entscheidung der deutschen Reichsleitung im Ersten Weltkrieg: der Beschluss vom Frühjahr 1917, Lenin aus dem Schweizer Exil im legendären, angeblich «plombierten» Wagen über Deutschland, Schweden und Finnland nach Russland reisen zu lassen. Der erhoffte Erfolg stellte sich rasch ein: Die Bolschewiki ergriffen die Macht, beendeten den Krieg im Osten und befreiten Deutschland aus der Not des Zweifrontenkriegs. Die Langzeitfolgen des Coups hatte Berlin nicht einkalkuliert: Die deutsche und die Weltgeschichte wären, um das Mindeste zu sagen, anders verlaufen, wenn die Reichsleitung nicht ein nur vermeintlich «realistisches» Vabanque-Spiel mit der roten Revolution betrieben hätte.

Ein zweites, jüngeres Beispiel einer verkürzten Perspektive von «Realpolitik» stammt aus den achtziger Jahren. Als im Sommer 1980 mit der Gründung der unabhängigen Gewerkschaft «Solidarność» in Polen die Entwicklung begann, die schließlich in die friedlichen Revolutionen von 1989 mündete, sahen führende deutsche Sozialdemokraten Gefahren für den Frieden in Europa aufziehen. In der sogenannten «zweiten Phase der Ostpolitik» drängte das Interesse an der dauerhaften Sicherung der innerdeutschen Entspannung den Wunsch nach evolutionärer Veränderung im Ostblock völlig in den Hintergrund, sodass aus der berühmten, für die erste Phase der Ostpolitik grundlegenden Formel Egon Bahrs von 1963 «Wandel durch Annäherung» das Ziel des Wandels weithin entschwand. Im Zeichen der neu propagierten «Sicherheitspartnerschaft» wurde Stabilität in Mitteleuropa zum alles beherrschenden Imperativ. Das Nachsehen hatten die Bürgerrechtler, die sich als Störfaktoren ausgegrenzt fühlten.

Die Ironie dieser Entwicklung lag darin, dass die Dissidenten Ostmitteleuropas durch den krönenden Abschluss der ersten Phase der Ostpolitik, die Helsinki-Schlussakte der KSZE von 1975, dank der darin enthaltenen Aussagen zu den Menschenrechten starken Auftrieb erhalten hatten. Auf diese Passagen konnte sich berufen, wer von den kommunistischen Regimen

mehr Freiheit forderte. So gesehen, war es ein Erfolg der Ostpolitik, der zur etatistischen Verkürzung des ursprünglichen
Konzepts führte. Die Stabilität, auf die Brandt, Bahr und andere
setzten, erwies sich jedoch als brüchig. Die Bürgerrechtsbewe-
gungen des östlichen Mitteleuropa, die Nutznießer der ersten
Phase der Ostpolitik, brachten am Ende einen viel gründliche-
ren Wandel hervor, als die Erfinder dieser Politik in den achtziger Jahren erwartet oder für wünschbar gehalten hatten. Die
westlichen Freiheitsideen entwickelten eine Dynamik, die der
sozialdemokratischen Variante von «Realpolitik» den Boden
entzog. Am Ende hatten sich, um Timothy Garton Ash zu zitieren, «die selbsterklärten Realisten als unrealistisch erwiesen, und
die Idealisten standen als die besseren Realisten da».[17]

Stabilität hat im Denken der Realpolitiker, der Theoretiker
ebenso wie der Praktiker, immer einen hohen Stellenwert: Das
ist in Deutschland nicht anders als in den Vereinigten Staaten,
wo die «realpolitische» Denkrichtung freilich sehr stark von
deutschen Emigranten, von Hans Morgenthau bis Henry Kissinger, geprägt ist.[18] Mehr noch: Stabilität tendiert, aus «realpoli-
tischem» Blickwinkel betrachtet, leicht dahin, den Rang des
höchsten Gutes einzunehmen. Die Frage, wie die Ordnung be-
schaffen ist, die da stabil gehalten werden soll, tritt demgegenüber zurück. Die einseitige, um nicht zu sagen: monomane,
Ausrichtung auf Stabilität ist immer in der Gefahr, in Zynismus
umzuschlagen. Die Folge ist dann die Missachtung von Kräften,
die die bestehenden Machtverhältnisse in autoritären Regimen
im Zeichen westlicher Werte in Frage stellen und darum westliche Sympathie und Solidarität verdient hätten.

Zum normativen Defizit der «Realpolitik» tritt ein empiri-
sches hinzu: Die Stärke der Kräfte, die auf Veränderung drän-
gen, wird regelmäßig unterschätzt, die Stabilität autoritärer
Regime überschätzt. Das war in den achtziger Jahren so, als in
Polen «Solidarność» das Kriegsrecht überlebte und schließlich
aus dem Machtkampf mit dem kommunistischen Regime als
Sieger hervorging. Und es spricht manches dafür, dass auch in
Russland und China die Machtverhältnisse weniger festgefügt

sind, als viele «Realpolitiker» meinen. Wenn das zutrifft, gibt es einen weiteren Grund, am Realismus der «Realpolitiker» zu zweifeln. Der Wirklichkeitssinn hat, wie Robert Musil bemerkt, sein notwendiges Gegenstück im Möglichkeitssinn.[19] Wo dieser Sinn fehlt, kann die vermeintliche «Realpolitik» in eine Utopie umschlagen: den Traum von einer regimeneutralen, immerwährenden Stabilität, deren Stützen zu einem guten Teil Diktaturen oder Halbdiktaturen sind.

Ein unverkürzter Realismus schließt einen normativen Ansatz nicht nur nicht aus, er erfordert ihn. Es ist ein geradezu sittliches Gebot aller Politik, der Wirklichkeit, so gut es geht, ins Auge zu sehen und sich sowohl von voluntaristischem Wunschdenken als auch von resignativem Fatalismus freizuhalten. Ein normativ aufgeklärter Realismus fragt nach Handlungsspielräumen und Alternativen der Politik. Er ist auf eine unvoreingenommene Analyse der Motive anderer Akteure und der jeweiligen Kräfteverhältnisse ebenso angewiesen wie auf Offenheit gegenüber dem, was der Historiker Johann Gustav Droysen in den 1850er Jahren den «ethischen Horizont» genannt hat: eine «Interpretation nach den sittlichen Mächten und Ideen», deren Werden und Wachsen für diesen Hegelianer die Bewegung und das Leben der Geschichte ausmachten.[20]

## Theorie und Praxis

Das Ergebnis solcher Abwägungen kann keine «moralische Politik» sein, denn die gibt es nicht, wohl aber eine Politik, die danach strebt, bei allem notwendigen Pragmatismus möglichst nahe an den normativen Vorgaben zu bleiben, auf die sich die Völkergemeinschaft festgelegt hat. Für das Verhältnis von Theorie und Praxis folgt daraus, was Kant im Anhang I zu seiner Schrift «Zum ewigen Frieden» aus dem Jahr 1795 feststellt: «Ich kann mir nun zwar einen moralischen Politiker, d.i. einen, der die Prinzipien der Staatsklugheit so nimmt, dass sie mit der Moral zusammen bestehen können, aber nicht einen politischen

Moralisten denken, der sich seine Moral so schmiedet, wie es der Vorteil des Staatsmannes sich zuträglich findet.»[21]

Deutsche Kritik an Verletzungen von Menschenrechten in anderen Ländern stößt in Deutschland selbst immer wieder auf den Einwand, angesichts der Verbrechen des Nationalsozialismus müssten sich gerade die Deutschen in dieser Hinsicht besondere Zurückhaltung auferlegen. Im Hinblick auf Russland hat Erhard Eppler so argumentiert. In einem Beitrag für die «Süddeutsche Zeitung» sprach er im November 2012 Wladimir Putin seinen Dank dafür aus, dass dieser es sich verkniffen habe, deutsche Kritik an Maßnahmen russischer Behörden mit der Frage zu kontern: «Seid ausgerechnet ihr Deutschen dazu berufen, uns Demokratie und Menschenrechte beizubringen?»[22]

Die Mahnung zu deutscher Bescheidenheit ist nur allzu oft gerechtfertigt. Aber das Argument, die Jahrhundertverbrechen des Nationalsozialismus verpflichteten die Deutschen, im Hinblick auf Menschenrechtsverletzungen anderer Nationen lieber zu schweigen, ist höchst anfechtbar. Zu Ende gedacht, läuft es darauf hinaus, Deutschland ein Recht auf Wegsehen zu bescheinigen, das andere westliche Demokratien nicht für sich in Anspruch nehmen können. Der Holocaust würde dann die widerspruchslose Hinnahme von ethnischen Säuberungen und Völkermorden zur Folge haben, was genauso abwegig wäre wie der seinerzeitige Versuch deutscher Politiker, Parallelen zu ziehen zwischen der Ermordung der europäischen Juden im Zweiten Weltkrieg und serbischen Massakern im Kosovo.[23]

Würde die nationalsozialistische Vergangenheit die Deutschen veranlassen, gegenüber Menschenrechtsverletzungen in der Gegenwart besonders großzügig zu sein, wäre dies das Resultat eines pathologischen Lernprozesses. Deutschland würde mit Recht Zweifel an seinem Selbstverständnis als westliche Demokratie hervorrufen, wenn es auf dem Gebiet der Menschenrechte und des Menschenrechtsschutzes eine grundsätzlich andere Politik betriebe als seine westlichen Verbündeten, also einen neuen Sonderweg einschlüge.

Tagespolitisch motivierte Bezugnahmen auf die Vernichtung

der europäischen Juden sind heute nicht mehr so häufig wie in den neunziger Jahren, und das ist ein Fortschritt. Denn jede Instrumentalisierung des Holocaust bedeutet seine Banalisierung. Ein verantwortlicher Umgang mit der Geschichte zielt darauf ab, verantwortliches Handeln in der Gegenwart möglich zu machen. Daraus folgt zum einen, dass sich die Deutschen durch die Betrachtung ihrer Geschichte nicht lähmen lassen dürfen. Zum anderen sollten politische Entscheidungen nicht dadurch überhöht werden, dass man sie als die jeweils einzig richtige Lehre aus der deutschen Vergangenheit ausgibt. Das gilt auch dann, wenn es um das Thema Deutschland und den Schutz der Menschenrechte geht.

# Die Spuren schrecken.
## Putins deutsche Verteidiger wissen nicht, in welcher Tradition sie stehen

*14. April 2014*

Die Gemeinde der Putin-Versteher ist ein buntscheckiges Gebilde. Sie reicht von Konservativen wie Alexander Gauland und Peter Gauweiler über den Ostausschuss der deutschen Wirtschaft und die beiden sozialdemokratischen Altkanzler bis hin zu Gregor Gysi und Sahra Wagenknecht.

Eine Zeitlang waren die Verteidiger des Kremlherrn in den Talkshows des deutschen Fernsehens und den Feuilletons der großen Tages- und Wochenzeitungen geradezu allgegenwärtig. Was immer sie auch trennt, in einem sind sie einig: Völkerrechtlich mag die Einverleibung der Krim in die Russische Föderation nicht korrekt gewesen sein, aber in einem höheren, historischen Sinn lässt sie sich doch irgendwie rechtfertigen oder zumindest nachvollziehen. Schließlich sind an die 60 Prozent der Krim-Bevölkerung ethnische Russen, die Bindungen an Russland alt, die Angliederung der Krim an die Ukraine im Jahr 1954 durch Chruschtschow ein Willkürakt und Völkerrechtsbrüche kein russisches Monopol.

Manche Apologeten der Annexion gehen noch weiter. Auf dem Erfurter Parteitag der Alternative für Deutschland erklärte deren stellvertretender Sprecher Alexander Gauland am 22. März, der russische Präsident habe sich, nachdem nach 1989 eine europäische Friedensordnung ausgeblieben sei, «auf eine alte zaristische Tradition besonnen: das Einsammeln russischer Erde. Das hat nichts mit Stalin, dem Sowjetimperium oder dem Kalten Krieg zu tun. Es knüpft an viel ältere Traditionen an. ... Kiew, die Kernzelle des russischen Reiches, kann Russland nie egal sein, und eben auch nicht Sewastopol, wo zweimal russische

Soldaten verblutet sind: 1856 im Krimkrieg und 1942/43 im Kampf gegen die deutschen Eindringlinge. Es mag so sein, dass wir das in unserer postheroischen Welt nicht mehr verstehen, für Russland ist das immer noch gelebte Realität.»[1]

Was Gauland so verständnisvoll beschreibt, ist völkischer Nationalismus in Reinkultur. Wären solche Maximen auch in Deutschland «gelebte Realität», könnte man sich leicht vorstellen, was es da alles, von Königsberg bis Straßburg, «einzusammeln» gäbe. Mit einem anderen, weitverbreiteten Argument ist Gauland sehr viel weniger ein Außenseiter. Er behauptet, es sei 1990 die gemeinsame Überzeugung des Westens und der Sowjetunion gewesen, die Nato nicht über die Oder auszudehnen.[2]

Doch ein solches Einverständnis gab es nicht. Der deutsche Außenminister Hans-Dietrich Genscher hat zwar, wie der «Spiegel» im November 2009 aufgrund unveröffentlichter Akten des Auswärtigen Amtes berichtete, gegenüber seinem sowjetischen Kollegen Eduard Schewardnadse am 10. Februar 1990 bemerkte, dass sich die NATO anlässlich der Wiedervereinigung Deutschlands nicht nach Osten ausdehnen würde: ein Verdikt, das der Chef der Bonner Diplomatie nicht nur auf das Territorium der noch existierenden DDR bezog, sondern auch «ganz generell» verstanden wissen wollte.[3]

Genscher ging damit über das hinaus, was der amerikanische Außenminister James Baker und Bundeskanzler Kohl um dieselbe Zeit in Gesprächen mit Gorbatschow versicherten. Der Mann aber, auf den es ankam, Präsident George H. W. Bush, dachte gar nicht daran, der Sowjetunion eine derart umfassende Zusage zu geben, und er setzte sich damit durch. Was zwischen West und Ost vereinbart wurde, ist im Zwei-plus-Vier-Vertrag über die deutsche Einheit niedergelegt und wird seitdem eingehalten: «Ausländische Streitkräfte und Atomwaffen oder deren Träger werden in diesem Teil Deutschlands (dem Territorium der DDR) weder stationiert noch dorthin verlegt.»[4] Die in letzter Zeit häufig wiederholte und auch von Putin aufgestellte Behauptung, die NATO habe ihr Versprechen gebrochen, sich nicht nach Osten auszudehnen, ist eine historische Legende.[5]

Zum Zeitpunkt der Wiedervereinigung im Oktober 1990 gab es den Warschauer Pakt noch. Als seine ehemaligen Mitglieder in Ostmittel- und Südosteuropa in den neunziger Jahren eines nach dem anderen in das westliche Bündnis drängten, stellten sich die russischen Erben der Ende 1991 aufgelösten Sowjetunion jahrelang quer. Im März 1997 aber ebnete Boris Jelzin, der Präsident der Russischen Föderation, bei einem Gipfeltreffen mit dem amerikanischen Präsidenten Bill Clinton in Helsinki den Weg für eine Beilegung des Konflikts.

Zuvor hatte das Atlantische Bündnis erklärt, dass es, solange die gegenwärtige Sicherheitslage andauere, in den neuen Mitgliedstaaten weder größere Depots anzulegen noch umfangreiche Truppenverbände oder Atomwaffen zu stationieren gedenke. Ende Mai 1997 schloss Jelzin in Paris mit den Staats- und Regierungschefs der NATO und dem Generalsekretär der Allianz, Javier Solana, ein Sicherheitsabkommen, das diese Absichtserklärung wiederholte und die Schaffung eines gemeinsamen Beratungs- und Koordinatengremiums, des späteren NATO-Russland-Rates, vorsah.[6] Beide Seiten versicherten sich, daß sie einander nicht als Gegner betrachteten. Im Monat darauf wurde Russland Vollmitglied in der Runde der wirtschaftlichen Führungsmächte: Aus der «G7» wurde auf dem 23. Weltwirtschaftsgipfel in Denver die «G8».

Die ehemaligen Mitglieder des Warschauer Paktes, die sich 1999 und in den Jahren danach der NATO anschlossen, machten damit von ihrer neugewonnenen Souveränität und zudem von einem Recht Gebrauch, das ihnen die Sowjetunion 1975 in der Helsinki-Schlussakte der Konferenz über Sicherheit und Zusammenarbeit ausdrücklich zugestanden hatte: dem Recht, Vertragspartner eines Bündnisses zu sein.[7] Hätte der Westen den Aspiranten eine Absage erteilt, wäre in Ostmittel- und Südosteuropa eine Zone der Unsicherheit und der Bedrohungsängste entstanden: ein neues «Zwischeneuropa», in dem nationalistische Ressentiments und Demokratiefeindschaft gute Chancen gehabt hätten, ähnlich destruktiv zu wirken wie in der Zeit zwischen den beiden Weltkriegen.[8]

Bei Putins deutschen Apologeten geht das Verständnis, das sie für russische Sicherheitsinteressen aufbringen, mit einem Mangel an Verständnis für die Sicherheitsbedürfnisse der Staaten Ostmittel- und Südosteuropas einher. Die Folge sind neue Zweifel an der Berechenbarkeit Deutschlands, vor allem in Polen und den baltischen Republiken. In Warschau erinnert man sich noch lebhaft an die Zeiten, in denen die großen Nachbarn sich im Zweifelsfall auf polnische Kosten zu verständigen pflegten – von den Teilungen Polens im späten 18. Jahrhundert bis hin zum Hitler-Stalin-Pakt von 1939. Wer, wie manche Vertreter des konservativen Flügels der Russland-Versteher, an die vermeintlich gute Tradition deutsch-russischer Sonderbeziehungen anknüpfen möchte, setzt damit den Zusammenhalt des Atlantischen Bündnisses und der Europäischen Union aufs Spiel.

In den westlichen Nachbarländern ist man sich womöglich besser als in Deutschland bewusst, in welchen historischen Zusammenhängen die deutsche Russlandpolitik seit dem Ersten Weltkrieg steht. Am 29. November 1917, kurz nach der Oktoberrevolution der Bolschewiki, die ohne deutsche Beihilfe, die amtliche Organisation von Lenins Reise im angeblich «plombierten Wagen» von der Schweiz zurück ins Zarenreich, gar nicht stattgefunden hätte, forderte kein Geringerer als Kaiser Wilhelm II. für den Fall von Friedensverhandlungen eine Prüfung der Frage, «ob wir mit Russland nicht in eine Art Bündnis- oder Freundschaftsverhältnis kommen könnten».[9]

In der Weimarer Republik waren es dann nicht zufällig rechte Politiker, Militärs und Intellektuelle, die sich ungeachtet ihres innenpolitischen Antikommunismus für eine enge Zusammenarbeit zwischen dem Deutschen Reich und der Sowjetunion im Zeichen der gemeinsamen Gegnerschaft zu den westlichen Demokratien stark machten. 1925 sah selbst Hitlers späterer Propagandaminister Joseph Goebbels in einem vom «jüdischen Internationalismus» befreiten, zu einem sozialistischen Nationalstaat transformierten Russland «den uns von Natur gegebenen Bundesgenossen gegen die teuflische Versuchung und Korruption des Westens».[10]

Weit verbreitet war im Deutschland der zwanziger Jahre der Kult einer angeblich deutsch-russischen Seelenverwandtschaft, als deren Kronzeuge Dostojewski herhalten musste. Einer der Vorkämpfer der Intellektuellenbewegung der «Konservativen Revolution», Arthur Moeller van den Bruck, Autor des 1923 erschienenen Buchs «Das dritte Reich», war der deutsche Herausgeber der Werke Dostojewskis.

Was ihn und viele Intellektuelle, darunter zeitweilig auch Thomas Mann, an dem russischen Dichter faszinierte, war dessen schroffe Wendung gegen den flachen Rationalismus des Westens, dem er den tiefen, religiös geprägten Geist des orthodoxen Russlands gegenüberstellte. Wo Deutschland in diesem Ideenkampf zwischen West und Ost zu stehen hatte, war klar: auf der östlichen Seite.[11] «Vestigia terrent», möchte man mit Horaz den deutschen Putin-Verstehern zurufen – zu deutsch: die Spuren (der Vorgänger) schrecken.[12] Doch die meisten von ihnen wissen wohl gar nicht, in wessen Fußstapfen sie treten.

Die Zustimmung, die Wladimir Putin heute in konservativen Kreisen des Westens erfährt, kommt nicht von ungefähr. Sein Kampf gegen «homosexuellenfreundliche Propaganda», gegen den Geist des Feminismus und die Libertinage, sein Eintreten für die überlieferte Form des familiären Zusammenlebens und traditionelle Werte schlechthin: Das alles sichert ihm den Beifall christlicher Fundamentalisten diesseits und jenseits des Atlantiks und nicht zuletzt bei Ideologen der amerikanischen Rechten. Pat Buchanan, zur Zeit Ronald Reagans einer der Wortführer der «moral majority», lobt neuerdings Putins «paläokonservative Bewegung» und attestiert dem russischen Präsidenten, dass er die Zukunft klarer sehen könnte als die Amerikaner.[13]

Was einst der proletarische Internationalismus Russland verschaffen sollte, den Rückhalt einer weltweiten Solidaritätsbewegung, das soll heute Putins konservativer Antimodernismus leisten: eine dialektische Volte, mit der der Mann an der Spitze Russlands nach Einschätzung des langjährigen Moskauer Korrespondenten großer britischer und amerikanischer Blätter, darunter «Newsweek», Owen Matthews, bereits einige Erfolge verbucht hat.[14]

Zu diesen zählt auch, so makaber es klingt, die Zusammenarbeit Russlands mit ehemaligen Sowjetrepubliken im Kaukasus und in Zentralasien sowie mit autoritären Regimen des Nahen Ostens und Afrikas im Menschenrechtsrat der Vereinten Nationen in Genf, wenn es darum geht, Homosexuellen die staatsbürgerliche Gleichberechtigung zu versagen. Der Herrscher Russlands als Schirmherr der reaktionären Kräfte in Europa, ja in der ganzen Welt: Die Zaren von Alexander I. bis Nikolaus II. hätten ihre Freude an dieser Metamorphose eines ehemaligen kommunistischen Funktionärs gehabt.

Innenpolitisch dient Putins demonstrative Homophobie vor allem dazu, die Bande zwischen seinem Regime und der orthodoxen Kirche zu festigen. Diese war seit jeher die verlässlichste Stütze aller russischen Autokraten bei der Abwehr von «zersetzenden» Einflüssen des «dekadenten» Westens. Der historische Okzident, das «lateinische Europa», zu dem auch Ostmitteleuropa gehört, hat seit dem hohen Mittelalter einen Prozess fortschreitender Gewaltenteilungen durchlaufen, von denen die ansatzweise Trennung von geistlicher und weltlicher Gewalt im Investiturstreit des späten 11. und frühen 12. Jahrhunderts die früheste und fundamentalste war. Im Rückblick erscheint diese Ausdifferenzierung geradezu als Keimzelle alles dessen, was den Westen historisch zum Westen macht: seiner Tradition von Pluralismus und Individualismus, von Rechtsstaat und Menschenrechten, von Volkssouveränität und repräsentativer Demokratie.[15]

Im orthodoxen Osten und Südosten Europas blieb dagegen die geistliche Gewalt der weltlichen untergeordnet: ein Sachverhalt, aus dem sich wenn nicht alles, so doch vieles ableiten lässt, was Russland bis heute vom Westen trennt. Als der Pionier der Perestrojka, Michail Gorbatschow, bei seinem Gipfeltreffen mit George H. W. Bush im Dezember 1989 auf Malta bemerkte, die (vom amerikanischen Präsidenten als solche charakterisierten) «westlichen Werte» seien «auch unsere Werte», war das gewiss subjektiv ehrlich.[16] Doch in seiner Heimat wird Gorbatschow an anderen Kriterien gemessen. Während ihn der Westen als den «westlichsten» aller russischen Staatsmänner und die Deutschen als Vater der Wiedervereinigung feiern, nimmt ihn die große Mehrheit der Russen als den Politiker wahr, der ohne Gegenleistungen sowjetische Hegemonialinteressen preisgab und damit die Zukunft Russlands als Weltmacht aufs Spiel setzte. Aus ebendieser Einschätzung heraus konnte Putin im April 2005 die Auflösung der Sowjetunion als die «größte geopolitische Katastrophe des 20. Jahrhunderts» bezeichnen.[17]

Die historische Grenze zwischen dem lateinischen und dem orthodoxen Europa verläuft quer durch das Land, das derzeit im Mittelpunkt des weltpolitischen Interesses steht: die Ukraine. Ihr Osten und Süden sind Russland und der Orthodoxie zugewandt, der Westen ist von der mit Rom «unierten» griechisch-katholischen Kirche geprägt und damit sehr viel stärker mit dem europäischen Okzident verbunden als der Osten des Landes. Der transatlantische Westen hat die fortdauernde Bedeutung dieses Zwiespalts unterschätzt. Die EU erweckte bei ihren Verhandlungen über ein Assoziierungsabkommen nicht nur in Kiew den Eindruck, sie stelle die Ukraine vor die Alternative: Brüssel oder Moskau. Erst recht musste die von den USA unter George W. Bush betriebene NATO-Mitgliedschaft die Ukraine in eine Zerreißprobe stürzen. Es war vor allem Deutschland, das sich diesem Vorhaben 2008 aus Rücksicht auf russische Sicherheitsinteressen mit Erfolg widersetzte.

Als es um die NATO-Mitgliedschaft der ostmittel- und südosteuropäischen Staaten ging, konnte der Westen Russland kein Vetorecht zubilligen. Die friedlichen Revolutionen von 1989 hatten die Ordnung von Jalta, die im Februar 1945 von den Großen Drei, den USA, der Sowjetunion und Großbritannien, verfügte Teilung Europas, zum Einsturz gebracht. Die westlichen Demokratien hätten sich um jede Glaubwürdigkeit gebracht, wenn sie sich russischen Forderungen gebeugt hätten, die auf eine Neuauflage der Breschnew-Doktrin von der beschränkten Souveränität der Warschauer-Pakt-Staaten hinausliefen.

Der Fall der Ukraine ist anders gelagert. Die Einbeziehung dieser historisch eng mit Russland verbundenen ehemaligen Sowjetrepublik in das westliche Bündnis müsste Russland in der Tat als «Einkreisung» empfinden. Dasselbe gilt für Georgien. Auf einem anderen Blatt steht eine Mitgliedschaft in der Europäischen Union. Würde die Ukraine sich systematisch bemühen, die anspruchsvollen Kopenhagener Beitrittskriterien von 1993 zu erfüllen, könnte ihr die EU den Kandidatenstatus schwerlich verwehren. Doch es sieht nicht danach aus, dass Kiew diesem Erfordernis in überschaubarer Zeit genügen könnte.

Putin beschränkt sich aber nicht darauf, einer NATO-Mitgliedschaft früherer Sowjetrepubliken entgegenzutreten. Sein Projekt einer Eurasischen Union ist ein Ausdruck von Neoimperialismus. Die Staaten, die sich diesem Gebilde anschließen, sollen sich wirtschaftlich wie politisch dem Willen der Führungsmacht, Russland, unterwerfen. Solche Bestrebungen mit Sympathie zu begleiten, wie es deutsche Russland-Versteher tun, hat der Westen keinen Anlass.

Wie immer die Ukraine-Krise ausgeht, sie bildet schon jetzt eine historische Zäsur. Nach der Epochenwende der Jahre 1989 bis 1991 konnte der amerikanische Philosoph Francis Fukuyama seine These vom «Ende der Geschichte» vertreten: Es sei nur noch eine Frage der Zeit, bis sich die Ideen und Institutionen des Westens in globalem Maßstab durchsetzen würden.[18] Die Terroranschläge vom 11. September 2001 führten den westlichen Demokratien schlagartig vor Augen, wie unrealistisch diese Erwartung im Hinblick auf große Teile der islamischen Welt war. Russland aber galt zu dieser Zeit noch als strategischer Partner, der gute Aussichten hatte, sich zu einem Rechtsstaat und zu einer pluralistischen Demokratie zu entwickeln.

Von dieser Hoffnung muss sich der Westen bis auf weiteres verabschieden. 14 Jahre nachdem Wladimir Putin erstmals zum russischen Präsidenten gewählt wurde, haben sich die antiwestlichen Kräfte in der Russischen Föderation auf breiter Front durchgesetzt. Von Angeboten zur gemeinsamen friedlichen Beilegung internationaler Streitigkeiten, obenan des Konflikts um die Ukraine, darf der Westen dennoch nicht abrücken, wenn er verhindern will, dass aus der neuen Ost-West-Konfrontation abermals ein Kalter Krieg wird.

Putins expansiver Nationalismus ist ein Versuch, das Gefühl der Demütigung Russlands durch den Westen zu kompensieren. Zugleich geht es ihm offenbar darum, von der unübersehbaren Schwäche der russischen Wirtschaft, den Folgen einer einseitigen Abhängigkeit von Rohstoffexporten, abzulenken. Doch weder äußere Expansion noch innere Repression sind geeignete Mittel, um die Anziehungskraft, die westliche Ideen von Menschenrechten, Rechtsstaat und pluralistischer Demokratie auf Teile der russischen Gesellschaft ausüben, dauerhaft zu schwächen. Am Ende könnte sich der Erfolg, den Putin durch die in jeder Hinsicht kostspielige Einverleibung der Krim errungen zu haben glaubt, als Pyrrhussieg erweisen.

# Ein ziemlich deutscher Pazifismus

*14. Juli 2014*

Über eine mangelnde Resonanz seiner öffentlichen Äußerungen zum Thema internationale Verantwortung Deutschlands kann sich Joachim Gauck nicht beklagen. Zu den vielen, die sich zu Wort gemeldet haben, gehören auch 67 ostdeutsche Pfarrer, die dem Bundespräsidenten in einem an ihn gerichteten offenen Brief die Abkehr von christlichen Friedensidealen vorwerfen. «Wer einmal in seinem Leben miterleben durfte, dass mit Gewaltlosigkeit große gesellschaftliche Veränderungen bewirkt werden können, der ist aus Dankbarkeit für die Erfahrung eigentlich den Rest seines Lebens dazu verpflichtet, an diese Erfahrung anzuknüpfen, auch unter gewandelten gesellschaftlichen Verhältnissen. Aus dem Abschlussdokument einer ökumenischen Versammlung der DDR-Kirchen von 1989 zitieren sie den Satz: «Im Verzicht auf militärische Gewalt als Mittel der Politik sehen wir einen notwendigen Schritt zur Schaffung einer europäischen und weltweiten Friedensordnung.»[1]

Was Gauck bei verschiedenen Gelegenheiten zu Bundeswehreinsätzen als ultima ratio bemerkt hat, bündelte er kürzlich anlässlich eines Staatsbesuchs in Norwegen in einem Interview mit dem Deutschlandfunk. Deutschland müsse im Kampf für Menschenrechte an der Seite der Unterdrückten stehen. «Und in diesem Kampf ist es manchmal erforderlich, auch zu den Waffen zu greifen. So wie wir eine Polizei haben und nicht nur Richter und Lehrer, so brauchen wir international auch Kräfte, um die Verbrecher oder Despoten, die gegen ihr eigenes Volk oder gegen ein anderes mörderisch vorgehen, zu stoppen. Deshalb gehört letztlich als letztes Mittel auch dazu, den Einsatz militärischer Mittel nicht von vornherein zu verwerfen.»[2]

Der Bundespräsident sagt damit nichts Anderes als das, was der Weltgipfel der Vereinten Nationen im September 2005 in

New York unter dem Stichwort «Responsibility to Protect» (Schutzverantwortung) beschlossen hat. Demnach obliegt es jedem Staat, die eigene Bevölkerung vor Massenverbrechen (mass atrocities) zu schützen. Wenn ein Staat dieser Verantwortung nicht nachkommt und friedliche Mittel versagen, muss die internationale Gemeinschaft Zwangsmaßnahmen ergreifen, was äußerstenfalls auch militärische Mittel einschließt. Der Weltgipfel nannte als Fälle, in denen die Schutzverantwortung zum Tragen kommen sollte, Völkermord, Kriegsverbrechen, ethnische Säuberungen und Verbrechen gegen die Menschlichkeit. Der Genozid in Ruanda, bei dem 1994 etwa 800 000 Menschen, vorwiegend Tutsis, ermordet wurden und bei dem die westlichen Demokratien und die Vereinten Nationen nicht interveniert hatten, war ein solches Massenverbrechen. Als die UNO sich in dem vollen Bewusstsein der Schwierigkeiten der politischen Umsetzung zum Grundsatz der Schutzverantwortung bekannte, stand ihr das eigene Versagen im Osten Afrikas als Memento vor Augen.[3]

Würde Deutschland sich gegen dieses Prinzip aussprechen, wie das in der Logik des Briefes der ostdeutschen Pfarrer liegt, käme das einer Abwendung von den Vereinten Nationen und von den Partnern im Atlantischen Bündnis gleich. Von den letzteren würde sich Deutschland auch lossagen, wenn es die Frage provoziert, ob es im Ernstfall am Artikel 5 des NATO-Vertrages festhalten würde, dem zufolge ein Angriff auf *ein* Mitgliedsland ein Angriff auf alle Mitglieder der Allianz ist. Manche deutsche Einlassungen zur Ukrainekrise, vor allem seitens der Partei Die Linke, sind durchaus dazu angetan, Zweifel an der Bündnistreue aufkommen zu lassen – und das nicht nur, aber vor allem bei den unmittelbar betroffenen ostmitteleuropäischen Nachbarn, obenan den Polen und den baltischen Republiken.

Die Politik der Westbindung, für die sich die alte Bundesrepublik nach schweren innenpolitischen Auseinandersetzungen in den 1950er Jahren entschieden hat, war das Ergebnis langwieriger Lernprozesse. Bis weit in das 20. Jahrhundert hinein hatten sich die tonangebenden deutschen Eliten, unter ihnen die führenden Männer der evangelischen Kirche, gegen die westliche Demokratie und die ihr zugrunde liegenden Ideen der unveräußerlichen Menschenrechte und der Volkssouveränität zur Wehr gesetzt. Im Ersten Weltkrieg stellten vor hundert Jahren deutsche Kriegsideologen den Ideen von 1789, also Freiheit, Gleichheit, Brüderlichkeit, die Ideen von 1914, Parolen wie Volksgemeinschaft, starker Staat und deutscher Sozialismus, entgegen. Der Höhepunkt der deutschen Auflehnung gegen den Westen war die Herrschaft des Nationalsozialismus.

Erst nach der Niederlage im Zweiten Weltkrieg vollzog sich im Westen Deutschlands die Abkehr von dieser verhängnisvollen Tradition. Die Bundesrepublik hätte weder Mitglied der Europäischen Gemeinschaft noch Partner des Atlantischen Bündnisses werden können, wenn sie sich nicht der politischen Kultur des Westens geöffnet und damit endlich aus der europäischen Aufklärung dieselben Konsequenzen gezogen hätte wie lange zuvor die westlichen Demokratien, gegen die das Deutsche Reich in beiden Weltkriegen gekämpft hatte.

Was die ostdeutschen Pfarrer und ihre westdeutschen Unterstützer, darunter die ehemalige Ratsvorsitzende der EKD, Margot Käßmann, wissentlich oder unwissentlich in Frage stellen, ist nichts Geringeres als die Westbindung Deutschlands mitsamt den daraus resultierenden Verpflichtungen. So sehr sie sich von ihren obrigkeitshörigen Amtsvorgängern in der Zeit vor 1945 abheben, so sehr sie sich selbst als Demokraten fühlen mögen, so fremd ist ihnen der westliche Werteuniversalismus, an seiner Spitze der Gedanke der allgemein gültigen Menschenrechte, geblieben. Ihr fundamentalistischer Protest gegen Gaucks Thesen von der internationalen Verantwortung Deutschlands trägt in seinem Innerlichkeitspathos sehr deutsche Züge und macht sie den national gesinnten Pastoren der wilhelminischen Zeit ähnlicher, als ihnen bewusst ist. Die protestierenden Pfarrer sehen die Verantwortung Deutschlands darin, die christliche Friedensbotschaft in alle Welt zu tragen. Von politischer Freiheit und Menschenrechten ist dabei nicht die Rede. Aus der Tatsache, dass 1989 in einigen Ländern Ostmitteleuropas, darunter der

DDR, unter besonderen historischen Bedingungen Diktaturen mit friedlichen Mitteln zum Einsturz gebracht wurden, ziehen sie den Schluss, dass die Welt sich fortan an diesem Vorbild orientieren muss – eine ebenso deutsche wie wirklichkeitsfremde, um nicht zu sagen anmaßende Sichtweise, ja die Rechtfertigung eines neuen deutschen Sonderwegs.

Im Zuge der «vorbehaltlosen Öffnung der Bundesrepublik gegenüber der politischen Kultur des Westens» (Jürgen Habermas) hat die evangelische Kirche im Westen Deutschlands die eigenen politischen Traditionen einer selbstkritischen Überprüfung unterzogen.[4] An ihren Bekenntnissen zur freiheitlichen Demokratie gibt es nichts zu deuteln. Aber schon vor 1989 blieb offen, ob die EKD damit für die Gesamtheit des deutschen Protestantismus sprach und ob ihr Ja zur politischen Kultur des Westens zu Ende gedacht war: im Sinne eines Engagements für die universelle Geltung der Menschenrechte und der Bejahung der Pflichten, die sich aus der Mitgliedschaft in den Vereinten Nationen, dem Atlantischen Bündnis und der Europäischen Union ergeben. Der ehemalige Pfarrer Gauck zieht diese Konsequenz. Deshalb tritt er dem verbreiteten Hang zu einem neutralistischen Nationalpazifismus entgegen, gleichviel ob dieser im geistlichen Gewand auftritt oder rein weltlich argumentiert. Darin liegt die Pointe seiner jüngsten Interventionen zum Thema internationale Verantwortung Deutschlands.

# II

# STREITFRAGEN DER DEUTSCHEN
# INNENPOLITIK

«Begeisterung ist keine Heringsware, die man einpökelt auf einige Jahre.» So heißt es in Goethes Gedicht «Frisches Ei, gutes Ei». Im ersten Jahrzehnt nach der deutschen Wiedervereinigung wich die Freude über die Überwindung der deutschen Teilung rasch wechselseitigen Animositäten zwischen «Wessis» und «Ossis». Es gab zwar Debatten über den gesellschaftlichen Reformbedarf in Ost und West, nicht zuletzt an den Hochschulen, aber sie zeitigten kaum praktische Wirkungen. Die Einsicht, dass Deutschland einer grundlegenden Erneuerung des Sozialstaats bedurfte, setzte sich erst nach der Jahrtausendwende unter der rot-grünen Bundesregierung durch. Die «Agenda 2010» von 2003, so umstritten sie in mancher Hinsicht war und immer noch ist, trug entscheidend dazu bei, dass Deutschland in den folgenden Jahren den Ruf los wurde, «der kranke Mann Europas» zu sein, und heute als das wirtschaftlich erfolgreichste Mitgliedsland der Europäischen Union gilt.

# Wandel durch Anbiederung?

9. *September 1992*

Woran erkennt man den «Besser-Wessi»? Das ist doch ganz einfach, werden viele Ostdeutsche sagen, am arroganten Gehabe, an fehlendem Einfühlungsvermögen, an der Haltung des Oberlehrers. Dieser Typ des «Besser-Wessis» ist allseits bekannt.

Aber gibt es nicht noch eine andere, geschicktere Art, die Landsleute aus der früheren DDR zu bevormunden? Ich denke beispielsweise an einen Redner, der seinem Publikum versichert, er wolle auf keinen Fall den Eindruck hervorrufen, als sei er ein «Besser-Wessi», er habe eigentlich auch gar kein Recht, eine Meinung zu äußern über das Verhalten der Ostdeutschen in der Zeit der kommunistischen Diktatur; er selbst hätte vermutlich auch versucht, in der SED oder einer der Blockparteien Karriere zu machen; ja, er könne nicht einmal die Hand dafür ins Feuer legen, daß er unter Umständen nicht auch ein «Inoffizieller Mitarbeiter» der Stasi geworden wäre.

Der klügere «Besser-Wessi» möchte die Ostdeutschen nicht vor den Kopf stoßen. Er gibt sich demütig und redet nach dem Motto: «Alles verstehen heißt alles verzeihen.»[1] Aber die Wirkungen dieser scheinbaren Güte sind fatal. Wer die Dinge so darstellt, als wäre es ganz normal gewesen, dem Ministerium für Staatssicherheit zuzuarbeiten, der beleidigt die überwältigende Mehrheit der Ostdeutschen, die dies nicht getan haben. Der kränkt vor allem die Opfer, die massive Nachteile dafür in Kauf genommen haben, daß sie ihrem Gewissen folgten, wo die Zumutungen der Partei- und Staatsmacht eine bestimmte Grenze überschritten. Wer hingegen mit den Wölfen geheult oder auch gebissen hat, kann sich freuen: Der sublime «Besser-Wessi» bescheinigt ihm, daß er sich situationsgerecht verhalten hat.

Ich glaube nicht, daß das Zusammenwachsen der Deutschen durch die forcierte Demutsrhetorik mancher Politiker, Publizisten und Professoren aus den alten Bundesländern gefördert wird – und auch nicht dadurch, daß einige ostdeutsche Sprecher den Westdeutschen ebendiese Haltung anempfehlen. Wie soll ein Gespräch in Gang kommen, wenn Westdeutsche im Umgang mit den Ostdeutschen Befangenheit geradezu zum Programm erheben? Wenn umgekehrt Ostdeutsche eine Art publizistischen Naturschutzpark für Politiker aus den neuen Bundesländern fordern? Oder ist etwas anderes gemeint, wenn der Wittenberger Pfarrer Friedrich Schorlemmer schreibt: «Endlich gewonnene Pressefreiheit wird erlebt als Freiheit zur uneingeschränkten Denunziation mit einem atemberaubenden Effekt. Die einen verdienen, die anderen verzweifeln am Leben. So teilt sich die Nation.»[2]

Die Teilung wird, so denke ich, durch etwas anderes befestigt: dadurch, daß wir aus vier Jahrzehnten Diktatur in der DDR die Schlußfolgerung ableiten, die Ostdeutschen seien noch nicht recht freiheitsfähig und vertrügen keine unangenehmen Wahrheiten. Wer den Ostdeutschen gerecht werden will, der darf über sie und zu ihnen nicht reden, als hätten sie vor der «Wende» in einer freiheitlichen Gesellschaft wie der westdeutschen gelebt. Der darf aber auch nicht so tun, als seien herkömmliche moralische Maßstäbe auf Menschen aus der früheren DDR nicht anwendbar.

Zum Zusammenwachsen gehört, daß wir uns gegenseitig offen sagen, was wir für die Wahrheit halten. Darüber mag es zu Konflikten kommen. Aber die können heilsamer sein als der Versuch, sie um jeden Preis zu vermeiden. Wenn wir die «Mauer in den Köpfen» abtragen wollen, müssen wir sie wegdenken – und das geht nur durch gemeinsame Gedankenarbeit.

# Von Australien lernen?
## Zum Streit um nachträgliche Studiengebühren

*23. April 1997*

Wenn wir ein Problem nicht mehr umgehen können, fragen wir uns, wie wir damit umgehen können. Ein solches Problem ist der Zustand der deutschen Universitäten – oder sollte man besser sagen: der Zustand der deutschen Universitäten mit Ausnahme derjenigen in Nordrhein-Westfalen? Aus dem Düsseldorfer Wissenschaftsministerium kommen jedenfalls seit geraumer Zeit nur beruhigende Verlautbarungen zur Lage der hohen und der höheren Schulen. Das deutsche Abitur ist, wenn man der Ministerin Anke Brunn glauben darf, nicht nur im Kern gesund; es ist kerngesund. Es war, ist und bleibt der «Königsweg» zur Hochschule, woraus folgt, daß auf dem Holzweg ist, wer ab und an anderes beobachten zu können meint. Für Anke Brunn ist die Gleichung Abitur gleich Studienberechtigung gleich Studierfähigkeit ein Dogma, und da sie unter den sozialdemokratischen Wissenschaftsministerinnen und Wissenschaftsministern etwa dieselbe Position hat wie der Papst unter den Kurienkardinälen, binden ihre Lehrmeinungen, wenn sie diese ex cathedra verkündet, die ganze Ministerriege, ja die Gesamtpartei. Anke locuta, causa finita.[1] Zu deutsch: Wenn die Ministerin Brunn gesprochen hat, erübrigt sich weiteres Nachdenken.

Oder vielleicht doch nicht. Irgendwelche Gründe muß es ja dafür geben, daß nicht ganz wenige Studierende schon an den ersten Proseminararbeiten scheitern. So viel können die Lehrenden an der Universität gar nicht falsch machen, daß das allein ihrem Versagen zuzuschreiben wäre. Düsseldorfer Denkverbote hin oder her: Die These, daß die Durchschnittsnote des Abiturs eine hinreichend sichere Auskunft über die Studierfähigkeit gibt, läßt sich mit allem möglichen begründen, nur nicht mit praktischen Erfahrungen im akademischen Lehrbetrieb. Aus diesen Erfahrungen erklärt sich der Wunsch vieler Universitäten, einen Versuch mit dem «gewichteten Abitur» zu machen – zu prüfen, ob nicht die Noten in bestimmten, für ein Studienfach besonders wichtigen Schulfächern mehr über die Studierfähigkeit aussagen als die Durchschnittsnote des Abiturzeugnisses.

Ein anderes Experiment steht auf der Verbotsliste von Anke Brunn noch weiter oben: das Aufnahmegespräch mit einem Professor oder einer Professorin. Die Ministerin bemüht in der Abwehr dieses ketzerischen Gedankens ihre Fürsorgepflicht: «Haben Professorinnen und Professoren nichts Besseres zu tun, als eine geprüfte Leistung noch einmal zu prüfen?» fragte sie unlängst in der «Zeit». Ihre Antwort: «Die Arbeitszeit von Hochschulangehörigen konzentriere ich lieber auf Forschung, Lehre und dienstleistende Verwaltung.»[2] Das klingt löblich, wäre aber vor der Erfindung der politischen Korrektheit doch wohl als Milchmädchenrechnung bezeichnet worden. Denn die Korrektur von Pro-und Hauptseminararbeiten, die «unter dem Strich» sind, erfordert ebenfalls Zeit, und die anschließende mündliche Begründung eines nicht ausreichenden Ergebnisses dauert meist länger als die Rechtfertigung der Noten «gut» oder «sehr gut». Daß der Zeitaufwand für Aufnahmegespräche größer ist, wäre noch zu beweisen. Aber dazu müßte der Versuch erst einmal gemacht werden dürfen.

Ihre schärfste Munition bewahrt sich die Ministerin aus Nordrhein-Westfalen immer für den Fall auf, daß ein Befürworter von wie auch immer gearteten Studiengebühren ihren Weg kreuzt. Diese Erfahrung mußte kürzlich der sächsische Wissenschaftsminister Hans Joachim Meyer machen, der sich auf das Wagnis eines «Spiegel»-Streitgesprächs mit der Kollegin vom Niederrhein einließ. Der Christdemokrat dachte laut über einen Studienfonds nach, «in den Leute einzahlen sollen, die ihr Studium abgeschlossen haben und über dem Bundesdurchschnitt verdienen». Als der moderierende Redakteur leichtsinnigerweise darauf hinwies, daß dieses Modell aus Australien stamme, geriet auch er in das Schußfeld der streitbaren Sozialdemokratin:

«Mußte man bis nach Australien fahren, um solch ein unsinniges Modell zu entdecken? Australien ist ein Einwanderungsland, in dem es nicht die Traditionen eines Generationenvertrags und eines sozial verantwortlichen Bildungswesens gibt wie in Deutschland.»[3]

Deutschland, so muß man Anke Brunn wohl verstehen, ist kein Einwanderungsland. Deutschland ist vielmehr Einwanderungsländern so haushoch überlegen, daß nur diese Länder von Deutschland etwas lernen können, nicht aber Deutschland von ihnen. Da rede künftig noch einer, mit scheelem Blick auf die SPD, von vaterlandslosen Gesellinnen und Gesellen. So nachdrücklich ist das Kulturgefälle von alten und neuen Nationen schon lange nicht mehr beschworen worden wie von dieser regierenden deutschen Sozialdemokratin. Nichts wäre wünschenswerter als eine schnelle Übersetzung dieser Passage des Streitgesprächs ins Englische, auf daß sich auch in Australien, Amerika und anderen Einwanderungsländern die Kunde verbreiten kann, an welchem Wesen die Welt genesen soll: am «sozial verantwortlichen Bildungswesen» der Bundesrepublik Deutschland.

Vor Rückfragen aus dem australischen Busch ist man in der Zeit des «global village» freilich nicht mehr sicher. Was tun, wenn irgend jemand in Wagga Wagga oder Bioomiaricool über Internet in Düsseldorf anfragt, ob es wirklich sozial verantwortlich ist, daß in Deutschland für jede berufliche Ausbildung Gebühren erhoben werden, nur für die akademische nicht? Daß also die jungen berufstätigen Nichtakademiker durch ihre Steuerleistungen den gleichaltrigen Studentinnen und Studenten ein Studium ermöglichen, das diesen in der Regel später zu einem überdurchschnittlichen Einkommen verhilft? Ob es da nicht sozial gerechter wäre, den besserverdienenden Akademikern (und nur ihnen) eine Art nachträglicher Studiengebühr wie in Australien zuzumuten?

Wie würde die deutsche Ministerin reagieren, wenn sie erführe, daß das australische Modell 1989 nicht etwa von wildgewordenen Reaktionären, sondern von einer Regierung der Labor

Party eingeführt worden ist? Daß nur etwa 15 Prozent jener Studierenden, die ihre Studiengebühren (in Höhe von derzeit knapp 3000 Mark jährlich) mit Hilfe eines zinslosen Darlehens bezahlen, dieses nicht zurückzahlen, weil sie unterhalb des jährlichen Durchschnittseinkommens eines berufstätigen Australiers bleiben und damit von der Rückzahlungspflicht befreit sind? Daß die australischen Akademiker durch ihre Studiengebühren (mit einem Rabatt von 25 Prozent, wenn diese schon während des Studiums bezahlt werden, und mit einem Inflationszuschlag, wenn die Zahlung später erfolgt) annähernd ein Fünftel der Ausbildungskosten aufbringen?

Fragen über Fragen. Vermutlich würde die Ministerin Brunn bei der Behauptung bleiben, die sie schon im «Spiegel» aufgestellt hat: Ein Studienfonds sei ungerecht, weil er eine Vorbelastung für die nächste Generation bedeute und auf die «jungen Leute» schon genug Kosten zukämen – siehe Rentenreform. Doch warum sollten nicht auch jene, die ihr Studium längst abgeschlossen haben und heute ein überdurchschnittliches Einkommen beziehen, aufgefordert werden, freiwillig etwas in den Studienfonds einzuzahlen? Und ist Anke Brunn entgangen, daß die von der Rentenreform betroffenen «jungen Leute», von denen sie spricht, mehrheitlich keine werdenden Akademiker sind und, soweit sie keine Hochschule besuchen, später in Deutschland sehr viel weniger verdienen als die meisten der heute Studierenden?

Die Akademisierung der deutschen Sozialdemokratie ist so weit fortgeschritten, daß die Hochschulpolitiker der SPD offenbar schon gar nicht mehr merken, was sie tun: Sie verteidigen etwas, was ein Marxist bürgerliche Klassenprivilegien nennen würde. Eine solche Art von Besitzstandswahrung als soziale Gerechtigkeit auszugeben ist, sagen wir, apart. Deutschland, hört man gelegentlich, sei ein zutiefst sozialdemokratisches Land. Andere nennen es ein zutiefst konservatives Land. Möglicherweise ist beides richtig und der Unterschied zwischen den zwei Aussagen so gering, daß er sich mit bloßem Auge kaum noch erkennen läßt.

# Die Stunde der Generalisten.
## Bloß nichts lernen:
## Mitternacht der Hochschulpolitik

*28. November 1997*

Selten war es so schwer, keine Satire zu schreiben. Es sind nicht das erste Mal Deutschlands sozialdemokratische Wissenschaftsminister, die zu dieser Feststellung Anlaß geben. Aus ihren Reihen ertönt die Forderung, in das neue Hochschulrahmengesetz ein Verbot von Studiengebühren aufzunehmen. Warum nicht gleich ein Verbot der Diskussion über Studiengebühren? Natürlich müßte ein solches Verbot, um Wirkung zu zeitigen, strafbewehrt sein. Manche Gründe, die noch zu erörtern sein werden, sprächen für eine Verbannung nach Australien. Unter Berücksichtigung des Grundsatzes der Verhältnismäßigkeit wird man sich aber doch wohl beim erstmaligen Verstoß gegen das Diskussionsverbot mit einer milderen Sanktion begnügen müssen: Unter der persönlichen Aufsicht des zuständigen Ministers oder der zuständigen Ministerin müssen Befürworter von wie immer gearteten Studiengebühren hundertmal in Schönschrift den Satz niederschreiben: «Studiengebühren zu fordern ist ungebührlich!»

Die Sache mit Australien ist damit aber noch nicht aus der Welt. Dort geschieht seit 1989 Unerhörtes, und was noch unerhörter ist: Es war eine Regierung der Labor Party, die den Australiern die Suppe eingebrockt hat. Die Studierenden müssen dort seit jenem Schicksalsjahr etwas für die Finanzierung ihres Studiums tun. Entweder zahlen sie (oder ihre Eltern) die Studiengebühren (Anfang 1997 waren es umgerechnet knapp 3000 Mark jährlich) sofort und erhalten dann einen Abschlag von 25 Prozent, oder, und das ist die Regel, sie bezahlen diese Gebühren nachträglich – von dem Zeitpunkt an, wo die ehema-

ligen Studierenden das Durchschnittseinkommen eines berufstätigen Australiers erreicht haben.

Im zweiten Fall bekommen die australischen Jungakademiker
ein zinsloses Darlehen, das sie, zuzüglich eines Inflationsaus-
gleichs, ratenweise zurückzahlen müssen, wenn und nur dann
wenn sie besagte Einkommenshöhe erreicht haben. Etwa 85 Prozent der Studentinnen und Studenten kommen in den Genuß
eines solchen Einkommens und bezahlen nachträglich ihre Studiengebühren. Die simultanen und nachträglichen Studiengebühren sollen die öffentliche Hand entlasten – aber nur bis zu
einer gewissen gesetzlichen Höhe. Sie liegt bei einem Fünftel der
Gesamtausgaben für die Hochschulen.

Das australische Modell von 1989 hat die Londoner Labour-
Regierung unter Tony Blair angeregt, bei der Finanzierung
des britischen Hochschulwesens ähnliche Wege einzuschlagen.
Völlig anders war und ist die Reaktion in Deutschland. Anke
Brunn, die sozialdemokratische Wissenschaftsministerin von
Nordrhein-Westfalen, empfindet den Gedanken als Zumutung,
die Bundesrepublik könne von einem «Einwanderungsland» wie
Australien irgend etwas lernen. Als kürzlich ihr Mainzer Kollege und Parteifreund Jürgen Zöllner auf nachträgliche Studiengebühren angesprochen wurde, antwortete er empört: «Das Studium mag im späteren Leben Vorteile bringen. Aber man sollte
nicht nur denjenigen, die studiert haben, die Finanzierung der
nachfolgenden Generation aufbürden. Es ist doch das Interesse
der Gesamtgesellschaft, daß wir möglichst viele gutausgebildete
junge Menschen haben.»[1]

Im Interesse der Gesamtgesellschaft liegt es allerdings auch,
daß Minister nachdenken, bevor sie etwas sagen oder schreiben.
Bei sozialdemokratischen Ministern möchte man sich zusätzlich
wünschen, daß sie das Postulat der sozialen Gerechtigkeit nicht
ganz aus dem Blick verlieren. Die Gesamtgesellschaft hat nicht
nur ein Interesse an gutausgebildeten Akademikern, sondern
beispielsweise auch an gutausgebildeten Handwerkern. Dennoch müssen diese für ihre Ausbildung etwas zahlen, jene nicht.
Mehr noch: Die berufstätigen Nichtakademiker bezahlen durch

ihre Steuerleistung das Studium derer, die im Lebensdurchschnitt meist sehr viel mehr verdienen als die «misera contribuens plebs».[2] Nach Meinung des Ministers Zöllner und der Ministerin Brunn ist das gut so, und darum soll es auch so bleiben.

Es war einmal eine Arbeiterpartei, die hieß SPD. Sie kämpfte
für soziale Gerechtigkeit und darum für den Abbau ungerecht-
fertigter Privilegien. Die Partei war so erfolgreich, daß heute
viele ihre Mitglieder und die meisten ihrer Funktionsträger
selbst zu den Privilegierten gehören. Da einem halbvergessenen
Denker des neunzehnten Jahrhunderts zufolge, der in der Geschichte dieser Partei eine gewisse Rolle gespielt hat, das Sein das
Bewußtsein bestimmt, sind die Privilegien der Neuprivilegierten
aus ihrer Sicht gerechtfertigte Privilegien. Deswegen erscheint es
ihnen ungerecht, daran zu rütteln.

Die Mentalität der Besitzstandswahrung ist natürlich kein
Monopol der Sozialdemokratie. Der Bundesminister für Bildung, Wissenschaft, Forschung und Technologie, Jürgen Rütt-
gers, ein Politiker der CDU, ist bisher nicht als Rufer im Streit
um eine gerechtere Studienfinanzierung hervorgetreten. Vom
Bundeskanzler sind entsprechende Äußerungen ebenfalls nicht
überliefert. Der Bundespräsident, auch er kein Sozialdemokrat,
müßte sich wohl selbst einen Ruck geben, ehe er in seiner nächsten Rede an die deutsche Nation zum «Megathema» Bildung
etwas sagt, womit er Streit entfachen könnte. Aber es wäre ein
produktiver und notwendiger Streit, der entstünde, wenn Roman Herzog die Deutschen auffordern würde, im Hinblick auf
die finanzielle Sanierung der Universitäten von Australien zu
lernen.

Der Bundespräsident könnte noch etwas anderes tun. Anfang
Februar 1997 sind Hochschullehrer der Humboldt-Universität
zu Berlin mit einem Vorschlag an ihn herangetreten, auf den es
bislang noch kein Echo gibt: Das Staatsoberhaupt möge zur Ein-
richtung eines nationalen Bildungsfonds aufrufen, in den alle
diejenigen etwas einzahlen sollten, die nach reiflicher Über-
legung nicht ganz ausschließen wollen, daß es einen ursächlichen
Zusammenhang zwischen ihrem Einkommen und ihrem Uni-

versitätsstudium gibt. Sollte eines Tages das ursprüngliche (nicht das von der heutigen bürgerlichen Regierung sozial verschlechterte) australische Modell in Deutschland Schule machen, würden ja nur die zu diesem Zeitpunkt Studierenden zur nachträglichen Zahlung von Studiengebühren verpflichtet werden können. Sozial gerecht wäre es, wenn auch die «älteren Semester», deren Studium seit langem abgeschlossen ist, zur Kasse gebeten würden – freiwillig, versteht sich, aber doch in vergleichbarem Umfang wie die Jüngeren oder jedenfalls nach besten Kräften.

Damit das Warten auf Initiativen von ganz oben nicht zum Warten auf Godot wird, könnten Bildungsfonds auch schon einmal auf Landesebene eingerichtet werden. Und damit der Wettbewerb zwischen den Universitäten nicht zu kurz kommt, sollten die Spender bestimmen, welche Alma mater sie fördern wollen (vielleicht gar eine in den neuen Ländern?). Auch Studiengebühren wie in Australien könnten zum Leistungsanreiz werden: dann nämlich, wenn die Universitäten gleichzeitig das Recht erhielten, bei der Auswahl der Studierenden mehr als bisher mitzuwirken – durch eine von Fach zu Fach unterschiedliche Gewichtung der Abiturnoten zum Beispiel, die über die Studierfähigkeit mutmaßlich mehr aussagt als die Durchschnittsnote des Reifezeugnisses. Die Universitäten würden dadurch von Anfang an mehr Verantwortung gegenüber den Studierenden übernehmen. Umgekehrt können Studentinnen und Studenten, die, wann auch immer, für das Studium etwas bezahlen müssen, ihre Universität mehr als bisher in die Pflicht nehmen.

Zur Überwindung der Universitätsmisere sind, wie man lesen kann, auch noch andere Vorschläge auf dem Markt. Aus Wiesbaden kam die originelle Anregung, das Lehrdeputat der Professoren zu erhöhen, «damit das Licht an den Hochschulen früher an- und später ausgemacht wird». Das Licht der Erkenntnis, das auf die Lehre ausstrahlen soll, kommt freilich immer noch aus der Forschung.

Apart ist auch der Gedanke, die Not der Universitäten durch

den Verzicht auf den Eurofighter zu lindern. Doch der politische Charme solcher beifallssicheren Empfehlungen dürfte sich noch schneller abnutzen als der rhetorische Reiz des Begriffs «Elchtest». Nicht den Elch, aber den Vogel hat freilich jener studentische Streikbote aus Gießen abgeschossen, der dieser Tage seinen Kommilitonen an der Freien Universität Berlin verkündete: «Die angeblichen Sparzwänge sind erfunden. Es ist genug Geld da. Das Geld ist endlich gerecht zu verteilen.»[3] Da wäre nur noch zu fragen, was und wie lange der begnadete Populist studieren mußte, um zu dieser Einsicht zu gelangen.

In einem haben die Skeptiker in Sachen Studiengebühren recht: Sie warnen aus guten Gründen vor der Gefahr, daß die Finanzminister durch Kürzung der Wissenschaftsetats den Universitäten die Mittel entziehen könnten, die diese durch (nachträgliche oder simultane) Geldleistungen der Studierenden erhalten. Eine Minderung öffentlicher Mittel für die Bildung wäre angesichts der katastrophalen Finanznot der Hochschulen ein solches Bubenstück, daß man dieser Versuchung des Fiskus von vornherein einen massiven Riegel vorschieben muß. Eine Hochschulfinanzierung nach dem australischen Modell ist in Deutschland folglich nur dann vertretbar und sinnvoll, wenn sich die Regierungschefs des Bundes und der Länder vertraglich darauf festlegen, daß der Nettoertrag der neuen Geldquelle voll den Universitäten zugute kommen muß und nicht durch Etatkürzungen neutralisiert werden darf.

Bleibt das Problem des Übergangs vom Status quo zum Status quo post. Zinslose Darlehen zur Finanzierung nachträglicher Studiengebühren erfordern, zumindest für die Startphase, die Mitwirkung der deutschen Wirtschaft. Die ist auf qualifizierte Universitätsabsolventen so existenziell angewiesen, daß sie sich ihrer Verantwortung gar nicht entziehen kann – oder sollte man besser sagen: entziehen dürfen kann? An die Vernunft der Hochschulpolitiker zu appellieren erscheint dagegen in den meisten Fällen als verlorene Liebesmüh. Wenn es von den Sozialpolitikern heißt, sie würden sich erst am Abend des Jüngsten Tages einigen, dürften die Bildungspolitiker auch noch um Mitternacht von gemeinsamen Lösungen weit entfernt sein. Lassen wir also, was das Gros der Hochschulpolitiker angeht, alle Hoffnung fahren. Setzen wir auf die, die fur Politik im allgemeinen zuständig sind. Hört die Signale, Generalisten aller Parteien, und vereinigt euch!

# Wenn der Pfarrer ein Komödiant ist.
## Über einen merkwürdigen Amnestievorschlag

*11. Januar 1999*

Darf man einem Pfarrer mit Mephisto antworten? Im Goethe-Jahr 1999 sollte selbst das erlaubt sein. In der Hexenküche gibt Fausts Verführer die Einsicht zum besten: «Gewöhnlich glaubt der Mensch, wenn er nur Worte hört, es müsse sich dabei doch auch was denken lassen...»[1] Falls das auch für die Worte des Wittenberger Pastors Friedrich Schorlemmer zutreffen sollte, drängt sich die Frage auf, was dieser uns sagen will, wenn er zum zehnten Jahrestag der großen Leipziger Demonstration vom 9. Oktober 1989 ein Amnestiegesetz für DDR-Unrecht fordert. Als «Befreiungsschlag» bezeichnet er ein solches Gesetz und mahnt: «Wir können der Vergangenheit nicht erlauben, uns nachträglich so in ihren Bann zu schlagen, daß uns Kräfte zur Bewältigung der Gegenwartsprobleme fehlen.»[2]

Weiß Schorlemmer, wovon er spricht? Bis Ende August 1998 leitete die für DDR-Unrecht zuständige Staatsanwaltschaft II beim Berliner Landgericht 22 550 strafrechtliche Ermittlungsverfahren ein. 21 776 Verfahren wurden abgeschlossen. Das sind 96,5 Prozent. 21 270 dieser Verfahren endeten mit der Einstellung. In 506 Verfahren, das sind 2,2 Prozent der Gesamtzahl, wurde gegen insgesamt 877 Personen Anklage erhoben. 211 Personen hat das Gericht inzwischen rechtskräftig verurteilt.

Zum 30. September 1999 wird die Staatsanwaltschaft II beim Berliner Landgericht aufgelöst; etwa 400 anhängige Verfahren will das Gericht bis dahin abschließen. Am 2. Oktober 2000 verjähren alle «mittelschweren» Delikte von DDR-Unrecht wie Rechtsbeugung und Wirtschaftskriminalität.

Wem soll also Schorlemmers Amnestiegesetz zugute kommen, wenn der Urheber selbst schwere Menschenrechtsverletzungen weiter strafrechtlich verfolgen lassen will?

«Ich würde z. B. Egon Krenz amnestieren», sagt Schorlemmer. Der letzte Generalsekretär der SED ist zu sechseinhalb Jahren Haft verurteilt worden, das Urteil ist aber noch nicht rechtskräftig. Es mag gute Gründe geben, ihn zu amnestieren, nachdem er einen Teil seiner Strafe verbüßt hat. Aber Krenz und andere Mitglieder des Politbüros schon jetzt der Strafverfolgung zu entziehen hieße das Vorurteil zu bestätigen, wonach – bildlich gesprochen – die Kleinen gehenkt und die Großen laufen gelassen werden. Ein solches Vorgehen bedeutet keinen Beitrag zur Herstellung des Rechtsfriedens, sondern einen Anschlag auf die Glaubwürdigkeit des Rechtsstaats.

Die Zahl der unmittelbaren Nutznießer einer Amnestie, wie Schorlemmer sie vorschlägt, ist verschwindend gering. Größer wäre die Zahl derer, die einem solchen Gesetz und seiner Signalwirkung Beifall spenden würden.

Bei der PDS, deren Kern dieselbe Forderung erhebt, stößt die Anregung des Wittenberger Pastors natürlich auf Zustimmung. Seit die umbenannte SED an der Staatsmacht in Schwerin beteiligt ist, tritt sie von Tag zu Tag unverfrorener auf. Die Amnestieforderung der PDS zielt darauf ab, den Unterschied zwischen Demokratie und Diktatur zu verwischen und die DDR, teilweise zumindest, zu rehabilitieren. Schorlemmer will das nicht, aber er fördert durch das, was er vorschlägt, just diese Wirkung.

Der Wittenberger Pfarrer wird nicht zum ersten Mal als Gnadenspender tätig. Am 10. Oktober 1993 forderte der Träger des Friedenspreises des Deutschen Buchhandels in der Frankfurter Paulskirche: «Auch Kain muß geschützt werden, damit er nicht, selber zum Opfer gemacht, nur noch Kinder zurückläßt, die Kainskinder sind: Gezeichnete.»[3] Am 11. November desselben Jahres empfahl er, die Stasiakten einem «großen Freudenfeuer» anzuvertrauen.[4] Das Bemühen um irdische Gerechtigkeit bedeutet diesem Nachfolger Martin Luthers so wenig, daß man zu glauben versucht ist, seine Warte sei bereits eine überirdische – und wenn nicht seine Warte, so doch seine Worte.

Höchst irdisch ist hingegen Schorlemmers ausgeprägter Sinn für die öffentliche Wirkung seiner Auftritte. Und die ist allemal erreicht, wenn über ihn gesprochen wird. Auch hier hilft Goethe weiter. Wagner, der Famulus des Doktor Faust, hatte es «öfters rühmen hören, ein Komödiant könnt' einen Pfarrer lehren». Faust gab ihm recht: «Ja, wenn der Pfarrer ein Komödiant ist, wie das denn wohl zu Zeiten kommen mag.»[5]

# Sozialliberal oder sozialkonservativ?
## Zum «Schröder-Blair-Papier»

*16. Juni 1999*

*Am 4. Juni 1999 wurde in Berlin und London der Text einer vom britischen Premierminister Tony Blair (Labour Party) und vom deutschen Bundeskanzler Gerhard Schröder (SPD) autorisierten Grundsatzerklärung, des «Schröder-Blair-Papiers», veröffentlicht, in dem sich beide Regierungschefs zum Umbau des traditionellen Wohlfahrtsstaats in einen «aktivierenden» Sozialstaat, zur Entwicklung einer wissensorientierten Dienstleistungsgesellschaft und zu einer neuen Partnerschaft zwischen Staat und Bürger bekannten. Innerhalb der SPD war der von Schröder verfolgte Modernisierungskurs schon damals umstritten.*

Gelegentlich bedarf es eines Paukenschlages, um eine politische Wende einzuleiten. Das weiß auch die deutsche Sozialdemokratie. Ein Paukenschlag war es, als Herbert Wehner in seiner Bundestagsrede vom 30. Juni 1960 nach Jahren der Opposition gegen Adenauers Westpolitik sich namens der SPD auf den Boden eben dieser Politik stellte. Sechs Jahre später traten erstmals Sozialdemokraten in eine Bundesregierung ein.

Das Schröder-Blair-Papier vom 4. Juni 1999 hat ebenfalls viel von einem Paukenschlag an sich. Zwar regiert die SPD seit einem Dreivierteljahr wieder in Bonn, aber spätestens seit der Europawahl fragen sich viele: Wie lange noch? Das deutsch-britische Papier ist ein Versuch, die Sozialdemokratie an der Macht zu halten.[1]

Die Autoren sind sich darüber im klaren, daß dies nicht ohne das Schlachten vieler heiliger Kühe zu schaffen ist. Im Grunde stellen sie die Sozialdemokraten vor die Frage, ob sie eine sozialkonservative Partei bleiben oder eine sozialliberale Partei werden wollen. Blairs Labour Party hat sich für den zweiten Weg entschieden, Schröders SPD noch nicht. Nachdem Oskar Lafontaine sich im März auf ähnlich putschartige Weise aus dem Parteivorsitz verabschiedet hat, wie er ihn 1995 erobert hatte, sind die Chancen für eine innerparteiliche Wende gestiegen. Die Wende ist überfällig, weil sich die Herausforderungen der Gegenwart und Zukunft nicht mit den Formeln und Rezepten der Vergangenheit bewältigen lassen.

Das gilt nicht nur für diejenigen Bereiche der Wirtschafts- und Finanzpolitik, die das Papier nennt, sondern auch für die Bildungspolitik. Für die Erklärung Schröders und Blairs war am 4. Juni die Sperrfrist «18 Uhr» festgesetzt worden. Eine Stunde später bestieg die sozialdemokratische Bundesbildungsministerin Edelgard Bulmahn in Berlin ein Podium, um den Beweis anzutreten, daß von ihr die nötigen Reformen in der Hochschulpolitik nicht zu erwarten sind.

Die Weigerung der sozialdemokratischen Bildungspolitiker, die Nutznießer eines akademischen Studiums wenigstens nachträglich an den Kosten ihres Studiums zu beteiligen, ist ein Beispiel jenes Traditionalismus, dem das Manifest von Blair und Schröder den Kampf ansagt. Daß die Steuerzahler, die in ihrer Mehrheit keine Akademiker sind, künftigen Akademikern dazu verhelfen, im Lebensdurchschnitt sehr viel mehr zu verdienen als die Masse der Erwerbstätigen, ist sozial ungerecht und finanzpolitisch nicht mehr tragbar. Die Bildungspolitiker der SPD aber betreiben weiterhin unbeirrt eine Politik der Besitzstandswahrung und rechtfertigen dies mit Parolen, die so klingen, als ginge es ihnen dabei um mehr Gleichheit.

Die Mentalität der Besitzstandswahrung verhindert hierzulande auch immer noch Konsequenzen aus der Einsicht, daß es besser ist, Arbeit als Arbeitslosigkeit zu finanzieren. In dem Papier heißt es: «Der Arbeitsmarkt braucht einen Sektor mit niedrigen Löhnen, um gering Qualifizierten Arbeitsplätze verfügbar zu machen.» Die öffentliche Hand könne durch die Entlastung niedriger Einkommen von Sozialabgaben neue Erwerbschancen schaffen und gleichzeitig Unterstützungsleistungen für Arbeitslose sparen.

Von den Sozialpolitikern der SPD und den Gewerkschaften aber hört man ganz anderes. Sie beschwören die Gefahr von «Mitnahmeeffekten» seitens der Arbeitgeber, wenn sie nicht gar von staatlich gefördertem Lohndumping sprechen. Von den Möglichkeiten, solche Gefahren einzudämmen, ist kaum je die Rede. Der Status quo wird zu Lasten der Arbeitslosen verteidigt, und das im Namen der sozialen Gerechtigkeit.

Würde der Staat, anstatt offene oder verdeckte Arbeitslosigkeit zu finanzieren, die Sozialversicherungsbeiträge für einen näher zu bestimmenden Niedriglohnsektor übernehmen, käme der leidige Streit um die 630-Mark-Jobs und die Scheinselbständigkeit vermutlich rasch an sein Ende.

Das Papier weist in diese Richtung. Aber noch ist es nur ein Stück Papier, jedenfalls in Deutschland. Die Uhren der sozialdemokratischen Sozial- und Bildungspolitiker gehen anders als die des Kanzlers. Parteitagsmehrheiten für den Parteivorsitzenden Gerhard Schröder sind noch nicht in Sicht. Er wird kämpfen müssen, um in seinen beiden Ämtern an der Macht zu bleiben.

Wenn der Paukenschlag vom 4. Juni ohne Folgen für die politische Praxis bleibt, bekommen diejenigen recht, die schon jetzt meinen, mit dem Thesenpapier verfolge Schröder nur den üblichen Showeffekt.

# Von Marx zur Marktlücke.
## Warum die PDS für die SPD ein Problem ist

*19. Oktober 1999*

Es geschah am 22. September 1999 und fand keine besondere Beachtung. In einer Diskussionsrunde des Forums «Fazit Deutschland», veranstaltet von der Frankfurter Allgemeinen Zeitung, Deutschlandradio Berlin und dem Centrum für angewandte Politikforschung, nannte Bundeskanzler Gerhard Schröder die PDS ein «Scheinproblem», das nur so zu lösen sei, wie die Sozialdemokraten das täten, nämlich regional.[1] Ort der Handlung war das neue Berliner Redaktionsgebäude der FAZ im Bezirk Mitte, in dem auch der vorläufige Dienstsitz des Bundeskanzlers liegt. Zweieinhalb Wochen nach dem Frage- und Antwortspiel mit dem Regierungschef, am 10. Oktober, fanden in Berlin die Wahlen zum Abgeordnetenhaus statt. Die PDS eroberte beide Wahlkreise des Bezirks Mitte; bei den gleichzeitigen Wahlen zur Bezirksverordnetenversammlung entfielen dort 44,2 Prozent auf die PDS und 15,3 Prozent auf die SPD. Das «Scheinproblem» entpuppte sich wieder einmal als ein Stimmscheinproblem.

Der Schärfe der Diagnose entsprechen in der Medizin wie in der Politik die Erfolgsaussichten der Therapie. Ganz weit oben in der SPD soll bis vor kurzem die Meinung vorgeherrscht haben, man komme nicht darum herum, die PDS irgendwann zu schlucken. Wenn man sich die Mitgliederzahlen beider Parteien in den neuen Ländern und die jüngsten Wahlergebnisse in Thüringen, Sachsen und im Ostteil Berlins ansieht, drängt sich Lenins alte Frage auf: «Wer wen?»

Wäre die PDS *nur* die umbenannte SED, könnte sie die Sozialdemokraten kaum in Verlegenheit und Gefahr bringen. Aber sie ist noch etwas anderes: Sie ist, wie die SPD, eine Erbin der alten, noch ungeteilten, marxistischen Sozialdemokratie der Zeit vor 1914. Eben darin liegt die tiefere Ursache der Anziehungskraft, die die PDS auf Teile der Sozialdemokratie und ihrer Wählerschaft ausübt – und das nicht nur im Osten Deutschlands und im Osten Berlins. Im Vorwort zum ersten Band von Marxens «Kapital» steht das vielzitierte, auf das Verhältnis von England und Deutschland gemünzte Wort: «Das industriell entwickeltere Land zeigt dem minder entwickelten nur das Bild der eigenen Zukunft.»[2] Beim Verhältnis der beiden Parteien, die sich in ihren Programmen zum «Demokratischen Sozialismus» bekennen, ist es umgekehrt: Die minder entwickelte sozialistische Partei, die PDS, hält der entwickelteren, der SPD, das Bild der eigenen Vergangenheit vor. «Sozialdemokratismus» ist kein Vorwurf mehr. Die Partei von Bisky und Gysi erhebt neuerdings sogar den Anspruch, die eigentliche Hüterin der sozialdemokratischen Tradition zu sein.

Vor vierzig Jahren, als sich die SPD im Godesberger Programm auch theoretisch vom Marxismus löste (praktisch hatte sie es längst getan), war sie auf der Höhe der Zeit. Vor zehn Jahren, bei der Verabschiedung des Berliner Programmes, wurde sie von den dramatischen Entwicklungen im zerfallenden Ostblock förmlich überrollt. Das Godesberger Programm vom November 1959 war ein Befreiungsschlag, das Berliner Programm vom Dezember 1989 eine Bestandsaufnahme. Wie im vorangegangenen, so faßte die SPD auch im neuen Programm ihre Forderungen im Begriff des «demokratischen Sozialismus» zusammen. Sie tat es, zur Irritation vieler ostdeutscher Sozialdemokraten, just in dem Augenblick, als der «real existierende Sozialismus» überall in Ostmitteleuropa zusammengebrochen war.

Im Godesberger Programm war der (damals kleingeschriebene) «demokratische Sozialismus» noch ein Kampfbegriff gegen ungezügelten Kapitalismus und totalitären Kommunismus gewesen. Im Berliner Programm diente der (nunmehr großgeschriebene) «Demokratische Sozialismus» ausschließlich der Binnenintegration der Partei. In der Öffentlichkeitsarbeit und Wahlwerbung aber ist dieser Begriff, im Unterschied zur unmißverständlichen «sozialen Demokratie», schon seit Jahrzehnten nicht mehr aufgetaucht – ein Zeichen, daß die SPD selbst kaum noch an die Strahlkraft des «Demokratischen Sozialismus» glaubt. Für die SED aber wurde die Übernahme der Parole zum Rettungsanker. Am 8./9. Dezember 1989, zehn Tage vor dem Parteitag der SPD, benannte sie sich in «Sozialistische Einheitspartei Deutschland/Partei des Demokratischen Sozialismus» um.

In der alten Bundesrepublik war die SPD in einer komfortablen Situation: Es gab, anders als in der Weimarer Republik, keine linke Konkurrenz in Gestalt einer großen kommunistischen Partei. Der große Vorteil war mit einem kleinen Nachteil verknüpft: Der SPD kam das Bewußtsein abhanden, daß sozialdemokratische Politik gegebenenfalls einen Zweifrontenkampf gegen «rechts» und «links» erfordert. Nach links hin, im Verhältnis zur SED und damit auf der deutsch-deutschen Ebene, bildete sich in der «zweiten Phase» der sozialdemokratischen Ostpolitik während der achtziger Jahre sogar der paradoxe Zustand eines nichtantagonistischen Gegensatzes heraus: Im Interesse des Friedens und der Stabilität der Ost-West-Beziehungen ging die SPD dazu über, die ideologischen Differenzen mit den Kommunisten zu relativieren. Das wirkt bis heute nach. Als die SED 1989/90 zur PDS mutierte, kehrte unvermittelt ein Hauch von Weimarer Republik in die deutsche Politik zurück, und keine Partei war und ist davon so betroffen wie die SPD: Seit der Wiedervereinigung steht sie, ob sie es wahrhaben will oder nicht, erneut in einem Zweifrontenkampf.

Manche Sozialdemokraten meinten schon im Herbst 1989, und nicht wenige glauben noch heute, die Entstehung der PDS wäre zu verhindern gewesen, wenn die SPD sich großzügig für die «Reformkräfte» in der SED geöffnet hätte. Vor der «Wende» war deren Zahl freilich nicht groß, und im Reformanspruch waren sie eher bescheiden. Das Machtmonopol der SED tasteten die wenigsten von ihnen an. Wären die überwiegend posthumen SED-«Reformer» 1989/90 in die SPD eingetreten, hätten *sie* und nicht die ostdeutschen Bürgerrechtler die Partei in den neuen

Ländern geprägt. Das hätte Folgen für die Gesamtpartei gehabt. Eine von gewendeten Leninisten mitbestimmte SPD wäre so weit nach links gerückt, daß sie ihre Fähigkeit, Mehrheiten zu gewinnen, bundesweit eingebüßt hätte.

Im Interesse der SPD mußte es liegen, die konkurrierende Linkspartei klein zu halten. Das hätte nur durch aktive Abgrenzung, also harte inhaltliche Auseinandersetzung, geschehen können. Die aber fand so gut wie gar nicht statt. Vielmehr kam, unter ermutigendem Beifall aus Hannover und Saarbrücken, im Sommer 1994 das Signal von Magdeburg: der Tolerierungspakt zwischen SPD und PDS in Sachsen-Anhalt. Im Herbst 1998 folgte der Paukenschlag aus Schwerin: die erste formelle Koalition zwischen beiden Parteien. Die PDS sollte auf diese Weise «entzaubert» werden, so hieß es bei den Befürwortern der Zusammenarbeit. Entzaubert sind mittlerweile sie selbst. Denn die Botschaften von Sachsen-Anhalt und Mecklenburg-Vorpommern wurden, vor allem außerhalb der Landesgrenzen, anders verstanden als sie, angeblich oder tatsächlich, gemeint waren. Die PDS war nun nicht mehr bloß eine Protestpartei, sondern ein Faktor, der mitgestalten, ja Pfründen vergeben konnte. Es lohnte sich also mehr denn je, PDS zu wählen. Selten hat sich eine Partei so sehr über ihre eigenen übergreifenden und langfristigen Interessen getäuscht wie die SPD, als sie sich «vor Ort» auf eine Politik einließ, die im Rahmen des Gesamtstaates nicht ihr, sondern ihrer Rivalin auf der Linken zugute kam.

Von den Engländern und Amerikanern hat George Bernard Shaw einmal gesagt, sie seien zwei Völker, getrennt durch eine gemeinsame Sprache.[3] SPD und PDS sind zwei Parteien, getrennt durch gemeinsame ideologische Wurzeln. Die Wurzeln sind marxistisch, was bei der PDS, anders als bei der SPD, noch sehr deutlich zu erkennen ist. Die PDS spricht nicht mehr vom Klassenkampf, denkt aber noch in dessen Kategorien. Die SPD tut weder das eine noch das andere, hat aber Marxsche Vorstellungen vom «Oben» und «Unten» in der Gesellschaft noch nicht völlig überwunden. Bei jedem Schritt, den sie tut, um dieses Erbe abzuschütteln, schallt ihr von links der Vorwurf des

Verrats entgegen. Die PDS, die Erbin von KPD und SED, weiß auf dieser Klaviatur zu spielen. Sie setzt auf den linken Flügel der SPD und die Gewerkschaften. Der Widerhall ist gelegentlich meßbar: beispielsweise in der Lautstärke des Beifalls, den Delegierte des Hamburger Bundeskongresses der IG Metall Anfang Oktober Gregor Gysi spendeten.

Soziale Gerechtigkeit ist das Schlüsselwort in allen Kampagnen der PDS. Sie stößt damit in dieselbe Marktlücke, die auch die Union zu füllen versucht. Verursacher der Lücke ist die SPD Gerhard Schröders. Sie hat sich aus zwingenden Gründen für einen rigorosen Sparkurs entschieden und nahezu gleichzeitig den Versuch einer Programmrevolution von oben in Form des Schröder-Blair-Papiers unternommen beziehungsweise erlebt.[4] Am Zweck des Londoner Thesenanschlags vom 4. Juni 1999 gibt es nichts zu deuten: Die SPD sollte im Besitz der Regierungsmacht nachholen, was die Labour Party getan hatte, *bevor* sie nach langen Jahren der Opposition wieder an die Regierung gelangt war, nämlich sich programmatisch erneuern und auf das einstellen, was Peter Glotz den «digitalen Kapitalismus» nennt.[5]

Die Autoren des Papiers konfrontieren die SPD der Sache nach mit der Frage, ob sie eine sozialkonservative Partei bleiben oder eine sozialliberale Partei werden will. Die Frage ist berechtigt, ja notwendig. In der Spätphase der Ära Kohl, die für die SPD mit der Ära Lafontaine zusammenfiel, bildeten CDU und SPD zwei Volksparteien, von denen man behaupten konnte, sie seien in unterschiedlicher Ausprägung beide konservativ und beide sozialdemokratisch. Das hat sich unter Schröder und Schäuble geändert. Beide Parteien bemühen sich, den inneren Reformstau aufzulösen. Die CDU gibt sich sozialdemokratisch wie nie zuvor, aber nicht mehr so konservativ wie ehedem. Der SPD hat ihr neuer Vorsitzender eine Modernisierung verordnet, die alles andere als konservativ ist. Das soziale Moment ist dabei zeitweilig in den Hintergrund getreten, und das war ein folgenreicher Fehler. Denn erstens müssen sich Modernisierung und soziale Gerechtigkeit nicht widersprechen, und zweitens bedürfen wenige Begriffe so sehr der Modernisierung und Präzisierung wie soziale Gerechtigkeit.

Die Neubestimmung des Begriffs ist erforderlich, weil viele alte Vorstellungen von dem, was gerecht ist, der gesellschaftlichen Wirklichkeit nicht mehr entsprechen. Ein Beispiel: Arbeitnehmer repräsentieren, entgegen der überkommenen Rhetorik, schon längst nicht mehr das gesellschaftliche «Unten». Da sie gegenüber den Arbeitslosen relativ privilegiert sind, ist nicht jede Lohn- und Gehaltserhöhung, unbeschadet der Folgen für den Beschäftigungsstand, gerecht. Ein anderes Beispiel: Studierende gehören, solange sie studieren, in ihrer Masse nicht zum gesellschaftlichen «Oben». Wenn sie später aber auf Grund ihres Studiums sehr viel mehr verdienen als der Durchschnitt der Nichtakademiker, die durch ihre Steuern die Hochschulen finanzieren, sind sie privilegiert. Wäre es also ungerecht, sie zumindest in dieser Lebensphase nachträglich an den Kosten ihres Studiums zu beteiligen? Ein drittes Beispiel: Die dynamische, nettolohnbezogene Rente gilt als gerecht. Wenn sie aber in der Praxis dazu führt, daß immer weniger Erwerbstätige für immer mehr Rentner sorgen müssen, ist es ein Gebot der Gerechtigkeit zwischen den Generationen, dem demographischen Faktor Rechnung zu tragen und den Lastenausgleich zwischen Jung und Alt den veränderten Bedingungen anzupassen.

Die Modernisierung der Sozialdemokratie ist für die SPD eine Überlebensfrage. Die älteste deutsche Partei wird in vielen Bereichen das Erbe des politischen Liberalismus antreten müssen, der als Partei wohl keine Zukunft mehr hat. Das liberale und zugleich soziale, also sozialliberale Prinzip der Stärkung der Eigenverantwortung ist das Gegenteil dessen, was die durch und durch populistische PDS unter Berufung auf die soziale Gerechtigkeit verficht. Diese Partei steht noch ganz im Bann der staatssozialistischen Tradition, die in Deutschland weniger links als obrigkeitsstaatlich geprägt ist. (Das Wort «Der Staatssozialismus paukt sich durch» stammt von Bismarck.)[6] Bündnisse mit der PDS passen folglich zu Schröders Modernisierungskurs, frei nach Stalin, wie der Sattel auf die Kuh.

Die PDS will die SPD auf eine überwundene Entwicklungs-
stufe zurückwerfen. Mit dem Anspruch, die bessere sozialdemokratische Partei zu sein, lenkt die PDS zugleich davon ab, daß
sie ein Sproß des totalitären und nicht des freiheitlichen Zweiges
der deutschen und internationalen Arbeiterbewegung ist. Die
überfällige Auseinandersetzung mit der PDS ist daher für die
SPD beides: eine Auseinandersetzung mit einem politischen
Gegner und mit der eigenen Vergangenheit. Ohne diese Auseinandersetzung kann sich die SPD nicht selbstbewußt weiterentwickeln. Wenn diese Anstrengung Erfolg hat, wird das von
Ralf Dahrendorf sogenannte «sozialdemokratische Jahrhundert» trotzdem in wenigen Wochen an sein Ende gelangt sein –
aber dann nur im kalendarischen Sinn.[7]

# Missgriff in die Geschichte.
## Gerhard Schröder ist nicht
## Heinrich Brüning der Zweite

*25. November 2002*

*Der ehemalige SPD-Vorsitzende und Bundesfinanzminister Oskar Lafontaine, der am 11. März 1999 von seinen Regierungs- und Parteiämtern zurückgetreten war, wandte sich in der Folgezeit immer wieder öffentlich gegen die nach seiner Meinung verfehlte Stabilisierungspolitik von Bundeskanzler Gerhard Schröder. Am 18. November 2002 verglich er in einer Kolumne in der BILD-Zeitung die Linie des Regierungschefs mit der rigorosen Sparpolitik des ersten Präsidialkanzlers der Weimarer Republik, des Zentrumspolitikers Heinrich Brüning (März 1930 – Mai 1932).*

Nein, Gerhard Schröder ist nicht Heinrich Brüning der Zweite. Der dritte sozialdemokratische Bundeskanzler kam 1998 durch einen Wahlerfolg ins Amt, und er wurde darin vier Jahre später von den Wählerinnen und Wählern bestätigt. Der katholische Zentrumspolitiker Brüning wurde am 30. März 1930 zum Reichskanzler ernannt, nachdem drei Tage zuvor die letzte parlamentarische Mehrheitsregierung der Weimarer Republik, ein Kabinett der Großen Koalition unter dem Sozialdemokraten Hermann Müller, an einem Streit um die Reform der Arbeitslosenversicherung zerbrochen war. Die bürgerliche Minderheitsregierung Brüning hatte dem Kabinett Müller etwas voraus: Wenn die neue Regierung für ihre Vorlagen keine Mehrheit im Reichstag fand, durfte sie die außerordentlichen Vollmachten des Reichspräsidenten nach Artikel 48 der Reichsverfassung in Anspruch nehmen und Gesetze durch Notverordnungen ersetzen.[1]

Mit Brünings Berufung begann die Auflösung der Weimarer Republik. Der Name des Zentrumskanzlers ist verknüpft mit der Erinnerung an eine rigorose Sparpolitik und deren Folgen: die Verschärfung der wirtschaftlichen Depression und den fortlaufenden Anstieg der Arbeitslosenzahlen. Hätte Brüning eine andere Politik betreiben können? Deutschland hatte in den Jahren der relativen Stabilität von 1924 bis 1929 über seine Verhältnisse gelebt. Die «Pumpwirtschaft», die Finanzierung öffentlicher, zumeist kommunaler Investitionen mit Hilfe amerikanischer Kredite, konnte nach dem New Yorker Börsenkrach vom Oktober 1929 nicht mehr fortgesetzt werden. Die fatalen finanziellen Folgen einer allzu großzügigen Erhöhung der Beamtengehälter im Jahr 1927 mussten korrigiert werden. Darin stimmten die gemäßigten bürgerlichen Parteien und die Sozialdemokraten um 1930 überein.

Der Zwang zur Sanierung der Finanzen und die massiv eingeschränkte Möglichkeit, neue Kredite aufzunehmen, machten eine Ankurbelung der Konjunktur durch öffentliche Ausgaben faktisch unmöglich. Dazu kam die Verpflichtung, Reparationen an die Siegermächte des Ersten Weltkrieges zu zahlen. Die Regierung Brüning konnte ihre These, die Reparationen überforderten die wirtschaftliche Leistungskraft Deutschlands, den westlichen Regierungen gegenüber nur dann glaubhaft vertreten, wenn sie öffentliche Sparsamkeit demonstrierte. Schuldenmachen zwecks Arbeitsbeschaffung hätte dem Appell an die Siegerstaaten die Grundlage entzogen.

Erst um die Jahreswende 1931/32 hätte theoretisch ein Kurswechsel in der Wirtschaftspolitik erfolgen können: Ein tragfähiger Kompromiss in der Reparationsfrage und eine aktive Konjunkturpolitik wären möglich gewesen, wenn Brüning das gewollt hätte. Aber der Reichskanzler dachte zu «national», um sich mit weniger als der vollständigen Streichung der Reparationen zu begnügen. Infolgedessen setzte er seine Deflationspolitik bis zum bitteren Ende, seiner Entlassung durch den Reichspräsidenten von Hindenburg am 30. Mai 1932, fort. Die Folgen waren wachsendes Massenelend und weitere politische Radikalisierung. Doch man muss hinzufügen: Ein weniger «nationaler» Brüning wäre vom Kreis um Hindenburg wohl schon vorher zu Fall gebracht worden.

Die rot-grüne Bundesregierung versucht heute etwas, was im Prinzip jede Regierung versuchen müsste: Sie bemüht sich um einen Ausgleich zwischen den Geboten der Sanierung der Finanzen und der Belebung der Wirtschaft. Das eben hatte Brüning unter den politischen und wirtschaftlichen Bedingungen der späten Weimarer Republik nicht wirksam tun können. Oskar Lafontaines Behauptung, Schröder betreibe eine Deflationspolitik à la Brüning, ist absurd.[2] Dass aus einer anderen Ecke des politischen Spektrums, von der CSU, zu hören ist, Rot-Grün flüchte sich in unverantwortliches Schuldenmachen, ist der ironische Kontrapunkt zur neuesten Kanzlerschelte aus Saarbrucken.

Wenn man bereit ist, auf vorschnelle, weil nur vermeintliche «historische Parallelen» zur Gegenwart zu verzichten, lässt sich aber aus der Geschichte der Weimarer Republik durchaus etwas lernen. Der Artikel 48 wirkte als Prämie auf den Opportunismus der regierenden Parteien. Wenn es ihnen allzu unpopulär erschien, sich auf Kompromisse zu verständigen, konnten sie die Verantwortung auf den Reichspräsidenten, den Ersatzgesetzgeber mit quasi diktatorischen Vollmachten, abschieben. Die Möglichkeit, die «Normalverfassung» der parlamentarischen Demokratie durch die «Reserveverfassung» des Präsidialregimes abzulösen, war in der Reichsverfassung angelegt. Das Präsidialregime lief auf eine Entmachtung des Volkes hinaus. Die Entparlamentarisierung verstärkte mit innerer Logik den Zulauf zu den antiparlamentarischen Parteien der äußersten Rechten und Linken.

Hitler war der Hauptnutznießer der Entdemokratisierung der ersten deutschen Demokratie. Er konnte seit 1930 an beides appellieren: die verbreiteten Vorbehalte gegenüber der Demokratie, der angeblich «undeutschen» Staatsform der siegreichen Weltkriegsgegner, und an den Teilhabeanspruch der Massen in Gestalt des allgemeinen gleichen Reichstagswahlrechts, eine Errungenschaft aus Bismarcks Zeiten, die von den Präsidialkabinetten seit 1930 um ihre politische Wirkung gebracht wurde.

«Bonn» wurde auch deshalb nicht «Weimar», weil das Grundgesetz der Flucht aus der Verantwortung einen Riegel vorgeschoben hat. Es gibt keinen präsidialen Ersatzgesetzgeber mehr. Die regierenden Parteien stehen unter einem Einigungszwang, den Weimar nicht gekannt hatte. Ohne diesen Zwang könnte die zweite parlamentarische Demokratie in Deutschland nicht auf ihre viel zitierte «Erfolgsgeschichte» zurückblicken. Auch siebzig Jahre nach dem Untergang der ersten deutschen Demokratie sind die Lektionen von Weimar weiterhin richtig und wichtig.

# Die große Illusion.
## Warum direkte Demokratie nicht unbedingt den Fortschritt fördert

*20. November 2011*

Ein Phantom geht um in Deutschland – das Phantom der wahren Demokratie. Es trägt vorzugsweise ein grünes oder rotes, manchmal auch ein gelbes und neuerdings, aber nur in Bayern, ein schwarzes Gewand. Das Phantom ist ein stolzes Wesen. Es wähnt sich der repräsentativen Demokratie überlegen, wie sie in den Parlamenten Gestalt angenommen hat. Es meint den Volkswillen authentischer zu verkörpern als die Abgeordneten und die von ihnen gewählten Regierenden. Es hält Parteimitglieder im Zweifelsfall für in höherem Maß berufen, politische Entscheidungen zu treffen, als Mandatsträger. Wo Verfassungen und Parteisatzungen dieser Ansicht nicht ausreichend Rechnung tragen, gibt es demnach Änderungsbedarf.

Viele Freunde der wahren Demokratie verweisen gern auf das ehrwürdige Alter derselben. Die Wiege der Demokratie habe im klassischen Griechenland gestanden, so verkünden sie, ob mit oder ohne aktuellen Anlass. Manche wie etwa Oskar Lafontaine zitieren immer wieder aus der Gefallenenrede des Perikles das Wort, die Verfassung Athens heiße Demokratie, weil der Staat nicht auf wenige Bürger, sondern auf die Mehrheit ausgerichtet sei.[1] Sie übersehen dabei freilich, was Thukydides, der diese Rede in seiner Geschichte des Peloponnesischen Krieges überliefert oder besser nachempfunden hat, über das Regiment des Perikles bemerkt: Es sei zwar «angeblich eine Demokratie gewesen, in Wirklichkeit aber zur Herrschaft durch den ersten Mann geworden».[2] Und mit der Mehrheit des Volkes war es auch nicht weit her: Diese bestand aus Sklaven und Metöken, die kein Bürgerrecht hatten.

Die Schöpfer der ersten modernen Demokratie, der Vereinigten Staaten von Amerika, waren gute Kenner der klassischen Antike, aber keine Freunde der griechischen Versammlungsdemokratien. Diese seien ihrem Charakter nach Tyranneien gewesen, erklärte der Gründervater und spätere Finanzminister Alexander Hamilton 1788. «Wenn sich das Volk versammelte, befand sich am Ort der Debatte ein zügelloser Mob, der zur Beratung nicht fähig und zu jeder Ungeheuerlichkeit bereit war.»[3] Deswegen schufen die Väter der amerikanischen Verfassung ein wohldurchdachtes Gegenmodell in Gestalt einer repräsentativen Demokratie, in der sich die gesetzgebende, die vollziehende und die rechtsprechende Gewalt sowie Bund und Einzelstaaten gegenseitig ausbalancieren sollten. Das entsprach der Lehre von der Gewaltenteilung, wie sie der Philosoph Montesquieu 1748 in seinem «Geist der Gesetze» entwickelt hatte, und der angelsächsischen Tradition der «checks and balances».

Die Freunde der wahren Demokratie halten es eher mit Jean-Jacques Rousseau als mit Montesquieu. Wenn es zum Schwur kommt, sehen sie wie der Autor des «Contrat social» den «allgemeinen Willen», die «volonté générale», beim Volk besser aufgehoben als bei den Volksvertretern. In der Weimarer Republik sprachen Kritiker der pluralistischen, repräsentativen Demokratie wie der Staatsrechtler Carl Schmitt in Anlehnung an Rousseau dem vom Volk in direkter Wahl gewählten Reichspräsidenten ein höheres Maß an demokratischer Legitimität zu als dem in Parteikämpfe verstrickten Reichstag und der von diesem abhängigen Regierung. Für das parlamentarische System hatte Schmitt nur noch Hohn übrig: «In manchen Staaten hat es der Parlamentarismus schon dahin gebracht, dass sich alle öffentlichen Angelegenheiten in Beute- und Kompromissobjekte von Parteien und Gefolgschaften verwandeln und die Politik, weit davon entfernt, die Angelegenheit einer Elite zu sein, zu dem ziemlich verachteten Geschäft einer ziemlich verachteten Klasse von Menschen geworden ist.»[4] Es war der breite Widerhall solcher antiparlamentarischen Parolen, der die Väter und Mütter des Grundgesetzes 1948/49 ver-

anlasste, die Bundesrepublik Deutschland zu einer repräsentativen Demokratie ohne Wenn und Aber zu machen – ohne
direkt vom Volk gewähltes Staatsoberhaupt und ohne direkte
Gesetzgebung durch das Volk in Form von Volksbegehren und
Volksentscheid. Heute finden viele, dass der Parlamentarische
Rat damals des Guten zu viel getan habe. Nicht um die parlamentarische Demokratie zu ersetzen, sondern um sie zu ergän-
zen, verlangen Sozialdemokraten und Grüne seit langem plebiszitäre Elemente auch auf Bundesebene. Der jüngste Vorstoß
stammt vom SPD-Vorstand. Der Bundesparteitag im Dezember
soll einem Antrag zustimmen, wonach auf dem Weg der Volks-
gesetzgebung ein Gesetz angenommen ist, wenn die Mehrheit
der Abstimmenden zustimmt und mindestens ein Fünftel der
Stimmberechtigten sich an der Abstimmung beteiligt. Im Klar-
text heißt das: Gegebenenfalls kann ein Zehntel der stimmberechtigten Bundesbürger ein Gesetz verabschieden. Dieser Fall
tritt dann ein, wenn die Beteiligung nicht höher liegt als unbedingt erforderlich und die Zahl der Ja-Stimmen die der Nein-
Stimmen knapp überwiegt.

Ob die SPD damit zu «mehr Demokratie» im Sinne Willy
Brandts beiträgt, ist zweifelhaft. Wer ein so niedriges Quorum
ansetzt wie der sozialdemokratische Parteivorstand bei bundes-
weiten Plebisziten (und analog nunmehr auch bei Mitglieder-
begehren und Mitgliederentscheiden), der beschwört die Gefahr
herauf, dass hochmotivierte, besonders gut vernetzte privilegierte Minderheiten sehr viel mehr Einfluss auf die Politik bekommen als bisher. Um Erfolg zu haben, bedürfen die Initia-
toren einer Volksabstimmung manchmal nur des Desinteresses
der breiten Mehrheit. Das Beispiel des Hamburger Volksent-
scheids von 2010, als eine von der schwarz-grünen Koalition be-
schlossene Schulreform gekippt wurde, hätte der SPD zu denken geben müssen.

Es ist eine offenbar unausrottbare Illusion der demokratischen Linken, dass mehr direkte Demokratie mehr Fortschritt
und mehr Gleichheit bewirke. Vermutlich würde ein systema-
tischer Vergleich den Befund zutage fördern, dass es in der Ge-

schichte mehr «reaktionäre» als «progressive» Plebiszite gegeben hat. Das Nein zur Schwulenehe in Kalifornien beruhte 2008 auf einer Wählermehrheit, die unter anderem von Mitgliedern der Mormonenkirche mit Millionenbeträgen mobilisiert worden war. Den erfolgreichen Schweizer Volksentscheid gegen den Bau von Minaretten organisierte 2009 die Schweizerische Volkspartei des Milliardärs Christoph Blocher. Das Nein beim ersten irischen Volksentscheid über den Lissabon-Vertrag ging 2008 zum größten Teil im Wortsinn auf das Konto des Multimillionärs Declan Ganley. Als Ende Mai 2005 im Referendum über den Europäischen Verfassungsvertrag in Frankreich das «Non» obsiegte, war dies das gemeinsame Werk einer heterogenen, zur parlamentarischen Zusammenarbeit unfähigen Ad-hoc-Koalition, die von der extremen Rechten um Jean-Marie Le Pen bis zu den Kommunisten reichte.

Dass in Deutschland der Ruf nach mehr direkter Demokratie lauter wird, muss nicht als Zeichen für wachsendes staatsbürgerliches Verantwortungsbewusstsein gewertet werden. Oft ist es weniger der «citoyen» als der «bourgeois», der diese Forderung erhebt. Gegenüber den Parteien werden mittlerweile Vorbehalte laut, die auf fatale Weise an Weimarer Zeiten erinnern. Der Publizist Thymian Bussemer, Autor des dieses Jahr erschienenen Buches «Die erregte Republik», spricht in diesem Zusammenhang von «Politikverachtung, die sich mit fundamentalistischer Besitzstandswahrung paart».[5]

Die Parteien sind an dieser Entwicklung nicht unschuldig. Sie haben den ersten Satz des Artikels 21 des Grundgesetzes – «Die Parteien wirken bei der politischen Willensbildung des Volkes mit» – lange Zeit so interpretiert, als habe der Parlamentarische Rat sie damit zu Monopolisten auf diesem Gebiet gemacht. In jüngster Zeit gibt es Anzeichen für eine allmähliche Öffnung der Parteien gegenüber Nichtmitgliedern und damit für ein dringend erforderliches Mehr an Bürgerbeteiligung. Der SPD-Vorsitzende Sigmar Gabriel wollte sogar Nichtmitglieder unter bestimmten Bedingungen an der Aufstellung des Kanzlerkandidaten teilnehmen lassen – ein Verfahren ähnlich dem, das der

italienische Partito Democratico 2007 bei der Wahl des Parteivorsitzenden und vor kurzem die französischen Sozialisten bei
der Nominierung des Präsidentschaftskandidaten mit großem
Erfolg angewandt haben. Gabriel scheiterte damit jedoch am
Widerstand des Parteiapparats.

Auf keinem Feld wird das Verlangen nach mehr direkter Demokratie zurzeit so vehement vorgetragen wie in der Europapolitik, und von keiner anderen Partei mit so viel populistischem
Getrommel wie von der CSU. In keinem anderen Politikbereich
ist die Wählerschaft von den Parteien aber auch argumentativ so
unterfordert worden wie in Sachen Europa. Unabhängig von
der parteipolitischen Couleur haben die Bundesregierungen die
Europapolitik als klassische Exekutivdomäne betrachtet. Es bedurfte des Urteils des Bundesverfassungsgerichts zum Lissabon-
Vertrag vom Juni 2009, um die «Integrationsverantwortung» des
Bundestags nachhaltig zu stärken und die demokratische Kontrolle des Integrationsprozesses sicherzustellen. Solange die Europäische Union ein Staatenverbund ist und die Mitgliedstaaten
die Herren der Verträge sind, wird es bei dieser mittelbaren Art
von Legitimation der EU-Politik bleiben müssen.

Eine unmittelbare Legitimation durch die Völker der Mitgliedstaaten wird aber notwendig werden, wenn der Druck der
Verhältnisse den Übergang vom Staatenverbund zur Föderation
erzwingt. Die Übertragung eines erheblichen Teils der Budget-
rechte der nationalen Parlamente auf das Europäische Parlament
oder, sehr viel wahrscheinlicher, auf eine parlamentarische Ver-
tretung der Euro-Staaten, verlangt in Deutschland eine Revision
des Grundgesetzes in europäischer Absicht oder, anders gewendet, eine Verfassung, die das deutsche Volk nach Artikel 146 in
freier Entscheidung zu beschließen hat. Vermutlich wird diese
Situation sehr viel früher eintreten, als «die Politik» bisher angenommen hat. Folglich sollten Bundestag und Bundesrat schon
jetzt die notwendigen Vorbereitungen treffen. Bis zu jenem Tag,
an dem das deutsche Volk als «pouvoir constituant», als Ver-
fassungsgeber, tätig wird, wird die Europapolitik entsprechend
den Grundentscheidungen von 1949 durch den Bundestag kon-

trolliert und legitimiert, und es gibt keinen vernünftigen Anlass, die bewährte Verfassungsordnung im Sinne der vermeintlich wahren Demokratie plebiszitär aufzulockern. Was der Jurist und Politikwissenschaftler Ernst Fraenkel, einer der großen jüdischen Remigranten der Nachkriegszeit, 1958 niedergeschrieben hat, gilt auch heute noch: «Ein Volk, das seinem Parlament nicht die Fähigkeit zur Repräsentation zutraut, leidet an einem demokratischen Minderwertigkeitskomplex.»[6]

# III

# EUROPA ZWISCHEN
# ERWEITERUNG UND VERTIEFUNG

Die friedlichen Revolutionen von 1989 in Ostmitteleuropa brachten das Ende der «Ordnung von Jalta», der Spaltung Europas (und des alten Okzidents) in eine westliche und eine östliche Einflusssphäre. Die Europäische Union erhielt die Chance einer historisch einzigartigen Erweiterung: Sie wuchs zwischen 1990 und 2013 von 12 auf 28 Mitglieder. Elf der neuen Mitgliedstaaten waren bis zur Epochenwende von 1989/90 kommunistisch regiert worden. Von allen Beitrittsverhandlungen waren und sind die mit der Türkei die umstrittensten. Wenig spricht dafür, dass sie eines Tages zur Vollmitgliedschaft des Landes am Bosporus führen werden.

Während die Erweiterung der EU voranschritt, blieb die Vertiefung der Gemeinschaft weit hinter den Erwartungen der Optimisten zurück. Der 2009 in Kraft getretene Vertrag von Lissabon, der Ersatz des vier Jahre zuvor gescheiterten Europäischen Verfassungsvertrags, hat das verbreitete Gefühl nicht entkräften können, in Brüssel schalte und walte eine Art von verselbständigter Exekutivgewalt. Die Weltfinanz- und Schuldenkrise hat nach 2008 den Konstruktionsfehler des Euro enthüllt: Die Währungsunion wird nicht flankiert von einer Fiskal- und Politischen Union, die die Haushalts- und Wirtschaftspolitiken der Mitgliedstaaten wirksam harmonisieren könnte. Von den Widersprüchen des Einigungsprozesses profitieren Populisten der unterschiedlichsten Couleur – vom rechten Front National in Frankreich bis zur linken Syriza in Griechenland.

# Grenzen der Erweiterung.
## Plädoyer für eine privilegierte Partnerschaft mit der Türkei

*7. November 2002*

*Ende 1999 hatten die Staats- und Regierungschefs der Europäischen Union auf ihrem Gipfel in Helsinki der Türkei den Status eines Beitrittskandidaten verliehen. Auf ihrem Gipfel in Kopenhagen beschloss die EU im Dezember 2002, im Dezember 2004 über die Aufnahme von Beitrittsverhandlungen zu entscheiden, wenn die Türkei bis dahin die politischen Beitrittskriterien erfülle. Der folgende Text, der wenige Wochen vor dem Kopenhagener Gipfel veröffentlicht wurde, empfiehlt als Alternative zur Vollmitgliedschaft eine «privilegierte Partnerschaft» mit der Türkei – ein Begriff, der wenig später von den deutschen Unionsparteien und der französischen Präsidialpartei, der Union pour la majorité présidentielle, übernommen wurde.*

Kleine Ursachen, große Wirkungen: Könnte es sein, dass rhetorische Entgleisungen im deutschen Bundestagswahlkampf, die Präsident George W. Bush nachhaltig verstimmt haben, der Türkei zu der seit langem erstrebten Vollmitgliedschaft in der Europäischen Union verhelfen? Washington wünscht eine baldige Aufnahme von Beitrittsverhandlungen. Berlin erwartet offenbar amerikanische Absolution, wenn es sich in der EU für dieses Anliegen stark macht. Bundeskanzler Schröder und Außenminister Fischer tun dies seit kurzem. Auf dem Brüsseler EU-Gipfel am 25. Oktober sind sie mit ihrer neuen Linie noch nicht durchgedrungen. Aber immerhin können sie dem amerikanischen Präsidenten nun sagen, sie hätten ihr Bestes getan und würden ihre Bemühungen fortsetzen.

Vor drei Jahren, unter der Präsidentschaft von Bill Clinton, hat der massive Druck der US-Regierung zu einer wichtigen, die Türkei betreffenden Entscheidung der EU geführt: im Dezember 1999, als auf dem Gipfel in Helsinki Ankara der Status eines Kandidaten zuerkannt wurde. Dass Amerika die Türkei rasch in der Europäischen Union sehen möchte, hat in erster Linie geostrategische Gründe: Wenn der Nato-Partner am Bosporus umfassender als bisher in den Westen eingebunden wird, stärkt das mittelbar die Position der Vereinigten Staaten in einer weltpolitisch überaus wichtigen, weil erdölreichen Krisenregion: dem Nahen Osten. Der EU würde ein Beitritt der Türkei gemeinsame Außengrenzen mit Syrien, Irak, Iran, Armenien und Georgien sowie ein brisantes Nationalitätenproblem verschaffen: das kurdische. Imperial overstretch, räumliche Überdehnung, hat der Historiker Paul Kennedy als eine Ursache des Niedergangs großer Reiche ausgemacht.[1] Die Europäische Union ist kein Reich und will keines werden. Aber eine räumliche Überdehnung, wie ein Beitritt der Türkei sie zur Folge hätte, würde die EU nicht stärken, sondern in eine tiefe Krise ihres Selbstverständnisses stürzen, also schwächen. Mit einer solchen EU lässt sich nichts stabilisieren, weder die Türkei noch gar der Nahe Osten.

Eine innere Krise der Europäischen Union ist deshalb unausweichlich, weil die Türkei und Europa sich in ihren historischen Prägungen und infolgedessen in ihren politischen Kulturen stark unterscheiden. Wenn wir von der politischen Kultur Europas sprechen, meinen wir die des historischen «Okzidents»: desjenigen Teils von Europa, der bis zur Reformation sein geistliches Zentrum in Rom hatte. Nur im Okzident, nicht aber im byzantinisch geprägten Teil von Europa hat sich im Mittelalter jene Trennung von geistlicher und weltlicher Gewalt vollzogen, die zur Urform der Gewaltenteilung und des modernen Pluralismus geworden ist. Erst dieser Pluralismus hat die Entstehung der westlichen Demokratie möglich gemacht.

Die Trennung von weltlicher und geistlicher Gewalt hat ihren tieferen Grund in der Unterscheidung zwischen den Sphären von Gott und Kaiser: «So gebet dem Kaiser, was des Kaisers ist, und Gott, was Gottes ist».[2] Diese spezifisch christliche Unterscheidung ist für den Westen grundlegend geworden; sie hat, so paradox es klingt, seine geschichtlich gewachsene Säkularisierung erst ermöglicht. Wer die historische Einzigartigkeit der westlichen Säkularisierung hervorhebt, stellt einen Sachverhalt fest und proklamiert keinen Kulturkampf. Den Sachverhalt leugnen hieße eine Geschichte verdrängen, die nach wie vor den Wesenskern des Westens bildet.

Der EU werden außer Griechenland künftig auch andere byzantinisch geprägte Staaten Südosteuropas und des Mittelmeerraums angehören: Zypern, jedenfalls dessen Südteil, und etwas später auch Bulgarien und Rumänien. Sie werden keine Fremdkörper in der EU bilden, weil sie sich der politischen Kultur des Westens geöffnet und diese sich anzueignen begonnen haben. Vermutlich wird man das eines Tages auch von islamisch geprägten Teilen des Balkans sagen können, obschon für sie der Weg zum Eintritt in die EU noch viel Zeit in Anspruch nehmen wird.

Der Fall der Türkei liegt anders. Mit der Türkei würde ein Land Mitglied der EU, das geografisch überwiegend nicht zu Europa, sondern zu Asien gehört. Die politische Kultur der Türkei unterscheidet sich weiter scharf von der des Westens. Die Modernisierung, die Präsident Kemal Atatürk (1923 bis 1938) begonnen hat, lief auf eine mit autoritären Mitteln durchgesetzte Teilverwestlichung hinaus. Zwar ist die Türkei der einzige durch freie Wahlen legitimierte, rein weltliche Nationalstaat im islamischen Nahen Osten. Bis heute aber beruht diese Errungenschaft auf einem hohen Maß an Zwang. Das Militär übt im politischen Entscheidungsprozess eine Vetomacht aus, die mit westlichen Vorstellungen von Demokratie unvereinbar ist. Daran dürfte sich auch nach dem Wahlsieg der gemäßigten Islamisten nichts ändern. Trotz aller Reformen, zu denen sich die Türkei seit dem Beschluss von Helsinki, zumindest auf dem Papier, bereit gefunden hat, ist sie noch immer keine Demokratie westlicher Prägung. Sie bleibt weit davon entfernt, eine entwickelte Zivilgesellschaft zu sein.

In allen anderen Staaten, denen die EU den Kandidatenstatus verliehen hat, gibt es, wenn auch in unterschiedlichem Maß, historische Voraussetzungen für ein europäisches «Wir-Gefühl». Keiner dieser Staaten würde als Mitglied der EU die Werte der westlichen Demokratie infrage stellen. In der Türkei identifizieren sich große Teile der «verwestlichten» Elite mit Europa oder vielmehr mit dem Bild, das sie sich von Europa machen. Von der großen Masse der Bevölkerung Anatoliens kann man das nicht sagen. Aber auch in der Elite gibt es ein nationales Tabu, das westlichen Werten fundamental widerspricht. Eine offene Diskussion über den Völkermord an den Armeniern im Ersten Weltkrieg darf nicht stattfinden. Der Tatbestand als solcher wird von Staats wegen geleugnet.

Eine EU-Mitgliedschaft der Türkei würde beide Seiten, die Europäische Union und die Türkei, politisch und emotional überfordern. Historische Prägungen sind nicht auswechselbar; Identitäten lassen sich nicht verordnen. Eine privilegierte Partnerschaft käme den Interessen beider Seiten sehr viel mehr entgegen als eine de facto von außen, den Vereinigten Staaten, oktroyierte türkische Mitgliedschaft in der EU. Eine privilegierte Partnerschaft würde es der Türkei erleichtern, ihren eigenen, selbst bestimmten Weg in die Moderne zu gehen und damit ihr *nation-building*, ihre Demokratisierung und Pluralisierung ohne europäische Vormundschaft voranzubringen – wobei Pluralisierung auch Bejahung der Religionsfreiheit einschließt. Eine privilegierte Partnerschaft wäre eine ehrlichere Lösung als der Ausweg, auf den die Europäische Union verfallen ist: die wiederholte Vertagung der Bekanntgabe eines Termins für Beitrittsverhandlungen bei gleichzeitiger Aufrechterhaltung des Kandidatenstatus.

Wer die europäische Einigung vertiefen will, darf die EU nicht ohne Maß erweitern. Eine Erweiterung ohne Rücksicht auf die Geschichte wäre eine maßlose Erweiterung. Eine Erweiterung auf Kosten des Zusammenhalts würde den Westen nicht stärken. In einer Zeit, in der das offizielle Washington westliche Errungenschaften wie die Herrschaft des Rechts auch in den internationalen Beziehungen offen infrage stellt, muss Europa umso entschlossener an diesen Werten festhalten.

Das kann Europa nur gelingen, wenn es sich fester zusammenschließt. Eine Ausdehnung der EU über die Grenzen Europas hinaus würde das Gegenteil bewirken: nicht die Vertiefung der Union, sondern ihre allmähliche Auflösung. Die langfristigen Folgen einer solchen Entwicklung sind absehbar. Ein Europa, das kein Bewusstsein seiner eigenen Identität hat, wird eine Renaissance der Nationalismen erleben. Die Europäische Union hat es in der Hand, ihre Selbstzerstörung zu verhindern. Wenn sie sich aber weigert, die Grenzen ihrer Erweiterbarkeit zu erkennen, wird sie es bald nicht mehr können.

# Europa an der Krisenkreuzung

*13. August 2010*

«Wenn zwei Krisen sich kreuzen, so frisst momentan die stärkere die schwächere auf»: So lautet eines der meistzitierten Worte aus den «Weltgeschichtlichen Betrachtungen» des Schweizer Historikers Jacob Burckhardt.[1] Eine Kreuzung zweier Krisen erlebt zurzeit Europa. Die eine ist die latente Sinnkrise der Europäischen Union, ihre Uneinigkeit über das Ziel, die «Finalität» des Einigungsprozesses.

Die andere Krise ist die des Euro, und sie ist höchst manifest. Was die öffentliche Aufmerksamkeit angeht, hat seit dem Beinahezusammenbruch Griechenlands die Währungskrise die Sinnkrise der EU weitgehend aufgefressen. Zwischen beiden Krisen besteht nichtsdestoweniger ein enger Zusammenhang: Wer meint, die Eurokrise ließe sich lösen ohne Antwort auf die Sinnfrage der EU, den dürfte die Wirklichkeit bald eines Besseren belehren.

Große Krisen haben eine lange Vorgeschichte. Die Vorgeschichte der derzeitigen europäischen Krise, der politischen wie der monetären, reicht bis ins Epochenjahr 1989/90 zurück. Der Fall der Berliner Mauer brachte überraschend die deutsche Frage wieder auf die Tagesordnung der Weltpolitik. Für den wichtigsten europäischen Partner der Bundesrepublik, Frankreich, war das Ja zur deutschen Einheit alles andere als selbstverständlich. Der französische Staatspräsident François Mitterrand sah die Gefahr, dass sich die Europäische Gemeinschaft nach einer Wiedervereinigung Deutschlands in eine DM-Zone verwandeln würde, was eine deutsche Hegemonie über den Kontinent bedeutet hätte. Wenn die Deutsche Mark in einer europäischen Währungseinheit aufging, ließ sich nach Mitterrands Überzeugung diese Gefahr bannen. Deshalb kam alles auf die rasche Bildung einer europäischen Wirtschafts- und Währungsunion an.

Die Bonner Position war bis dahin eine andere gewesen: Die europäische Währung sollte kommen, aber nur im Rahmen einer umfassenden supranationalen Einigung – einer Politischen Union, die diesen Namen verdiente. Dieses Junktim konnte Bundeskanzler Helmut Kohl bei den Verhandlungen der EG im Frühjahr 1990 auch deshalb nicht durchhalten, weil die britische Premierministerin Margaret Thatcher einer Politischen Union im Sinne der deutschen Vorstellungen noch weniger abgewinnen konnte als Mitterrand. Auf einem Sondergipfel Ende April 1990 in Dublin wurden die Währungsunion und die Politische Union faktisch entkoppelt. Das war der Preis, den die Bundesregierung für die Pariser Zustimmung zur deutschen Einheit zahlen musste.[2]

## Das Europäische an Europa

Am Ende stand der Vertrag von Maastricht vom Februar 1992, der aus der Europäischen Gemeinschaft die Europäische Union machte. In Sachen der gemeinsamen Währungspolitik konnte Bonn seine Bedingungen, nämlich hohe Stabilitätskriterien und die Unabhängigkeit der Europäischen Zentralbank, durchsetzen. Mit Blick auf die gemeinsame Außen- und Sicherheitspolitik und den Bereich Justiz und Inneres gelang dies nicht. Sie wurden keine Domänen der supranationalen Integration, sondern der intergouvernementalen Zusammenarbeit. Unter «Politischer Union» durfte weiterhin Unterschiedliches verstanden werden.

Das Bundesverfassungsgericht hat in seinem Maastricht-Urteil vom Oktober 1993 die EU mit dem kaum in andere Sprachen übersetzbaren Begriff «Staatenverbund» bezeichnet. Sie ist ein Zwischending zwischen Staatenbund und Bundesstaat. Es gibt kein europäisches Staatsvolk, und nach wie vor sind die Mitgliedstaaten die Herren der Verträge. Die Mitglieder der EU sind nicht mehr klassische, also souveräne, sondern postklassische Nationalstaaten, die einige Hoheitsrechte gemeinsam ausüben, andere auf supranationale Einrichtungen übertragen haben.

Hätte sich Europa 1990 in einer «postnationalen Konstellation» befunden, wie führende deutsche Intellektuelle, an ihrer Spitze Jürgen Habermas, seit langem meinten, wäre damals ein höheres Maß an Integration, ja eine europäische Föderation erreichbar gewesen.[3] Aber als eine «postnationale Demokratie» hatte sich vor 1990 allenfalls die alte Bundesrepublik empfunden, die in der Tat ebenso wenig ein Nationalstaat war wie die DDR.[4] Die älteren europäischen Nationalstaaten haben nie daran gedacht, in einer postnationalen Föderation aufzugehen, am wenigsten jene ehedem kommunistisch regierten acht ostmitteleuropäischen Staaten, die seit dem 1. Mai 2004 der EU angehören: Sie wollten die wieder- oder neugewonnene Souveränität, die sie so lange hatten entbehren müssen, nicht gleich wieder durch einen neuen Hegemon, Brüssel, beschränkt sehen.

Die Deutschen hatten ihren ersten Nationalstaat, das 1871 von Bismarck gegründete Reich, ruiniert: Daran gab es nichts zu deuteln. Aber ein deutscher Anspruch, anderen Nationen das Recht auf ihren meist sehr viel älteren Nationalstaat streitig zu machen, ließ sich aus diesem Sachverhalt nicht ableiten. Der Historiker Hermann Heimpel mag übertrieben haben, als er das Verdikt formulierte: «Dass es Nationen gibt, ist historisch das Europäische an Europa.»[5] Aber eines der Merkmale Europas sind die Nationen gewiss. Die Europäische Union will die Nationen nicht überwinden, sondern überwölben. Die postnationale Rhetorik ist ebenso unhistorisch wie politisch kontraproduktiv: Sie droht den Nationalismus zu fördern, den ihre Wortführer zu bekämpfen glauben.

## Ein Großeuropa von Karelien bis Kurdistan

Die sogenannte «Ost-Erweiterung» der EU im Jahre 2004 war in Wirklichkeit nichts anderes als eine Wiedervereinigung des alten Okzidents, der 1945 auf der alliierten Konferenz von Jalta willkürlich auseinandergerissen worden war. Um die Folgen der Erweiterung zu bewältigen, sollte diese mit einer Vertiefung in

Gestalt einer gründlichen Reform der Institutionen und Entscheidungsprozesse einhergehen. Von dieser Einsicht ließ sich auch Joschka Fischer, der Außenminister der rot-grünen Bundesregierung, leiten, als er sich am 12. Mai 2000 in einer Rede in der Berliner Humboldt-Universität zum Fürsprecher einer europäischen Verfassung machte. Vorangehen sollte ihr ein qualitativer Sprung: die Entscheidung, den bestehenden Staatenverbund in eine echte Föderation mit einem voll entwickelten parlamentarischen System zu verwandeln. Gegebenenfalls sollte sich zunächst auch nur eine «Avantgarde» von besonders integrationswilligen Mitgliedern enger zusammenschließen können.[6]

Außerhalb der deutschen Grenzen gab es nicht viel Beifall für dieses ehrgeizige Vorhaben. Weder in Paris noch in London wollten die Regierungen eine Föderation nach dem Modell der Bundesrepublik Deutschland, womit die eigenen Metropolen auf den Status deutscher Landeshauptstädte herabgesunken wären. In den meisten anderen Mitgliedstaaten waren die Reaktionen nicht viel freundlicher.

Immerhin gab die «Humboldtrede» der Reformdiskussion kräftigen Auftrieb. Sie mündete schließlich in jenen Europäischen Verfassungsvertrag, der Ende Mai 2005 am «Non» der Franzosen und einige Tage später am «Nee» der Niederländer scheiterte. Zu diesem Debakel trug möglicherweise auch ungewollt der pathetische, dem prosaischen Inhalt der Vertragsreform nicht angemessene Begriff «Verfassung» bei, der bei den einen übertriebene Erwartungen, bei den anderen übertriebene Befürchtungen hervorgerufen hatte. Die Ersatzlösung, der nach langwierigen Auseinandersetzungen am 1. Dezember 2009 in Kraft getretene Vertrag von Lissabon, war zu diesem Zeitpunkt das Maximum an Integration, auf das die EU der Siebenundzwanzig sich verständigen konnte, freilich zugleich auch das Minimum dessen, was sie braucht, um funktionstüchtig zu bleiben.

Während der Reformprozess noch in vollem Gang war, hatten die regierenden deutschen Europapolitiker ein neues Projekt entdeckt: ein Großeuropa von Karelien bis Kurdistan. Bei

Joschka Fischer war es vor allem wohl der «Nine-Eleven-Effekt», der diese geostrategische Wende hervorrief. «Russland, China, Indien und natürlich die Vereinigten Staaten, die haben die notwendige Größe», erklärte er am 28. Februar 2004 in einem Interview mit der «Berliner Zeitung». «Für uns Europäer stellt sich die Frage, ob wir eng genug zusammenwachsen können, um unser Gewicht geltend zu machen. In diesem Sinn muss man auch die Türkei sehen.»

## Eine Revolution von oben als Mittel der Vertiefung

Eine knappe Woche später, am 6. März 2004, baute Fischer diesen Gedanken in der FAZ aus. Er berief sich auf die These des türkischen Ministerpräsidenten Erdogan, «die Frage der Verbindung von Islam und Demokratie, von Islam und moderner Gesellschaft» sei «die Kernfrage der neuen strategischen Bedrohung», nämlich der durch den islamischen Terrorismus. Fischer schrieb der Türkei «die strategische Bedeutung einer Brücke» zwischen Europa und der islamischen Welt zu. «Wir entkommen dieser strategischen Bedeutung der europäischen Verantwortung nicht. Es mag sein, dass sie uns temporär sehr viel abverlangt. Aber ich glaube daran, dass diese Herausforderung letztlich in der Auflösung solcher Krisen endet.»

Nur ein Europa bis zum Euphrat konnte, soweit es nach dem grünen Außenminister ging, zum «global player» aufsteigen. Die Frage, ob ein solches Europa noch handlungsfähig sein würde, stellte Fischer nicht. Er setzte seine Hoffnungen auf den Verfassungsvertrag und nach dessen Scheitern auf irgendeine Ersatzkonstruktion. Die Kopenhagener Beitrittskriterien von 1993, die von allen Bewerberländern die Einhaltung des gesamten Katalogs westlicher Werte und die Bereitschaft zur Mitwirkung an einer Politischen Union, also zu Souveränitätsverzichten, verlangen, gerieten zunehmend in Vergessenheit. Die geostrategische Wende führte zu einer allmählichen normativen Entkernung des Projekts Europa.

Die Ungeduld verlangt das Unmögliche, nämlich die «Erreichung des Ziels ohne die Mittel»: So heißt es in Hegels «Phänomenologie des Geistes».[7] Das Wort liest sich wie ein Kommentar zu der Schere, die sich zwischen den Erweiterungsplänen und der Wirklichkeit der EU aufgetan hat. In einigen «alten» Mitgliedstaaten gewinnen fremden- und islamfeindliche Parteien an Einfluss. Den Neumitgliedern von 2007, Rumänien und Bulgarien, bescheinigt die Kommission in ihren letzten Fortschrittsberichten wider Willen, dass sie die Beitrittskriterien nur unzureichend erfüllen. In wenigstens zwei ostmitteleuropäischen Mitgliedstaaten, der Slowakei und Ungarn, hat der Nationalismus gefährliche Blüten getrieben, und in mehr als einem südosteuropäischen Bewerberland ist es ähnlich. Die Integration von Südosteuropa wird noch viele Jahrzehnte in Anspruch nehmen. Die Krisenherde auf dem Balkan sind mitnichten unter Kontrolle.

In dieser Situation ein Europa ins Auge zu fassen, das über gemeinsame Außengrenzen zu Syrien, dem Irak und Iran verfügt, zeugt von einem ausgeprägt voluntaristischen Politikverständnis. Von der Bedingung der Möglichkeit eines engeren Zusammenwachsens Europas, der Entstehung eines europäischen Wir-Gefühls und einer europäischen Öffentlichkeit, ist bei den Geostrategen aller Richtungen kaum noch die Rede. Im Bedarfsfall soll offenbar der verfassungspolitische Überbau seine politische Basis hervorbringen. Eine Revolution von oben als Mittel der Vertiefung: Es ist ein ziemlich vordemokratisches Politikverständnis, das da bei manchen Verfechtern eines postnationalen Großeuropa durchscheint.

## Die Integrationsverantwortung von Bundestag und Bundesrat

Nichts hat das legitimatorische Fundament des Projekts Europa so sehr erodieren lassen wie das Gefühl, dass die EU sich unaufhaltsam zur «verselbständigten Macht der Exekutivgewalt» entwickelt. Der Begriff stammt von Karl Marx, der damit 1852 das Regime Napoleons III. charakterisierte.[8] Die Kommission wie der Rat haben immer wieder den Eindruck aufkommen lassen, sie agierten in einem luftleeren Raum. Fragen von so weitreichender Bedeutung wie die Verleihung des Kandidatenstatus an ein Bewerberland und die Aufnahme von Beitrittsverhandlungen wurden ohne jede vorherige Debatte im Europäischen Parlament oder in den nationalen Parlamenten auf höchster Ebene und hinter verschlossenen Türen entschieden – im Fall der Türkei unter massivem amerikanischem Druck und fast schon in Form von Nacht-und-Nebel-Aktionen. Dass ein solcher Politikstil unerfreuliche Folgen zeitigt, braucht niemanden zu erstaunen: Ungewollt haben die großeuropäischen Voluntaristen den europafeindlichen Populisten in die Hände gearbeitet, die ihre Ernte in diversen Plebisziten einfahren konnten.

Dem Staatenverbund namens Europäische Union ist Macht zugewachsen, die zwar von den Völkern ausgeht, aber von diesen sehr viel weniger kontrolliert werden kann als die den Staaten verbliebene Macht. Unter diesem legitimatorischen Defizit leidet die Akzeptanz der EU. Der Mangel beruht nicht, wie oft zu hören, auf einem Fehlen von direkter Demokratie in Europa, sondern auf einem Versagen von repräsentativer Demokratie auf nationaler Ebene. An ebendiesem Punkt setzt das Bundesverfassungsgericht in seinem Urteil zum Lissabon-Vertrag an.

Es ist eine Entscheidung, an der man zweierlei bemängeln kann: Die Karlsruher Richter huldigen einem Souveränitätsbegriff, der eher dem klassischen Nationalstaat der Vergangenheit als dem postklassischen Nationalstaat der Gegenwart angemessen ist, und sie bestreiten die demokratische Legitimation des Europäischen Parlaments mit dem wenig überzeugenden Argument, dass seine Zusammensetzung nicht exakt den Bevölkerungszahlen der Mitgliedstaaten entspricht.

Aber im entscheidenden Punkt hat das Gericht der Sache Europas einen großen Dienst erwiesen. Es hat Begleitgesetze zum Lissabon-Vertrag erzwungen, die die Integrationsverantwortung von Bundestag und Bundesrat stärken. Europa kann nichts Besseres passieren als eine Europäisierung der nationalen Parlamente, die, solange die EU ein Staatenverbund ist, als Partner des Europäischen Parlaments die europäische Einigung mitgestalten müssen. Im deutschen Fall lässt sich ein Erfolg der Karlsruher Entscheidung vom 30. Juni 2009 bereits feststellen: Seit die Bundesregierung in der Europapolitik unter verstärktem parlamentarischem Begründungszwang steht, sind die Europadebatten des Bundestags sehr viel häufiger und lebhafter geworden, und ihr öffentlicher Widerhall ist größer.

## Deutschland wird eine Verfassungsdiskussion führen müssen

Dass dem so ist, hat auch mit der Eurokrise zu tun. Sie hat den Europäern fast über Nacht ins Bewusstsein gerufen, dass es inzwischen so etwas wie eine europäische Innenpolitik gibt. Wenn das Renteneintrittsalter, die Beamtenbezüge, die Haushaltsdisziplin und die Staatsverschuldung eines Landes zum Streitthema der anderen werden, ist das ein, obschon mitunter zu polemischen Verzerrungen einladender, Beitrag zur Herausbildung einer europäischen Öffentlichkeit. Dem Projekt Europa verschafft die Krise eine unverhoffte Chance: Es muss neu legitimiert werden. Es hört auf, das zu sein, was es allzu lange war: ein Elitenprojekt.

Der entscheidende kollektive Akteur auf europäischer Ebene ist zurzeit der Europäische Rat, nicht die Europäische Kommission. Ob mehr intergouvernementale Zusammenarbeit ausreicht, um das notwendige Maß an europäischer Einheit zu erreichen, ist aber höchst fraglich. Vielmehr spricht längerfristig alles für die Notwendigkeit eines neuen Integrationsschubs in Richtung einer Politischen Union, die in gewissem Umfang auch Wirtschafts-, Fiskal- und Sozialunion sein muss. Wenn dazu nicht alle 27 Mitglieder der EU bereit sind, wird sich ein engerer Bund herausbilden, der offen ist für die Mitgliedstaaten, die ihm erst später beitreten wollen und können.

Anders als 1990 und in den Jahren danach könnte jetzt der Druck der Verhältnisse der Erkenntnis zum Durchbruch verhelfen, dass eine Währungsunion auf den institutionellen Rahmen einer Politischen Union angewiesen ist, wenn sie Bestand haben soll. Für den qualitativen Sprung vom Staatenverbund in die Föderation wird diese Einsicht wohl noch immer nicht ausreichen. Aber Schritte in diese Richtung könnten früher unumgänglich werden, als die Skeptiker meinen.

Für Deutschland wird das eine Verfassungsdiskussion nach sich ziehen. Das Bundesverfassungsgericht hat in seinem Urteil zum Lissabon-Vertrag einer Weiterentwicklung des Staatenverbundes keinen Riegel vorgeschoben, sondern auf den Artikel 146 verwiesen. Danach verliert das Grundgesetz seine Gültigkeit an dem Tag, an dem eine neue Verfassung in Kraft tritt, die vom deutschen Volk in freier Entscheidung beschlossen worden ist. Eine Generalüberholung des Grundgesetzes in europäischer Absicht bedarf also eines ausdrücklichen, direkt erteilten Mandats der stimmberechtigten Deutschen. Erst wenn dieser Auftrag erteilt ist, wird das Europäische Parlament einen Teil der Kontroll- und Legitimationsfunktionen übernehmen können, die heute Bundestag und Bundesrat zustehen und die von ihnen wahrgenommen werden müssen.

Die gegenwärtige Krise eröffnet Perspektiven, die vor kurzem noch undenkbar erschienen. Der Staatenverbund wird nicht das letzte Wort des europäischen Einigungsprozesses bleiben. Es gilt, sich auf ein Stadium der Integration vorzubereiten, in dem mehr gefragt ist als die Fortschreibung des Status quo. Und die Europäische Union muss in dieses Stadium eintreten, wenn es denn wirklich noch ihr Ziel ist, in wichtigen Fragen mit einer Stimme zu sprechen und eine eigenständige Rolle in der Welt zu spielen.

# Schreckliche Vereinfacher am Werk.
## Was rechte und linke Populisten verbindet

*6. Februar 2015*

*Am 25. Januar 2015 siegte bei den vorgezogenen griechischen Parlamentswahlen die linkspopulistische Syriza unter Alexis Tsipras. Sie bildete eine Koalition mit den weit rechts stehenden Unabhängigen Griechen unter Panos Kammenos, der das Amt des Verteidigungsministers übernahm. Mit Beifall wurde der Sieg der Syriza nicht nur von der deutschen Partei «Die Linke», sondern auch von rechtsnationalistischen Parteien wie dem französischen Front National aufgenommen.*

*«Les extrêmes se touchent»:* Die alte französische Weisheit, der zufolge die Extreme sich berühren, bestätigt sich dieser Tage aufs Neue. Über den Wahlsieg der linkspopulistischen Syriza hat sich außerhalb Griechenlands kaum jemand so gefreut wie die Führerin des Front National, Marine Le Pen. Alexis Tsipras wiederum findet nichts dabei, ein Regierungsbündnis zwischen seiner Syriza und den rechtspopulistischen Unabhängigen Griechen unter dem radikalen Nationalisten Panos Kammenos einzugehen. Bei der deutschen Linkspartei, der sonst schon die Sozialdemokraten zu rechts sind, stößt die Athener Koalition auf wohlwollendes Verständnis: Sie sei, so heißt es, nach Lage der Dinge unvermeidlich.

Gewiss: Es gibt immer noch Trennendes zwischen linken und rechten Populisten. Fremdenfeindlichkeit und Kult der eigenen Nation sind Merkmale der Rechten, das Bekenntnis zur internationalen Solidarität ist ein Kennzeichen der Linken. Wer sich auf das Gleichheitspostulat der Französischen Revolution von 1789 beruft, steht links, wer die Ungleichheit unter den Menschen für naturgegeben und notwendig hält, rechts. Doch mittlerweile sind auch die Gemeinsamkeiten zwischen den populistisch auftretenden Rechten und Linken nicht mehr zu übersehen. Die einen wie die anderen machen Front gegen die Globalisierung, gegen die Supermacht Amerika, gegen das Fortschreiten der europäischen Integration, gegen die etablierten Parteien. Sie misstrauen den tonangebenden Eliten und sprechen der direkten Demokratie ein höheres Maß an Legitimität zu als der repräsentativen. Sie beanspruchen, unabhängig von den Wahlergebnissen, für das Volk insgesamt zu sprechen, ja das Volk zu sein.

Das Oszillieren zwischen rechts und links gehört zum Wesen des Populismus, seit er im letzten Jahrzehnt des 19. Jahrhunderts in den USA sein historisches Debüt erlebte. Die 1892 von Farmern des Mittleren Westens gegründete People's Party befürwortete mehr direkte Demokratie in Gestalt von Referenden, der Direktwahl des amerikanischen Senats (dessen Mitglieder bis 1916 durch die Gesetzgebungsorgane der Einzelstaaten gewählt wurden) und die Beschränkung der Amtszeit des Präsidenten und des Vizepräsidenten auf *eine* Wahlperiode. Manche Forderungen der «Populists» klangen sozialdemokratisch bis sozialistisch, so der Ruf nach Verstaatlichung der Eisenbahnen und des Telegrafenwesens oder nach einer gestaffelten Einkommensteuer. Andere Programmpunkte muteten entschieden rechts an: Die People's Party verlangte ein Verbot von Landerwerb durch Ausländer und eine Einwanderungssperre für «die armen und verbrecherischen Klassen der Welt» *(the pauper and criminal classes of the world).*[1] Die frühen amerikanischen Populisten traten antiurban und antiintellektuell und nicht selten antisemitisch auf.

In den USA blieb der Populismus eine Episode. Sein Kampf gegen den Goldstandard erledigte sich von selbst, seit neue Goldfunde die Goldpreise weiter sinken ließen; seine Forderung nach mehr Demokratie wurde, soweit es um die Einzelstaaten ging, von der Demokratischen Partei und wenig später vom «progressive movement» aufgegriffen, womit die People's Party ein wichtiges Alleinstellungsmerkmal verlor. In Europa kam der

Populismus mit beträchtlicher Verspätung an. Die europäischen Rechtsparteien waren, auch wenn sie sich, wie namentlich die italienischen Faschisten und die deutschen Nationalsozialisten, pseudodemokratischer Parolen bedienten, von Grund auf antidemokratisch. Eine Chance erhielt der Populismus rechter Spielart auf dem alten Kontinent erst, als die Rechte nach dem Zweiten Weltkrieg erkannte, dass sie nur dann politischen Einfluss gewinnen konnte, wenn sie sich, zumindest verbal, auf den Boden der Demokratie stellte.

Bei der radikalen Linken nahmen die Umlernprozesse noch mehr Zeit in Anspruch. Es bedurfte des Untergangs des Sowjetkommunismus, um der Einsicht zum Durchbruch zu verhelfen, dass mit dem Bekenntnis zum proletarischen Klassenkampf und zur Diktatur des Proletariats Mehrheiten nicht zu gewinnen waren. «Eurokommunistische» Parteien wie die italienische KP hatten das schon früher erkannt und sich schrittweise sozialdemokratisiert, also in reformistische Parteien verwandelt. Sie schufen damit jedoch zugleich eine politische Marktlücke: Wer eine entschieden linke Politik wünschte, fühlte sich von den in die Mitte gerückten exkommunistischen Parteien nicht mehr repräsentiert. Eine ähnliche Lücke produzierten auf der Rechten christdemokratische Parteien, die sich auf ihre Weise sozialdemokratisierten, indem sie klassische Forderungen des gemäßigten Flügels der Arbeiterbewegung wie die nach industrieller Mitbestimmung, Ausbau des Sozialstaats und einem gesetzlichen Mindestlohn übernahmen.

Zu einer Prämie auf den Populismus von links und rechts entwickelte sich die «verselbstständigte Macht der Exekutivgewalt»[2]. Dieser Begriff, mit dem Karl Marx um 1850 den französischen Bonapartismus charakterisierte, passt gut auf die abgehobene Entscheidungsfindung auf europäischer Ebene, gleichviel ob in der Europäischen Kommission oder im Europäischen Rat. Eine Politik der vollendeten Tatsachen, die ohne vorherige parlamentarische und öffentliche Diskussion hinter verschlossenen Türen geschaffen wurden, erzeugte Misstrauen in das Projekt Europa, das zunehmend als reines Elitenprojekt empfunden wurde. Dass die nationalen Parlamente im Zuge der europäischen Integration an Einfluss verloren, ohne dass gleichzeitig das Europäische Parlament entsprechend an Einfluss gewann, trug dazu bei, das Vertrauen in die repräsentative Demokratie insgesamt auszuhöhlen, ja den Eindruck aufkommen zu lassen, die Mitgliedstaaten der EU befänden sich bereits auf dem Weg in das Stadium der «Postdemokratie» (Colin Crouch): in eine Realverfassung, in der die demokratischen Institutionen nur noch als Fassaden einer oligopolistischen Herrschaft dienen.[3]

Die Populisten von links und rechts sind Nutznießer der Legitimationskrise, in die das Projekt Europa und mit ihr die repräsentative Demokratie geraten sind. Vom Aufstieg der Populisten wiederum profitiert ein externer Gegner des europäischen Einigungswerkes wie Wladimir Putin. Russlands postkommunistischer Autokrat hat keinerlei ideologische Bedenken, rechtspopulistischen bis rechtsradikalen Parteien wie dem Front National, der FPÖ, dem antisemitischen Jobbik in Ungarn und der neofaschistischen Goldenen Morgenröte in Griechenland seine Unterstützung angedeihen zu lassen. Alles, was den Zusammenhalt der Europäischen Union und des Atlantischen Bündnisses schwächt, liegt im russischen Interesse, so wie es der Kremlherrscher auffasst. Die Athener Koalition von Links- und Rechtspopulisten ist der bislang größte Erfolg seiner auf die Zersetzung des Westens gerichteten Politik.

Die Lobby, über die Putin inzwischen in Europa verfügt, ist ein buntscheckiges Gebilde. Zur Gemeinde der Putinfreunde gehört eine altmarxistische Linke, die in Russland immer noch das Mutterland der proletarischen Revolution und den Gegenpol zum amerikanisch dominierten internationalen Finanzkapitalismus sieht. Sie tut das, obwohl Putin längst dabei ist, eine reaktionäre Internationale aufzubauen, zu deren Wesenszügen Homophobie, Antifeminismus, Autoritarismus und Antiliberalismus gehören. Diese Stoßrichtung des Putinismus macht den Präsidenten der Russischen Föderation zu einem Idol erzkonservativer Politiker, von Pat Buchanan, einem Wortführer der amerikanischen Rechtsintellektuellen schon zu Zeiten von Ronald Reagan, über den brandenburgischen AfD-Vorsitzenden Alexander Gauland bis zum ungarischen Ministerpräsidenten Viktor Orbán.

Die «Putin, hilf uns»-Rufe auf den Dresdner Pegida-Demonstrationen dürften so wenig spontan gewesen sein wie die dort ebenfalls zu hörende Parole «Schluss mit der Kriegstreiberei gegen Russland». Dass derlei Slogans Beifall finden, zeigt, dass es in Deutschland immer noch, wenngleich mit einem deutlichen Ost-West-Gefälle, eine verbreitete Neigung gibt, in einem antiwestlich ausgerichteten Russland ein willkommenes Gegengewicht zu Amerika und zur angeblichen Amerikanisierung Europas zu sehen – eine Neigung, der schon die antidemokratische Rechte der Wilhelminischen Ära und der Weimarer Republik folgte und die nicht wenig zur Zerstörung der ersten deutschen Demokratie beigetragen hat.

Dem populistischen Ruf nach mehr plebiszitärer Demokratie nachzugeben wäre illusorisch und gefährlich. Bei nationalen Plebisziten finden häufig Kräfte zusammen, die zu konstruktiver gemeinsamer Arbeit weder willens noch fähig sind. (Das französische Referendum gegen den Europäischen Verfassungsvertrag vom Mai 2005 ist eines von vielen Beispielen für solche destruktiven Zweckallianzen.) Da die Beteiligung bei Plebisziten meist unter der bei Parlamentswahlen liegt, steht keineswegs fest, dass Volksentscheide dem Volkswillen in höherem Maß entsprechen als Parlamentsentscheidungen. Von dem großen deutschen Juristen und Politologen Ernst Fraenkel stammt das Wort: «Ein Volk, das seinem Parlament nicht die Fähigkeit zur Repräsentation zutraut, leidet an einem demokratischen Minderwertigkeitskomplex.»[4] Parteien, die nicht den Mut zur Verteidigung der repräsentativen Demokratie haben, mangelt es an Vertrauen in eine der größten Errungenschaften der politischen Kultur des Westens.

Zur aktiven Verteidigung der repräsentativen Demokratie gehört der offen ausgetragene parlamentarische Meinungskampf um die Grundfragen der Politik. Große Koalitionen müssen schon deswegen Ausnahmen sein, weil unter ihnen große Parlamentsdebatten selten sind. Wer der Entfremdung zwischen Parteien und Bevölkerung entgegenwirken will, tut gut daran, Parteiversammlungen für Nichtmitglieder zu öffnen und die Mitglieder, vielleicht sogar registrierte Sympathisanten durch Urabstimmungen an der Kandidatenaufstellung für Bundestag und Europaparlament zu beteiligen, also *primaries* nach amerikanischem Vorbild einzuführen. Der «Eurofrust» lässt sich nur überwinden, wenn die nationalen Parlamente ihre Integrationsverantwortung ernst nehmen und die großen Fragen der Europapolitik diskutieren, *bevor* in Brüssel weitreichende Entscheidungen fallen. Ein Mehr an europäischer Integration um den Preis von weniger Demokratie darf es nicht mehr geben.

«Populismus ist einfach, Demokratie ist komplex: Das ist am Ende vielleicht das wichtigste Unterscheidungsmerkmal zwischen den beiden Formen des Bezugs auf das Volk», so heißt es in einem Essay von Ralf Dahrendorf aus dem Jahr 2007[5]. Gegen die Vereinfachung von Problemen ist nicht nur nichts zu sagen, sie ist vielmehr notwendig. Die Vereinfachungen der Populisten aber weisen ihre Urheber meist als *terribles simplificateurs*, als schreckliche Vereinfacher, und damit als Demagogen aus. Dem Volk aufs Maul zu schauen ist richtig, dem Volk nach dem Munde zu reden ist falsch. Wenn die Verteidiger der parlamentarischen Demokratie dieser Devise folgen, werden sie verlorenes Vertrauen zurückgewinnen und die Populisten in ihre Schranken verweisen können.

# Europa wird westlich oder gar nicht sein.
## Gedanken über die normative Identität der EU

*Juni 2015*

Von einer Aufbruchstimmung wie in den späten vierziger und frühen fünfziger Jahren des letzten Jahrhunderts oder nach den friedlichen Revolutionen in Ostmitteleuropa von 1989 ist Europa heute weit entfernt. Die Wahlen zum Europäischen Parlament fanden im Mai 2014 wieder bei notorisch niedriger Wahlbeteiligung statt. Es gibt nur wenige Mitgliedsländer der Europäischen Union, in denen sich nicht rechts- oder linkspropagandistische Gegner des europäischen Einigungswerkes eines wachsenden Zulaufs in der Wählerschaft erfreuen.

Es gibt viele Gründe für das Phänomen «Eurofrust». Besonders wichtig erscheinen mir drei Ursachen. Da ist *erstens* der verbreitete Eindruck fehlender demokratischer Legitimation vieler Brüsseler Entscheidungen und mangelnder Kontrolle der wichtigsten europäischen Institutionen. *Zweitens* haben sich innerhalb der EU der 28 die zentrifugalen Kräfte zwischen den Staaten verstärkt, und das auch im Hinblick auf so grundsätzliche Fragen wie das Verständnis von Demokratie. *Drittens* hat die gemeinsame Währung die beteiligten Völker bisher nicht, wie von ihren Urhebern erhofft, näher zusammengeführt, sondern dazu beigetragen, alte Animositäten wiederzubeleben.

## I.

Was den Vorwurf der Abgehobenheit der Europapolitik angeht, so kommt das Unbehagen nicht von ungefähr. Die westeuropäische Einigung der frühen Nachkriegszeit war ein Elitenprojekt, das sich vor allem bei der jüngeren Generation großer Beliebtheit erfreute. Das Scheitern der Europäischen Verteidigungsgemeinschaft in der französischen Nationalversammlung im August 1954 zeigte aber, wie stark die nationalistischen Kräfte immer noch oder schon wieder waren. Seit der Rückkehr Charles de Gaulles an die Macht im Jahre 1958 zeichnete sich ab, dass Fortschritte im Integrationsprozess einstweilen nur im wirtschaftlichen Bereich zu erwarten waren, während auf politischem Gebiet weiterhin ein «Europa der Staaten» das Sagen haben würde. Die von de Gaulle abgelehnte, von seinem Nachfolge Georges Pompidou unterstützte Aufnahme Großbritanniens in die Europäische Wirtschaftsgemeinschaft verstärkte diese Tendenz.

Ob das Projekt einer gemeinsamen europäischen Währung jemals auf plebiszitärem Weg gebilligt worden wäre, bleibt fraglich. Als Provokation empfanden es auch viele überzeugte Europäer, als die Staats- und Regierungschefs Ende 1999 auf ihrem Gipfel in Helsinki die Weichen für die Aufnahme von Beitrittsverhandlungen mit einem überwiegend nichteuropäischen Land, der Türkei, stellten. Drei Jahre später, im Dezember 2002, folgte der Beschluss des Kopenhagener Gipfels, im Dezember 2004 über die Aufnahme von Beitrittsverhandlungen mit Ankara zu entscheiden, falls die Türkei bis dahin den politischen Teil der Kopenhagener Beitrittskriterien von 1993 erfüllen sollte – eine Voraussetzung, die im Dezember 2004 als gegeben betrachtet wurde.

Die Entscheidungen in Sachen Türkei waren vor allem geostrategisch motiviert. Das Ja zu einer späteren Vollmitgliedschaft Ankaras in der EU sollte als europäischer Brückenschlag zu den gemäßigten Kräften in der islamischen Welt verstanden werden und einer Gefahr entgegenwirken, die seit den Terroranschlägen vom 11. September 2001 in New York und Washington auch in Europa als die größte Herausforderung des neuen Jahrhunderts gesehen wurde: dem islamistischen Extremismus. Die Frage, ob ein so nationalistisches und souveränitätsstolzes Land wie die Türkei bereit sein würde, als Mitglied der EU im Sinne einer Politischen Union Hoheitsrechte gemeinsam mit den anderen Mitgliedstaaten auszuüben oder auf supranationale Einrichtungen zu übertragen, wurde nicht gestellt.

Die Entscheidung, eine EU anzustreben, die von Karelien bis Kurdistan reicht, fiel auf der Ebene der Staats- und Regierungschefs, ohne dass vorher in den nationalen Parlamenten darüber diskutiert worden wäre. Der Eindruck, dass der Europäische Rat und die EU-Kommission aus eigener Machtvollkommenheit und ohne Rücksicht auf Volksvertretungen und öffentliche Meinung handelten, trug ebenso zum «Eurofrust» bei wie die vielbeklagte Detailregelungswut der «Brüsseler Bürokratie» (die freilich meist erst auf das Drängen nationaler Regierungen oder von Lobbyisten tätig wurde). Als sich in den beiden Referenden über den Europäischen Verfassungsvertrag in Frankreich und den Niederlanden vom Mai und Juni 2005 Mehrheiten für ein Nein aussprachen, war endgültig klar, dass Europa als Elitenprojekt an seine Grenzen gestoßen war: Die Regierenden hatten den Bogen überspannt.

Das deutsche Bundesverfassungsgericht hat in seinem Urteil zum Vertrag von Lissabon, dem Ersatz des gescheiterten Verfassungsvertrags, im Juni 2009 die Integrationsverantwortung der nationalen Parlamente betont und die europolitischen Kompetenzen des Deutschen Bundestages gestärkt. Die umfassende Mitbeteiligung der nationalen Parlamente an der Europapolitik mag die Entscheidungsprozesse verlängern. Sie ist aber notwendig, um einer weiteren Verselbständigung der Exekutivgewalten auf europäischer Ebene entgegenzuwirken und den Integrationsprozess demokratisch zu legitimieren. Ein Mehr an Europa um den Preis von weniger Demokratie kann kein überzeugter Europäer wollen. Die EU verlöre ihre «raison d'être», wenn sie sich dieser Schlussfolgerung verweigern würde.

## II.

Die europäischen Gemeinschaften, aus denen die heutige Europäische Union erwuchs, haben sich immer als Wertegemeinschaft verstanden. Die Werte, auf die sie sich beriefen, waren und sind die des transatlantischen Westens insgesamt: die Werte der beiden atlantischen Revolutionen des späten 18. Jahrhunderts, der Amerikanischen Revolution von 1776 und der Französischen Revolution von 1789, das heißt die unveräußerlichen Menschenrechte, die Herrschaft des Rechts, der Gewaltenteilung, der Volkssouveränität und der repräsentativen Demokratie. Es sind die Werte, die ihren Niederschlag auch in den Kopenhagener Beitrittskriterien von 1993 gefunden haben: einem Dokument, das als Richtschnur der Osterweiterung des Staatenverbundes, der Aufnahme von ehedem kommunistisch regierten Staaten Ostmittel- und Südosteuropas, dienen sollte.

Ob sich alle Mitgliedstaaten der EU zu jeder Zeit an die westlichen Werte gehalten haben, ist durchaus strittig. In Italien wurden in der Ära Berlusconi die liberalen und demokratischen Grundwerte auf eine Weise «gedehnt», die die verfassungsmäßigen Institutionen zeitweise nur noch als Fassade erscheinen ließen. Unter dem Medienmogul Berlusconi entstand eine Verfassungswirklichkeit, auf die der von dem britischen Politologen Colin Crouch geprägte Begriff «Postdemokratie» passt.[1]

Was für das Italien Berlusconis zutrifft, gilt heute erst recht für ein Land, das erst im Zuge des «big bang» vom 1. Mai 2004, der Aufnahme von acht ostmitteleuropäischen Staaten sowie von Malta und Zypern, Mitglied der EU geworden ist: Ungarn unter dem nationalkonservativen Ministerpräsidenten Viktor Orbán. Gestützt auf eine verfassungsändernde Zweidrittelmehrheit seiner Partei, der Fidesz, hat Orbán die Medienvielfalt ebenso eingeschränkt wie die Kontrollmöglichkeiten des Staatspräsidenten und der Gerichte. Die Revision solcher «Reformen» wurde dadurch erschwert, dass sie Verfassungsrang erhielten. In einer Rede, die er am 26. Juli 2014 im rumänischen Băile Tuşnad, auf ungarisch Tusnádfürdö, dem Sitz einer ungarischen Sommerakademie für Intellektuelle und Politiker, hielt, hat Orbán sich zu dem Ziel bekannt, Ungarn in eine «arbeitsbasierte Gesellschaft» und einen «illiberalen Staat» zu verwandeln. Als Vorbilder rühmte er Staaten wie Singapur, China, Indien, Russland und die Türkei, die eben deswegen erfolgreich seien, weil sie sich nicht am Modell der liberalen Demokratie orientierten.[2]

Knapp drei Jahre nach Ungarn, am 1. Januar 2007, traten zwei andere postkommunistische Staaten der EU bei: Rumänien und Bulgarien. In beiden Fällen hatte die Brüsseler Kommission in der Folgezeit mehrfach Anlass, fehlendes Engagement im Kampf gegen Korruption und organisiertes Verbrechen zu monieren. In Rumänien kam unter dem sozialdemokratischen Ministerpräsidenten Victor Ponta seit 2012 eine Politik hinzu, die auf eine Aushöhlung der Gewaltenteilung und der Justiz sowie auf eine Machtkonzentration beim Regierungschef abzielte. Wie in Ungarn und Bulgarien sah sich die Kommission, vertreten durch die für Justiz zuständige Kommissarin Viviane Reding, mehr als einmal zu Ermahnungen und Sanktionsdrohungen genötigt – mit der Folge, dass jeweils einige besonders anstößige Maßnahmen abgeschwächt oder zurückgenommen wurden. Ob der im November 2014 gewählte neue Staatspräsident, der ehemalige Bürgermeister von Sibiu (Hermannstadt), Klaus Johannis, ein entschiedener Reformer, der autoritären Deformation Rumäniens wirksam entgegentreten kann, bleibt abzuwarten. Einstweilen tut die «linke» Parlamentsmehrheit alles, um den der Geldwäsche und Steuerhinterziehung beschuldigten Ministerpräsidenten Ponta vor Strafverfolgung zu bewahren.

Die Krise der Demokratie in mehreren Mitgliedstaaten der EU wirft ein grundsätzliches Problem auf: Kann sich der Staatenverbund, seinen eigenen Festlegungen entsprechend, zu einer Politischen Union weiterentwickeln, wenn er sich über so fundamentale Fragen seines Selbstverständnisses wie das Bekenntnis zu einer freiheitlichen pluralistischen Demokratie nicht einig ist? Die Antwort kann nur ein klares Nein sein. Will die EU an dem Ziel festhalten, in wichtigen Fragen mit *einer* Stimme zu sprechen, muss sie Mitgliedstaaten, die die normativen Grundlagen der Gemeinschaft in Frage stellen, frühzeitig und wirksamer als bisher entgegentreten.

Deshalb spricht alles für den Vorschlag des in Princeton lehrenden Politikwissenschaftlers Jan-Werner Müller, eine unabhängige «Kopenhagen-Kommission» einzusetzen, die im Vorfeld möglicher Sanktionen im Auftrag der EU-Kommission oder auf der Grundlage einer Petition tätig wird, wenn Grund zu der Annahme besteht, dass ein Mitgliedstaat die Kopenhagener Beitrittskriterien verletzt.[3] Rascher und einfacher zu verwirklichen wäre eine vergleichsweise bescheidene Neuerung: Die großen europäischen Parteifamilien verzichten künftig einvernehmlich darauf, Regierungschefs der eigenen Couleur Rückendeckung zu geben, wenn diese dem Geist der Gemeinschaft so eklatant zuwiderhandeln wie Viktor Orbán oder Victor Ponta.

Ein Europa, das in wichtigen Fragen mit *einer* Stimme spricht, war noch nie so notwendig wie in der Gegenwart. Mit der völkerrechtswidrigen Annexion der Krim und seiner Aggression in der Ostukraine hat das Russland Wladimir Putins im Jahr 2014 faktisch die Unterschrift Michail Gorbatschows unter die Charta von Paris vom 21. November 1990 zurückgezogen. Damals hatten sich alle 34 Mitgliedstaaten der Konferenz über Sicherheit und Zusammenarbeit in Europa, der heutigen OSZE, zur friedlichen Beilegung von Streitfällen, zur wechselseitigen Achtung von nationaler Souveränität und territorialer Integrität sowie zur Demokratie als der für alle verbindlichen, gemeinsamen Staatsform bekannt. Das Jahr 2014 markiert eine tiefe Zäsur: Der transatlantische Westen musste sich auf absehbare Zeit von der großen Hoffnung der Epochenwende von 1989/90 verabschieden, dass seine Werte über kurz oder lang auch in Russland eine sichere Heimstatt finden würden.

Die EU hat, ebenso wie die NATO, auf Putins Herausforderung anders reagiert, als dieser erwartet hat: Ihre Mitgliedstaaten haben sich nicht auseinanderdividieren lassen, sondern sich auf eine gemeinsame Linie verständigt. Ob dies so bleibt, ist aber ungewiss. Einige Mitgliedstaaten der Europäischen Union würden die bisher verhängten Sanktionen gegen Russland am liebsten auslaufen lassen, weil sie auch der eigenen Wirtschaft schaden. Bei nicht wenigen fehlt es auch schlicht an der Einsicht, dass eine Ukraine, die sich ernsthaft um eine Annäherung an die EU und eine Erfüllung der Kopenhagener Kriterien bemüht, Solidarität verdient.

Der anhaltende Konflikt mit Russland ist aber nicht der einzige Grund, der einen festeren Zusammenschluss der EU als politischen Imperativ erscheinen lässt. Die wachsende Zahl von Menschen, die vor allem über das Mittelmeer nach Europa strömen, um dort eine Zuflucht vor politischer Unterdrückung, religiöser Verfolgung oder schierer materieller Not zu finden, zwingt die Gemeinschaft, eine gemeinsame Antwort auf diese Herausforderung zu finden.

Europa kann die Probleme der Länder, aus denen die Menschen in hellen Scharen flüchten, nicht auf seinem Territorium lösen. Zu dem, was es tun kann, um Auswanderungswilligen aus der Dritten Welt zu helfen, gehört neben wirksamer Entwicklungshilfe eine Erleichterung der legalen Einwanderung. Die EU muss sich zudem auf einen Lastenausgleich zwischen den von den Migrationsströmen besonders stark betroffenen Ländern und den anderen verständigen, was eine Abkehr von der einschlägigen Verordnung von 2013 («Dublin III») erfordert, wonach Flüchtlinge nur im Ankunftsland Asyl beantragen dürfen. Schritte in dieser Richtung sind unabweisbar, wenn die Gemeinschaft ihr moralisches Dilemma nicht noch verschärfen will: die unübersehbare Diskrepanz zwischen ihrer politischen Praxis und dem normativen Projekt, auf das sich die westlichen Demokratien mit ihrem Bekenntnis zu den unveräußerlichen Menschenrechten festgelegt haben.

*III.*

Die Weltfinanz- und Staatsschuldenkrise hat seit 2008 schonungslos den entscheidenden Konstruktionsfehler der in den neunziger Jahren entstandenen europäischen Währungsunion sichtbar gemacht: Sie wurde nicht von einer Fiskal- und Politischen Union flankiert, die eine Harmonisierung der Haushalts- und Wirtschaftspolitiken der Mitgliedstaaten durchsetzen könnte und müsste. Dass es so gekommen ist, hängt eng mit dem Fall der Berliner Mauer am 9. November 1989 zusammen. Mit diesem weltgeschichtlichen Ereignis wurde die ungelöste deutsche Frage erneut zu einem Thema der europäischen und der Weltpolitik. Der französische Staatspräsiden François Mitterrand fürchtete eine auf die Deutsche Mark gestützte Hegemonie eines wiedervereinigten Deutschland und brachte Bundeskanzler Helmut Kohl dazu, das bisher von diesem für notwendig gehaltene Junktim von Währungsunion und Politischer Union aufzugeben und der Verwirklichung der erstrebten und im Grundsatz beschlossenen gemeinsamen Währung zeitlichen und sachlichen Vorrang vor der politischen Einigung Europas zu geben. Das Ergebnis war der Vertrag von Maastricht.

Während die deutsche Frage 1990 gelöst wurde, blieb die europäische Frage also offen. Sie ist es noch heute. Hoffnungen, und es waren zeitweilig auch *meine* Hoffnungen, dass die Staatsschuldenkrise der europäischen Einigung einen kräftigen Schub, womöglich mit dem Ziel der Weiterentwicklung des Staatenverbundes zur Föderation, verleihen würde, haben sich nicht erfüllt.[4] Trotz aller Fortschritte – Rettungsschirm, Fiskal- und Bankenunion – fehlt es unter den Mitgliedstaaten immer noch an einem Grundkonsens über das richtige Verhältnis von Haushaltsdisziplin und Wirtschaftswachstum. Es gibt diese grundlegende Übereinstimmung bisher nicht einmal zwischen den beiden größten Mitgliedstaaten der Eurozone, Deutschland und Frankreich.

Deutschland ist von den europäischen «Krisenländern» immer wieder vorgehalten worden, es versuche den anderen Eurostaaten seine Vorstellungen von Haushaltsdisziplin aufzuzwingen; es führe sich als Hegemonialmacht auf und sei mithin selbst dafür verantwortlich, wenn heute bereits wieder von einer «neuen deutschen Frage» gesprochen werde. Tatsächlich entspricht das Insistieren Deutschlands und der anderen «Stabilitätsländer» auf Strukturreformen als Bedingungen für den Erfolg einer wachstumsfördernden Wirtschaftpolitik oder, einfacher gesagt, auf einem vernünftigen Verhältnis von Hilfe und Selbsthilfe, von Solidarität und Solidität, der Logik einer Währungsunion: Sie kann ohne eine enge haushalts-, finanz- und wirtschaftspolitische Abstimmung zwischen den Mitgliedstaaten nicht dauerhaft stabilisiert werden. Eine «hegemoniale» Stellung kommt innerhalb der Währungsunion nicht Deutschland, sondern der Europäischen Zentralbank zu. Deren Entscheidungen widersprechen aber oft diametral der Linie, die die Deutsche Bundesbank für richtig hält: ein ironischer Befund, wenn man bedenkt, dass die Unabhängigkeit der EZB vor allem auf deutsches Drängen zurückgeht.

Substantielle Fortschritte im europäischen Integrationsprozess sind erst wieder zu erwarten, wenn sich zwischen den Mitgliedern der Währungsunion, beginnend mit Deutschland und Frankreich, jener Stabilitäts- und Wachstumskonsens herausbildet, den es einstweilen nicht gibt. Bis dahin wird die weitere Ausrichtung der EU vorrangig von einer engen intergouvernementalen Zusammenarbeit der Staats- und Regierungschefs, nicht zuletzt in den noch nicht vergemeinschafteten Politikbereichen wie der Außen- und Sicherheitspolitik, abhängen. Wichtiger als Diskussionen über die Finalität des europäischen Einigungsprozesses ist in dieser Situation eine offene Debatte über die tieferen Ursachen der Krise, in die die EU geraten ist, und die Folgerungen, die sich daraus ergeben.

Zu den Fehlentwicklungen, die es aufzuarbeiten gilt, gehört eine Politik der vollendeten Tatsachen, wie sie gerade auch überzeugte Europäer betrieben haben, weil sie ihre Völker noch nicht für einsichtig genug hielten, das Notwendige zu wollen. Kritik fordert sodann der politische Voluntarismus mancher europäischen Politiker heraus: ein Glaube an die Berge versetzende Kraft des eigenen Willens, der sich im Zweifelsfall auch über ökonomische Gesetzmäßigkeiten und die Beharrungskraft alter Traditionen erhebt. Ein solcher Glaube war am Werk, als 1998 der Eintritt in die dritte und letzte Stufe des Euro beschlossen wurde, obwohl zu dieser Zeit in wichtigen Ländern wesentliche Voraussetzungen für die Einführung der gemeinsamen Währung noch nicht gegeben waren – von der ebenso leichtfertigen wie folgenschweren, durch die Vorspiegelung falscher Tatsachen ermöglichten Aufnahme Griechenlands in die Eurozone zum 1. Januar 2001 ganz zu schweigen.

Ein Fehler war auch jener, vor allem von Intellektuellen der «alten» Bundesrepublik Deutschland geführte Europadiskurs, in dessen Mittelpunkt die Vision eines «postnationalen» Europa stand. Die Europäische Union will die Nationen nicht überwinden, sondern überwölben. Ihr Ziel ist nicht die Abschaffung der Nationalstaaten. Vielmehr hat sie nach dem Urteil des britischen Wirtschaftshistorikers Alan Milward die europäischen Nationalstaaten gerettet, indem sie dort einsprang, wo diese überfordert waren.[5] Wo sie mehr als das getan, nämlich Kompetenzen an sich gezogen hat, die besser bei den Mitgliedstaaten verblieben wären, müssen die entsprechenden Zuständigkeiten im Sinne des Subsidiaritätsprinzips wieder rückverlagert werden. Damit würden auch die Chancen steigen, dass Großbritannien, das ebendies fordert, Mitglied der EU bleibt.

Ein europäisches «Wir-Gefühl» wird sich nicht gegen die Nationen herausbilden, sondern nur mit ihnen und durch sie. Die Pflege dessen, was sie trennte, ein Wesensmerkmal des Nationalismus, stand am Beginn des Weges in die Katastrophe des 20. Jahrhunderts. Am Anfang der europäischen Einigungsbewegung stand die Einsicht in das, was die Nationen Europas, und besonders die des alten Okzidents, miteinander verbindet. Es sind Gemeinsamkeiten, die weit in die Geschichte zurückreichen. Was wir die westlichen Werte nennen, konnte sich aber über Jahrhunderte hinweg nur im «lateinischen», bis zur Ostgrenze Polens und des Baltikums reichenden Europa, dem Europa der Westkirche, entwickeln – in *dem* Teil Europas, wo geistliche und westliche sowie fürstliche und ständische Gewalt schon im Mittelalter getrennt wurden. Es waren zwei frühe Gewaltenteilungen, ohne die es die moderne Gewaltenteilung, die Trennung von gesetzgebender, vollziehender und rechtsprechender Gewalt, nicht gegeben hätte.

Die unveräußerlichen Menschenrechte haben eine alteuropäische Vorgeschichte. Verkündet wurden sie aber erstmals auf britischem Kolonialboden in Nordamerika in Form der Virginia Declaration of Rights, die am 12. Juni 1776, drei Wochen vor der amerikanischen Unabhängigkeitserklärung und 13 Jahre vor der Verabschiedung der Menschen- und Bürgerrechte durch die französische Nationalversammlung am 26. August 1789, das Licht der Öffentlichkeit erblickte.

In Europa und den Vereinigten Staaten haben sich unterschiedliche Formen der politischen Kultur des Westens entwickelt. Doch wann immer sich Europäer und Amerikaner über Grundsätzliches streiten, handelt es sich um unterschiedliche Auslegungen *gemeinsamer* Werte. «Europa ist nicht allein der Westen. Der Westen geht über Europa hinaus. Aber Europa geht auch über den Westen hinaus»: So hat es der Wiener Historiker Gerald Stourzh formuliert.[6] Die normative Identität Europas wird westlich sein oder sie wird nicht sein. Wer an der Herausbildung eines europäischen Wir-Gefühls mitwirken will, tut gut daran, diese conditio sine qua non nicht aus dem Auge zu verlieren.

# IV

## ZERREISS- UND BEWÄHRUNGSPROBEN DES WESTENS

Aus dem Kalten Krieg waren die USA als die einzige globale Supermacht hervorgegangen. Doch der «unipolare» Moment, von dem der konservative amerikanische Kolumnist Charles Krauthammer 1990 sprach, war nur von kurzer Dauer. Im Zeichen des «Kriegs gegen den Terror», der Antwort des Präsidenten George W. Bush auf die islamistischen Anschläge in New York und Washington vom 11. September 2001, schlug das amerikanische Sendungsbewusstsein in Hybris um. Das Verhältnis zwischen den Vereinigten Staaten und Europa geriet im Gefolge des Irakkrieges von 2003 in eine schwere Krise. Zur gleichen Zeit bildeten sich neue, nichtwestliche Machtzentren heraus, darunter die Volksrepublik China, Indien und Brasilien, aber auch das zunehmend autoritär regierte Russland Wladimir Putins. Mit seiner aggressiven Politik in der Ukrainekrise seit Ende 2013 hat Putin wider Willen dazu beigetragen, dass sich Europa und Amerika inzwischen wieder näher gekommen sind. Die vielbeschworene «Wertegemeinschaft des Westens» war und ist vor allem eines: eine Streitkultur. Die meisten transatlantischen Differenzen beruhen auf der unterschiedlichen Auslegung gemeinsamer Werte.

# Die NATO in der Zerreißprobe.
## Kritik der Bush-Doktrin

*30. September 2002*

*Am 17. September 2001 unterzeichnete der amerikanische Präsident George W. Bush eine neue Nationale Sicherheitsstrategie der USA, die sogenannte Bush-Doktrin, die dem «Krieg gegen den Terror», der amerikanischen Antwort auf die islamistischen Terroranschläge in New York und Washington vom 11. September 2001, ein theoretisches Fundament bieten sollte. Das Dokument vom September 2002 rechtfertigte ein unilaterales, «präemptives» Vorgehen der USA, wann immer es ihnen geboten erschien. «Wir dürfen unsere Feinde nicht zuerst zuschlagen lassen», so lautete ein Kernsatz. Die Bush-Doktrin sollte auch den Krieg legitimieren, den die USA seit dem 20. März 2003 gegen den Irak Saddam Husseins führten. In Deutschland, das sich im September 2002 auf dem Höhepunkt eines Bundestagswahlkampfes befand, löste die Politik des amerikanischen Präsidenten heftigen Widerspruch aus. Bundeskanzler Gerhard Schröder bekannte sich demonstrativ zu einem «deutschen Weg». Vom Vorsitzenden der SPD-Bundestagsfraktion, Ludwig Stiegler, wurde der jüngere Bush mit dem römischen Kaiser Augustus, von der sozialdemokratischen Bundesjustizministerin Herta Däubler-Gmelin sogar mit Hitler verglichen. Nach amerikanischen Protesten wurde sie im Oktober 2002 nicht mehr in das neue Kabinett Schröder berufen.*

Nehmen wir einmal an, im Bundestagswahlkampf wäre das Schlagwort vom «deutschen Weg» nicht gefallen. Stellen wir uns weiter vor, kein deutscher Politiker hätte George W. Bush mit einem römischen Kaiser verglichen oder gar Parallelen zwischen den Methoden des amerikanischen Präsidenten und denen des

Diktators des Großdeutschen Reiches gezogen.[1] Unterstellen wir schließlich, das deutsche Nein zu einem Krieg gegen den Irak wäre weniger schroff und unbedingt ausgefallen. Wie würde es dann um das Verhältnis zwischen Berlin und Washington bestellt sein?

Besser vermutlich als jetzt, weil das Weiße Haus dann keinen Grund hätte, von «vergifteten Beziehungen» zu sprechen. Die Angst vor einem Krieg im Nahen Osten hat in der Schlußrunde des deutschen Wahlkampfes eine entscheidende Rolle gespielt. Die Regierungsparteien, vorneweg die Sozialdemokraten, haben auf diese Karte gesetzt und damit vor allem dort Erfolg gehabt, wo die Neigung zum weltpolitischen Abseitsstehen und zum Gesinnungspazifismus besonders stark ist: in den neuen Ländern. Der außenpolitische Preis dieser innenpolitischen Taktik wird hoch sein. Darüber sind sich mittlerweile alle Beteiligten im klaren.

Der deutsche Wahlkampf ist aber nicht die Ursache dafür, daß das Atlantische Bündnis vor einer Zerreißprobe steht. Die tieferen Gründe liegen darin, daß sich Amerika und Europa seit dem Ende des Kalten Krieges auseinanderentwickelt haben. Die Terroranschläge vom 11. September 2001 haben diesen Prozeß beschleunigt und radikalisiert. Ein Jahr danach gibt es keinen Zweifel mehr, daß die Vereinigten Staaten und die meisten ihrer europäischen Verbündeten sehr unterschiedliche Vorstellungen von der künftigen Weltordnung haben.

Die USA sind an einem Punkt ihrer Geschichte angelangt, wo sie nicht nur jeder anderen Macht, sondern auch jedem wirklichen oder denkbaren Zusammenschluß anderer Mächte auf allen Gebieten überlegen sind. «Die Vereinigten Staaten besitzen ein beispielloses und unvergleichliches Maß an Stärke und Einfluß in der Welt»: Mit diesen Worten beginnt der offizielle, für den Kongreß bestimmte, aber bewußt in der Form eines Amerikanischen Manifests gehaltene Bericht «Die nationale Sicherheitsstrategie der Vereinigten Staaten von Amerika», den Präsident Bush am 17. September der Öffentlichkeit vorgelegt hat. Was seine Sicherheitsberaterin Condoleezza Rice und ihr Stab in diesem Satz zusammenfassen, ist keine Übertreibung, sondern die nüchterne Beschreibung eines Sachverhalts: der globalen Hegemonie Amerikas.[2]

«Gleichgewicht oder Hegemonie» ist der Titel eines seinerzeit vielgelesenen Buches des Historikers Ludwig Dehio aus dem Jahr 1948.[3] Das Amerikanische Manifest spricht nicht von Hegemonie, sondern bemüht den Gegenbegriff, das Gleichgewicht. «Die große Stärke dieser Nation muß dazu genutzt werden, eine ‹balance of power› zu fördern, die der Freiheit dient», heißt es in dem Abschnitt über Amerikas internationale Strategie. Um den globalen Terrorismus zu besiegen, sollte die Gesamtheit der Staaten in Gestalt der Vereinten Nationen das jeweils Nötige tun. Tut sie es nicht, werden die USA an ihrer Stelle tätig werden. «Wenn die Vereinigten Staaten sich auch stets bemühen werden, die Unterstützung der internationalen Gemeinschaft zu gewinnen, werden wir nicht zögern, allein zu handeln und, falls erforderlich, unser Recht auf Selbstverteidigung auszuüben, indem wir präventiv (preemptively) gegen die Terroristen vorgehen, um sie davon abzuhalten, unserem Volk und unserem Land Schaden zuzufügen.»

Die Notwendigkeit von Präventivschlägen wird damit begründet, daß Schurkenstaaten und Terroristen mit den herkömmlichen Mitteln der Abschreckung nicht beizukommen ist. Anders als beim klassischen Feind sind bei den Terroristen Angriffsabsichten in der Regel nicht im voraus erkennbar, so daß die einzige völkerrechtliche Rechtfertigung eines Präventivkriegs, die Abwehr einer unmittelbaren Bedrohung, nicht greift. Gegen Terroristen und Schurkenstaaten muß vielmehr auch dann vorsorglich vorgegangen werden, wenn es ungewiß ist, wann und wo der Feind zuschlägt. «Um solchen feindlichen Akten unserer Gegner zuvorzukommen oder sie zu verhindern, werden die USA, wenn notwendig, präventiv (preemptively) tätig werden.»

Die Bedrohung durch den globalen Terrorismus ist so neuartig, wie das Amerikanische Manifest sie beschreibt. Neuartig ist aber auch, daß die Führung einer demokratischen Nation das Völkerrecht und seine Hüter so souverän beiseiteschiebt, wie es hier geschieht. Wenn die Vereinten Nationen tun, was die Vereinigten Staaten für notwendig halten, wird ihre Charta respektiert. Andernfalls ist sie nur ein Stück Papier. Das ist die «balance of power», wie die Bush-Doktrin sie versteht. Alle Staaten sind souverän, aber einer ist souveräner als die anderen. Er darf, was andere Staaten nicht dürfen: Kriege führen, die Angriffskriege im Sinne des Völkerrechts sind.

Der französische Staatspräsident Jacques Chirac hat am 24. September auf einer Konferenz der 15 EU-Staaten und von zehn asiatischen Staaten in Kopenhagen «totalen Widerstand» gegen die Bush-Doktrin angekündigt, weil die Rechtfertigung vorbeugender Militärschläge zu «schlimmsten Exzessen» führen könne.[4] Amerikanische Neokonservative wie den Publizisten Robert Kagan wird er damit nicht beeindrucken, sondern eher in der Vorstellung vom typischen Europäer bestätigen. Im Juni dieses Jahres hat Kagan in der «Policy Review» den Unterschied zwischen dem Denken von Europäern und Amerikanern schärfer als irgendein Autor vor ihm herausgearbeitet: Europa habe sich von der Macht abgewandt und in die Richtung «einer in sich geschlossenen Welt der Gesetze und Regeln, der transnationalen Verhandlungen und Zusammenarbeit» bewegt. Auf Kagan wirkt das wie der Eintritt in «das posthistorische Paradies des Friedens und des relativen Wohlstands», die Verwirklichung von Immanuel Kants Idee vom «Ewigen Frieden». Die Vereinigten Staaten hingegen, noch immer tief in der Geschichte steckend, üben Macht aus in jener anarchischen Welt, die Thomas Hobbes 1651 im «Leviathan» beschrieben hat – einer Welt, wo der Mensch dem Menschen ein Wolf ist, wo auf internationale Gesetze und Regeln kein Verlaß ist, wo wahre Sicherheit und die Verteidigung der Freiheit vom Besitz und der Ausübung militärischer Macht abhängen.[5]

Kagan überzeichnet bis zur Verzerrung, aber in seiner Karikatur kann man ein Stück Wirklichkeit erkennen. Die europäische Moral *ist* zu einem guten Teil Doppelmoral. Die Folgen amerikanischer Machtpolitik werden, wenn sie denn erfolgreich ist, billigend in Kauf genommen. Und bis in die jüngste Vergangen-

heit war Machtpolitik für die Europäer durchaus kein Fremd-
wort – für die Deutschen, die sich nach 1945 am radikalsten von
ihr abwandten, am allerwenigsten. Vermutlich neigen sie auch
deswegen dazu, eine besonders hohe politische Moral für sich in
Anspruch zu nehmen.

Die europäische Kritik am Unilateralismus der USA ist zu
großen Teilen wohlbegründet. Aber sie wäre glaubwürdiger,
trüge sie nicht alle Züge einer moralischen Kompensation eigener Schwäche. Die meisten Mitglieder der EU haben in den
Jahren nach dem Untergang des Kommunismus ihre Wehretats
gesenkt und ihre Verteidigungsfähigkeit sträflich vernachlässigt.
Verliebt in die Wunschvorstellung einer Welt ohne Feinde, gingen die Deutschen auch in dieser Hinsicht den anderen Europäern voran. Seit dem 11. September 2001 ist so gut wie nichts
geschehen, um das Projekt einer Gemeinsamen Außen- und
Sicherheitspolitik und die Umwandlung der Westeuropäischen
Union in die militärische Säule der EU voranzubringen. Noch
immer wird folgenlos darüber diskutiert, ob die EU, um nach
außen mit einer Stimme sprechen zu können, nicht gut daran
täte, die Ämter des Hohen Vertreters des Europäischen Rates
für die Außen- und Sicherheitspolitik und des Kommissars für
Auswärtiges, also die derzeitigen Funktionen von Xavier Solana
und Chris Patten, in Form einer Personalunion zusammenzu-
legen. Amerika militärisch einzuholen und selbst Supermacht
zu werden: Niemand käme auf den Gedanken, der EU ein derart
unrealistisches Ziel anzusinnen. Aber was man in der Endphase
des Kalten Krieges «sufficiency» nannte, könnte auch eine europäische Devise in der Zeit des globalen Terrorismus sein: ein
Mindestmaß gemeinsamer militärischer Kapazitäten, um in Fragen der eigenen Sicherheit nicht *nur* auf die USA angewiesen zu
sein.

Die global einsetzbare Schnelle Eingreiftruppe der NATO,
wie die Bush-Administration sie jetzt vorschlägt, ist keine
Antwort auf die Frage nach einer gemeinsamen europäischen
Sicherheitspolitik. Nimmt man das Amerikanische Manifest so
ernst, wie es das verdient, weiß man auch, welche Funktion der

NATO künftig zugedacht ist: Sie soll in erster Linie ein Pool für ad-hoc-Allianzen sein, deren Zusammensetzung und Ziele von der militärischen Führungsmacht bestimmt werden. Die Europäer werden auf dem Prager NATO-Gipfel im November sagen müssen, ob sie das wollen. Vor allem werden sie Stellung nehmen müssen zu der Bush-Doktrin von den Präventivschlägen, die im Zweifelsfall eines Mandats des Sicherheitsrats der Vereinten Nationen nicht mehr bedürfen sollen.

Der Irakkonflikt wird zur Nagelprobe für das Atlantische Bündnis werden. Unter den kontinentaleuropäischen Mitgliedern der NATO ist bislang unumstritten, daß ein Beschluß des Sicherheitsrats eine notwendige Voraussetzung für ein militärisches Vorgehen gegen den Irak ist. Aber «notwendig» heißt noch nicht «ausreichend». Eine Intervention, die nicht völkerrechtswidrig ist, muß noch nicht politisch zweckmäßig oder moralisch gerechtfertigt sein. Der Nachweis einer *unmittelbaren* Bedrohung durch den Irak ist noch nicht erbracht, und der einer Beteiligung Bagdads an den Anschlägen vom 11. September auch nicht. Ein realistisches Szenario der zu erwartenden politischen und wirtschaftlichen Folgen, zu dem eine ganze Palette von «worst cases» gehören müßte, liegt nicht vor, ganz zu schweigen von einem schlüssigen Konzept für die Zeit nach dem Sturz von Saddam Hussein. Washington erhofft sich eine proamerikanische irakische Demokratie nach dem Modell der «reeducation» in Deutschland und Japan nach 1945. Das ist ein Wunschtraum, aber nicht das Ergebnis einer nüchternen Analyse, wie man sie von «Realpolitikern» erwarten sollte.

Die NATO als solche, hat Verteidigungsminister Rumsfeld verlauten lassen, brauche man für den Krieg gegen den Irak nicht. Für die anschließende lange Besatzungszeit und das «nation-building», das nicht leichter werden dürfte als in Afghanistan, sollen aber hauptsächlich die Verbündeten zuständig sein. Die Partner haben also jeden Grund, Washington kritische Fragen zu stellen, bevor die Entscheidung für den Krieg unwiderruflich ist. Eine dieser Fragen lautet, ob sich Amerika bewußt ist, daß es den Krieg gegen den Irak zwar gewinnen, den

Krieg gegen den internationalen Terrorismus aber gerade deswegen verlieren kann. Es sieht nicht danach aus, daß sich die Bush-Administration diese Frage gestellt hat.

Die Bush-Doktrin bedroht eine der großen historischen Errungenschaften des Westens: die Übertragung des Prinzips der «rule of law», der Herrschaft des Rechts, auf die internationalen Beziehungen. Kein Land hat zur Verbreitung der politischen Kultur der Demokratie so viel beigetragen wie die Vereinigten Staaten. Kein Land hat so viel Grund, Amerika dafür dankbar zu sein, wie Deutschland. Der Dank muß heute die urdemokratische Form des Widerspruchs gegen die Politik der derzeitigen amerikanischen Administration annehmen. Daß dies nicht bloß ein deutscher oder ein europäischer Widerspruch ist, weiß man in Washington durchaus. Denn nirgendwo artikuliert sich der Protest gegen die Bush-Doktrin in Politik und Öffentlichkeit so vernehmbar und so nachdrücklich wie im Heimatland der westlichen Demokratie: in Amerika.

# Die Welt vom Bösen zu erlösen.
## Die amerikanische Hegemonialpolitik
## fordert Europa heraus

*2. Oktober 2002*

Der Redner wusste, was Gott mit Amerika vorhatte. «Er hat uns zu den Meisterorganisatoren der Welt gemacht, um System an die Stelle von Chaos zu setzen Er hat uns den Geist des Fortschritts gegeben, um die Kräfte der Reaktion überall auf der Welt zu besiegen. Er hat uns erfahren gemacht in Regierungsgeschäften, auf dass wir Regierungsgewalt unter wilden und altersschwachen Völkern ausüben. Gäbe es nicht eine Macht wie diese, die Welt würde in Barbarei und Dunkelheit versinken. Und aus unserer ganzen Rasse hat Er das amerikanische Volk als seine auserwählte Nation herausgehoben, um endlich den Weg zu bahnen zur Erlösung der Welt.»[1]

Es war ein republikanischer Politiker aus dem Mittleren Westen, der diese Worte im amerikanischen Senat aussprach: Senator Albert J. Beveridge aus Indiana, Historiker von Beruf und Biograph Abraham Lincolns. Er hielt seine Rede vor über hundert Jahren, am 9. Januar 1900. Wenn er von «Rasse» sprach, meinte er die «englischsprechenden und germanischen Völker». Heute kämen solche, der political correctness Hohn sprechenden Begriffe keinem amerikanischen Politiker mehr über die Lippen. Aber klingt die politische Rhetorik des frühen 20. Jahrhunderts ansonsten nicht merkwürdig aktuell?

«Heute genießen die Vereinigten Staaten eine Position von unvergleichlicher militärischer Stärke und großen wirtschaftlichen und politischen Einfluss. Indem wir unserem Erbe und unseren Grundsätzen treu bleiben, gebrauchen wir unsere Macht nicht, um einseitigen Vorteil zu erlangen ... In einer Welt, die sicher ist, werden die Menschen fähig sein, ihr eigenes Leben zu verbessern. Wir werden den Frieden verteidigen, indem wir gegen Terroristen und Tyrannen kämpfen ... Durch die ganze Geschichte ist die Freiheit durch Krieg und Terror bedroht worden ... Heute hat es die Menschheit in der Hand, den Triumph der Freiheit über alle diese Feinde zu fordern. Wir, die Vereinigten Staaten, übernehmen gern die Verantwortung, bei dieser Mission voranzugehen.» So steht es im Vorwort, das Präsident George W. Bush Mitte September dem amtlichen, für den Kongress bestimmten Bericht «Die nationale Sicherheitsstrategie der Vereingten Staaten von Amerika» vorangestellt hat.[2]

Der offizielle Rahmen, in dem die Bush-Doktrin vom Recht Amerikas auf Präventivschläge gegen die Schurkenstaaten dieser Welt verkündet wurde, verbot wohl die Anrufung Gottes, wie sie sonst bei öffentlichen Reden und Verlautbarungen des Präsidenten üblich ist. Aber auch ohne religiöse Absicherung ist das Grundmuster des amerikanischen Sendungsglaubens im Jahre 2002 so deutlich wie eh und je. Im Jahre 1968 hat der amerikanische Literaturwissenschaftler Ernest Lee Tuveson in seinem Buch «Redeemer Nation. The Idea of America's Millennial Role» die Ursprünge, die Verbreitung und das Beharrungsvermögen dieser Tradition dargestellt.[3] Den Glauben an eine besondere heilsgeschichtliche Sendung hatten die Pilgerväter aus dem nachreformatorischen England mitgebracht. Das Reich Gottes, dem sie zuarbeiten wollten, sollte aber nicht, wie bei Augustin, nach dem Jüngsten Gericht, sondern schon auf Erden, auf dem Boden der Neuen Welt, errichtet werden.

Der Kampf gegen die Sklaverei in den Südstaaten und die Ausdehnung der Union nach Westen erschienen Amerikas frommen Geschichtsdeutern als eine Reihe von Siegen im uralten Kampf des Guten wider das Böse. Und als mit den Gestaden des Pazifik der äußerste Westen des nordamerikanischen Kontinents erreicht war, gab es am «manifest destiny», der offenkundigen Bestimmung, der Vereinigten Staaten keinen Zweifel mehr: Sie waren dazu ausersehen, die Welt in ein Goldenes Zeitalter von Freiheit und Wohlstand zu führen oder, wie Albert J. Beveridge es ausdrückte, «das neue Eden für die Wiedergeburt der Menschheit» zu werden.[4] Präsident Woodrow Wilson, ein Demokrat, drückte sich weltlicher aus, war aber vom geschichtlichen Auftrag Amerikas nicht weniger überzeugt als der Republikaner Beveridge, als er am 22. Januar 1917, wenige Monate vor dem Eintritt der USA in den Ersten Weltkrieg, vor dem Kongress die Parole ausgab: «The world must be made safe for democracy.»[5]

## Kein Grund zum Dünkel

Den politischen Messianismus Amerikas hat es in unterschiedlichsten Ausprägungen gegeben: einmal liberal und weltoffen, ein andermal konservativ und intolerant. Auch heute ist ein fundamentalistischer Sendungsglaube nur das Credo einer rechten Minderheit. Doch es ist eine einflussreiche Minderheit, zu der auch der Präsident der Vereinigten Staaten gehört. Deshalb ist es keine Übertreibung zu sagen: Der fundamentalistische Messianismus ist nicht nur der Macht nahe, er ist zur Zeit an der Macht.

Den meisten Europäern erscheint Amerika immer dann besonders fremd, wenn es von Präsidenten regiert wird, die fundamentalistisch denken und sprechen. Das war so unter Ronald Reagan, der 1983 die Sowjetunion zum «Reich des Bösen» erklärte,[6] und es ist so unter George W. Bush, der seit den Anschlägen vom 11. September 2001 gegen eine vermeintliche «Achse des Bösen» kämpft.[7] Gut gegen böse: Das ist das Grundmuster des apokalyptischen Denkens. Zu diesem Denken gehört auch, die Krise der Gegenwart für die Endkrise zu halten, die es siegreich zu überwinden gilt, damit hernach ein Zeitalter des dauerhaften Friedens, des Wohlstands und der Freiheit anbrechen kann.

Zu europäischem, zumal zu deutschem Dünkel besteht jedoch kein Anlass. Das apokalyptische Denken hat Amerika von Europa übernommen, wenngleich in einer Form, die sich von der kontinentaleuropäischen scharf unterscheidet. Der amerikanische Traum vom Ziel der Geschichte war immer mit dem Gedanken von Fortschritt und Freiheit verbunden. Es war ein Traum, den schon der radikale Flügel der puritanischen Revolution im England des 17. Jahrhunderts geträumt hatte. Den Gegenpol bildete die apokalyptische Vision von Moskau als dem «dritten Rom» (das «zweite Rom» war Byzanz): ein rückwärtsgewandter Glaube, der das Heil in der Wiederherstellung einer verklärten Vergangenheit suchte (und zum Teil heute noch sucht).

Der deutsche Reichsmythos war nicht minder apokalyptisch als der russische, und auch er hatte keine Verbindung zum Gedanken des historischen Fortschritts: Solange das Reich bestand, das einst von den Römern auf die Deutschen übertragen worden war, sollte der Antichrist nicht zur Herrschaft gelangen. Zu keiner Zeit war dieser Mythos im gebildeten Deutschland so mächtig wie in den Jahren des «Dritten Reiches». Im Namen der besonderen geschichtlichen Sendung der Deutschen beanspruchte das Reich, die europäische Ordnungsmacht und der Retter des Abendlandes zu sein. Als Hitlers Reich zusammenbrach, zog es auch den Reichsmythos mit in den Abgrund.

Amerika hatte an der Niederlage des «Dritten Reiches» entscheidenden Anteil. Hätte Präsident Franklin Delano Roosevelt nicht an das Bewusstsein von der freiheitlichen Sendung der Vereinigten Staaten appellieren können, wäre er kaum in der Lage gewesen, seine Landsleute von der Notwendigkeit dieses Krieges zu überzeugen. Ohne Amerikas Glauben an sein «manifest destiny» hätte der Kalte Krieg auch nicht mit einem Sieg des Westens geendet. Die Europäer und namentlich die Deutschen lächeln gern über die Art und Weise, wie sich amerikanischer Patriotismus äußert. Doch es ist dieser Patriotismus, dem sie ihre Freiheit verdanken.

Sendungsgedanken können freilich auch dann gefährlich werden, wenn sie sich mit den Menschheitsidealen der Freiheit, des Fortschritts und der Gerechtigkeit verbinden. Das ist immer dann der Fall, wenn aus Idealen ein ideologisches Vehikel von Machtpolitik wird. Just das geschieht gegenwärtig. Seit Amerika die einzige Supermacht ist, neigt es dazu, alle supra- und internationalen Bindungen abzustreifen, die es als lästig empfindet. Die Spannungen mit den europäischen Verbündeten haben hier ihren tieferen Grund, und sie reichen bis weit in die neunziger Jahre zurück. Die zwölf Jahre vom Fall der Berliner Mauer am 9. November 1989 bis zum Terroranschlag auf das World Trade Center und das Pentagon am 11. September 2001 erscheinen im Rückblick als die Latenzphase des amerikanischen Anspruchs auf globale Hegemonie. Ein Jahr nach dem Schock des 11. September 2001 nimmt Washington kaum noch Rücksicht auf seine Verbündeten in der Nato, auf die anderen Großmächte und auf die Vereinten Nationen. Die Bush-Doktrin vom Recht auf einseitige Präventivschläge ist der bisherige Höhepunkt eines seit längerem erkennbaren Prozesses der konsequenten Durchsetzung einer Pax Americana und damit einer Art informeller Weltherrschaft der USA.

## Frei von der Fessel des Gesetzes

Der Aufschrei der Völkerrechtler ist bisher ausgeblieben oder zumindest nicht an eine breitere Öffentlichkeit gedrungen. Das erstaunt, denn die Bush-Doktrin bedeutet nicht nur eine Relativierung, sondern eine Revolutionierung des Völkerrechts. Mit den Argumenten, die das manifestartig formulierte Sicherheitsmemorandum vom 17. September 2002 vorträgt, kann im Prinzip jeder Staat einen bloßen Verdacht auf Bedrohung durch einen anderen Staat zum Anlass eines (putativen) Präventivkriegs nehmen. Ein Beschluss des Sicherheitsrats der Vereinten Nationen ist dazu nicht zwingend erforderlich. Selbstverständlich beabsichtigen die USA nicht, anderen Staaten zuzugestehen, was sie für sich in Anspruch nehmen. Sie fühlen sich im internationalen Rahmen so «lege absolutus», also über dem Gesetz stehend, wie es einst ein absolutistischer Herrscher im Innern seines Staates war. «Souverän ist, wer über den Ausnahmezustand entscheidet»: So lautet die berühmte Formel des Staatsrechtlers

Carl Schmitt.[8] Die USA proklamieren für sich ein Ausnahmerecht. Wenn sie sich damit durchsetzen, sind sie die einzige wirklich souveräne Macht der Welt.

Die Brisanz des Irakkonflikts liegt nicht zuletzt darin, dass er einen Präzedenzfall bildet. Es gehört zur Souveränität der Supermacht USA, dass nur sie über die Definitionshoheit verfügt. Sie bestimmt, welche Staaten unter die Kategorie «Schurkenstaat» fallen. Vor diesem Hintergrund überrascht es nicht, dass sich auch unter den europäischen Verbündeten der Vereinigten Staaten Widerspruch artikuliert. Der französische Staatspräsident Jacques Chirac hat am 24. September auf einer Pressekonferenz in Kopenhagen erklärt, Frankreich lehne die Philosophie des Präventivkriegs «total» ab («est totalement opposée»), weil sie zu den schlimmsten Exzessen führen könne.[9] Deutschland beschreitet also keinen Sonderweg, wenn es sich diese klare Position zu eigen macht.

Die Europäische Union ist immer noch auf der Suche nach ihrer verteidigungspolitischen Identität. Ihre Gemeinsame Außen- und Sicherheitspolitik ist bisher kaum mehr als ein Projekt. Der Europäische Rat und die Kommission konkurrieren um die Zuständigkeit auf diesem Gebiet, so dass die EU weit davon entfernt ist, mit *einer* Stimme zu sprechen. Eine europäische Eingreiftruppe, die im Falle einer akuten terroristischen Bedrohung auch «out of area» tätig werden kann, gibt es nicht. Wird, wie von Washington vorgeschlagen, eine Eingreiftruppe innerhalb der NATO gebildet, besteht die Gefahr, dass diese zum Vollzugsorgan der neuen amerikanischen Präventivkriegsstrategie wird. Wenn die Europäer sich der Bush-Doktrin widersetzen, können sie nicht einer Lösung zustimmen, die der Umsetzung dieser Doktrin in die Praxis dient.

Europa kann und will keine Supermacht werden. Das erwarten auch die USA nicht. Die Drohung des Sicherheitsmemorandums gegenüber Mächten, die versuchen könnten, die militärische Vormachtstellung Amerikas zu brechen, richtet sich nicht an die Adresse Europas, sondern an die Chinas. Die EU bedarf jedoch eines eigenen militärischen Profils, und ihre Mitgliedstaaten, Deutschland vorneweg, müssen mehr Geld für die Verteidigung aufwenden, wenn die Kritik an der amerikanischen Anti-Terror-Strategie glaubwürdig und wirksam sein soll. Der moralische Protest gegen die Bush-Doktrin genügt nicht. Er dokumentiert nur die eigene Ohnmacht.

Nachdem die Bush-Administration ihre Vorstellungen von der künftigen Weltordnung öffentlich dargelegt hat, ist Europa herausgefordert, seine Vorstellungen zu entwickeln und entsprechend zu handeln. Europa ist ein Teil des Westens. Es teilt mit den Vereinigten Staaten die Werte, die es gegen alle Arten von Fundamentalismus zu verteidigen gilt – den in den eigenen Reihen mit eingeschlossen. Fundamentalismus ist immer Antipluralismus. Wenn sich in der westlichen Führungsmacht fundamentalistische Tendenzen dauerhaft durchsetzen würden, wäre der Pluralismus im Westen insgesamt aufs höchste gefährdet. In der amerikanischen Geschichte haben freilich die Pluralisten über kurz oder lang stets über die Fundamentalisten triumphiert. Die Europäer sollten in ihrem eigenen Interesse dazu beitragen, dass es auch dieses Mal so kommt.

# Wenn die Macht Recht spricht.
## Amerikas konservative Revolutionäre stellen die Werte des Westens in Frage

*28. Juni 2003*

Erlebt Amerika derzeit, was es in Deutschland vor über sieben Jahrzehnten gab: eine «Konservative Revolution»? So nannte und nennt man jene Bewegung der intellektuellen Rechten, die in den Jahren vor und nach 1930 zum Sturm auf den liberalen Zeitgeist aufrief. Einer ihrer einflussreichsten Vertreter war der Staatsrechtler Carl Schmitt. 1927 legte er einen seiner berühmtesten Essays, «Der Begriff des Politischen», vor. Die spezifisch politische Unterscheidung sei die zwischen Freund und Feind, so lautete die alsbald leidenschaftlich diskutierte Kernthese.[1] Der Rezensent, der sich am gründlichsten auf Schmitt einließ, war der deutsche Philosoph Leo Strauss. An der Freund-Feind-Lehre fand er nichts auszusetzen. An Schmitts Liberalismuskritik aber bemängelte er, sie sei nicht radikal genug, weil sie sich noch im «Horizont des Liberalismus» bewege. Zur Vollendung könne diese Kritik nur kommen, wenn es gelinge, «einen Horizont jenseits des Liberalismus» zu gewinnen.[2]

Von 1937 bis zu seinem Tod im Jahre 1973 lehrte Strauss in den USA, am längsten an der Universität von Chicago. Er wurde zum Mittelpunkt einer Schule, die sich «Neoconservatives» nennt und unter Bush dem Jüngeren fand, was Carl Schmitt letztlich vergeblich gesucht hatte: den «Zugang zum Machthaber».[3] Zu den bekanntesten Straussianern gehören heute der stellvertretende Verteidigungsminister Paul D. Wolfowitz, der Begründer des neokonservativen Zentralorgans *Weekly Standard,* William Kristol, und Gary Schmitt aus der Chefetage des *Project for the New American Century,* eines der neokonservativen Think Tanks. Sie sind auf dem Weg, den ihnen

176

Strauss gewiesen hat: der Vollendung der Liberalismuskritik von Carl Schmitt.

## Abkehr von den Gründervätern

Natürlich ist der amerikanische Neokonservativismus nicht einfach eine Kopie der deutschen Konservativen Revolution. Die jungkonservativen Gegner der Weimarer Republik verachteten die westlichen Werte, die amerikanischen Neokonservativen halten sie hoch. Sie wollen diesen Werten, die ja in erster Linie aus der Amerikanischen Revolution stammen, in der ganzen Welt zur Geltung verhelfen. Aber die Art, wie sie es tun, bringt sie mit ebendiesen Werten in Konflikt. In der Unabhängigkeitserklärung vom 4. Juli 1776 bekannten sich die Gründerväter der USA zur «geziemenden Rücksichtnahme auf die Meinung der Menschheit» (*«a decent respect to the opinions of mankind»*).[4] Davon ist bei den Wortführern der heutigen Neokonservativen nichts übrig geblieben. Wer sich ihrer voluntaristischen Weltsicht nicht anschließt, den verachten sie. In ihrem Freund-Feind-Denken sind sie würdige Nachfolger des Deutschen Carl Schmitt.

Die Neokonservativen wären nicht ins Zentrum der Macht gelangt, hätten sie nicht einflussreiche Verbündete, obenan den protestantischen Fundamentalismus mit dem «wiedergeborenen Christen» im Weißen Haus an der Spitze. Viele dieser Fundamentalisten glauben an den heilsgeschichtlichen Auftrag Amerikas, die Welt von der Tyrannei des Bösen zu erlösen, und sie leiten daraus den Gedanken einer Weltmission im Dienste von Fortschritt, Freiheit und Demokratie ab. Dieser Glaube ist älter als die Vereinigten Staaten selbst. Es ist der Geist des radikalen Puritanismus, der schon die Pilgrim Fathers beflügelte.

Der politische Messianismus der zweiten Ära Bush hat also viele Väter. Das Sendungsbewusstsein der Neokonservativen und der christlichen Fundamentalisten verstärkt sich wechselseitig. Die «reinen» Machtpolitiker, zu denen man Vizepräsident

Dick Cheney und Verteidigungsminister Donald Rumsfeld rechnen muss, halten zwar nicht viel von ideologischer Politik, ob sie nun im christlichen oder im neokonservativen Gewand auftritt. Aber solange es um geostrategische und um Erdöl-interessen geht, fallen die Unterschiede zwischen den «rechten» Denkschulen nicht sehr stark ins Gewicht. Beim Irakkrieg waren, in der Nahostpolitik sind sie sich im Wesentlichen einig. Ihr gemeinsamer Nenner ist der Unilateralismus: die Überzeugung, dass Amerika so stark ist, dass es auf internationale Organisationen und widerspenstige Bündnispartner im Zweifelsfall keine Rücksicht mehr nehmen muss.

Außer Außenminister Colin Powell gibt es kaum noch ein maßgebliches Mitglied der Administration, das man, wenn auch nur sehr bedingt, zu den Multilateralisten, den Anhängern einer engen Zusammenarbeit mit den Vereinten Nationen und den europäischen Mitgliedern der NATO, zählen kann. Jenseits des Regierungslagers haben die Multilateralisten mehr Einfluss. Doch die Europäer sollten sich keine Illusionen machen. Multi-lateralismus wird in Amerika anders buchstabiert als in Europa. Der renommierte Völkerrechtler Michael J. Glennon, der alles andere als ein «Bushist» ist, hat im neuesten Heft der Zeitschrift «Foreign Affairs» zustimmend den Neokonservativen Francis Fukuyama zitiert: «Die Amerikaner neigen dazu, keine höhere Quelle demokratischer Legitimität anzuerkennen als den Natio-nalstaat.» So ist es, und so wird es wohl auch bleiben, wenn der Präsident nicht mehr George W. Bush heißt: Die USA sind die einzige weltweit agierende Supermacht, und sie sind ein unein-geschränkt souveräner klassischer Nationalstaat.[5]

Darin liegt der fundamentale Unterschied zwischen den Ver-einigten Staaten und Europa. Die Europäische Union ist keine Supermacht, und ihre Mitgliedstaaten sind, auch wenn es noch nicht alle eingesehen haben, keine klassischen Nationalstaaten mehr. Sie sind postklassische, supranational eingebundene Na-tionalstaaten, die ihre Souveränität teilweise gemeinsam ausüben. Ihr Bekenntnis zum Multilateralismus entspricht ihren histori-schen Erfahrungen und ihren politischen Interessen. Sie werden folglich immer wieder versuchen, Amerika im Sinne einer multilateralen Politik zu beeinflussen. Aber eines wird ihnen schwerlich gelingen: eine europäische «reeducation» der USA. Dass Amerika zugunsten supranationaler Institutionen auf wesentliche Souveränitätsrechte verzichten wird, ist eine ehrenwerte, aber keine realistische Hoffnung.

Soll Europa also tun, wozu ihm manche Kommentatoren raten und was für manche Praktiker bereits eine ausgemachte Sache ist: nämlich gegenüber den USA zur «Realpolitik» zurückkehren? Die vermeintlichen «Realpolitiker» argumentieren frei nach Gertrude Stein: Eine Großmacht ist eine Großmacht ist eine Großmacht.[6] Da die Vereinigten Staaten die einzige verbliebene Supermacht sind, lohne es nicht, mit ihnen zu rechten. Bei solchen Auseinandersetzungen könne der Schwächere immer nur den Kürzeren ziehen. Also sei es spätestens jetzt an der Zeit, die unterschiedlichen Meinungen über den Irakkrieg auf sich beruhen zu lassen.

Doch so einfach wird das nicht gehen. Denn selbst wenn sich die öffentliche Meinung in Deutschland und Frankreich an die Aufrufe zur «Realpolitik» halten sollte, in Großbritannien und den USA tut sie es nicht. Die schonungslose, offene Debatte über die Rolle der Regierungen und der Geheimdienste bei der Vorbereitung des Irakkrieges beweist eine der größten Stärken der westlichen Demokratie: ihre Fähigkeit zur Selbstkritik und Selbstkorrektur. Diese Fähigkeit kann sich aber nur frei entfalten, wenn es Institutionen gibt, die Meinungsvielfalt ermöglichen, und Werte, an die alle Verfassungsorgane gebunden sind. Eine «Realpolitik», die nur die Wirklichkeit der Macht, nicht aber die Wirksamkeit von Werten anerkennt, mag in einem autoritären Staatswesen möglich sein. Eine Demokratie, die sich einer solchen Auffassung von Politik verschreibt, gerät in einen Widerspruch zu ihren normativen Grundlagen und damit in eine schwere Legitimationskrise.

Die Vereinigten Staaten würden, wenn sie dem uramerikanischen Prinzip der *rule of law,* der Herrschaft des Rechts, in den internationalen Beziehungen abschwören, mit dem Gesetz brechen, nach dem sie bei ihrer Gründung angetreten sind. Die Nationale Sicherheitsstrategie, die Präsident Bush am 17. September 2002 unterzeichnet hat, bedeutet einen großen Schritt in diese Richtung. Die Bush-Doktrin erhebt für die USA den Anspruch auf ein globales Interventionsrecht, wann immer sie ihre nationale Sicherheit bedroht sehen. Die Gefahr muss durchaus nicht so konkret sein, dass sie unter den Begriff der «unmittelbaren Bedrohung» fällt, die nach der Charta der Vereinten Nationen das Recht auf Selbstverteidigung begründet.

### Mangelhaftes Völkerrecht

Die «asymmetrische Bedrohung» durch einen neuartigen, nicht-staatlichen, internationalen Terrorismus rechtfertige vielmehr vorbeugende Maßnahmen, für die ein Mandat des Weltsicherheitsrates nicht unbedingt erforderlich sei: Das ist der Kern der Bush-Doktrin, die man durchaus einen revolutionären Bruch mit dem (wesentlich von den USA geschaffenen) modernen Völkerrecht nennen darf.

Europa kann sich mit diesem Diktat nicht abfinden. Aber es genügt auch nicht, auf dem Zustand vor dem Irakkrieg, der ersten praktischen Anwendung der Bush-Doktrin, oder vor den Terroranschlägen vom 11. September 2001 zu beharren. Das Völkerrecht ist ein mangelhaftes Recht, und es bedarf ebenso der Weiterentwicklung, wie die Vereinten Nationen einer grundlegenden Reform bedürfen. Zwischen dem Anspruch eines Staates auf Achtung seiner Souveränität und seiner Pflicht zur Wahrung der unveräußerlichen Menschenrechte kann ein so extremes Spannungsverhältnis eintreten, dass «humanitäre Interventionen» selbst ohne ausdrückliche Ermächtigung durch den Sicherheitsrat der UN gerechtfertigt sein können. (An diese Maxime hat sich die NATO 1999 bei ihrem militärischen Eingreifen im Kosovo gehalten.) Berechtigt ist auch die Frage, ob die Neuartigkeit des globalen Terrorismus eine Neubestimmung des Begriffs der «unmittelbaren Bedrohung» erfordert.

Eine Europäische Sicherheitsstrategie, die diesen Namen verdient, kann zur Weiterentwicklung des Völkerrechts nicht schweigen. Sie sollte dem auf das Militärische verengten Sicherheitsdenken der derzeitigen Washingtoner Administration einen umfassenden Sicherheitsbegriff gegenüberstellen, der politische, soziale und interkulturelle Anstrengungen zur Milderung und Lösung von Konflikten einschließt. Die Mitglieder der EU werden mehr als bisher für ihre gemeinsame äußere Sicherheit tun und diese arbeitsteilig organisieren müssen, wenn sie ihre einseitige Abhängigkeit von den USA verringern wollen. Andernfalls werden die Proteste gegen den amerikanischen Unilateralismus nur ein Ausdruck europäischer Ohnmacht bleiben.

## Das Elend der «Realpolitik»

Eine Abkehr von Amerika bedeutet dieser europäische Weg nicht. Mit den Vereinigten Staaten verbindet die Europäische Union die Zugehörigkeit zur politischen Kultur der westlichen Demokratie. Deswegen wäre es ein Irrweg, der erweiterten EU (oder ersatzweise irgendeinem «Kerneuropa») eine politische Identität zuzuschreiben, die im Wesentlichen von der Abgrenzung gegenüber den USA lebt. Europa kann aber auch die Erfahrungen nicht verdrängen, durch die es geprägt ist. Diese Erfahrungen sollten den Alten Kontinent gegenüber verkürzten Auffassungen von «Realpolitik» skeptisch machen, in denen für normatives Denken kein Platz ist – skeptisch aber auch gegenüber einem ahistorischen Wunschdenken, das sich über jede widerstrebende Realität mit einem Willensakt hinwegsetzen zu können glaubt.

Wenn die westliche Wertegemeinschaft nicht zur bloßen Floskel werden soll, müssen die Meinungsverschiedenheiten unter den transatlantischen Partnern offen ausgetragen werden. Ohne einen Konsens in der Frage, auf welchen Normen die neue Weltordnung aufgebaut werden soll, hätte das Atlantische Bündnis keine politische Zukunft. Wer diesen Konsens erreichen will, muss dafür sorgen, dass sich zunächst einmal die alten und die neuen Mitglieder der Europäischen Union darauf verständigen, was sie gemeinsam zur Verteidigung der westlichen Werte tun wollen.

# Wer schweigt, hat unrecht.
## Der Westen, Rußland, China und die Menschenrechte

*22. Dezember 2007*

Endlich wissen wir, was den hartnäckigen Kritikern Wladimir Putins, den Warnern vor einer neuen Diktatur in Russland, fehlt: der richtige Maßstab. Den liefern ihnen jetzt westliche «Realpolitiker» durch historische Vergleiche. Erhard Eppler, der einstige Vordenker der SPD und zeitweilige Vorsitzende ihrer Grundwertekommission, stand bislang nicht im Ruf, Anwalt einer wertfreien «Realpolitik» zu sein. Umso mehr erstaunt ein Satz, den man kürzlich von ihm lesen konnte: «Verglichen mit Stalins Säuberungen und Hitlers Rassenwahn ist Putins gelenkte Demokratie höchst human.»[1]

Der Sinn solcher Vergleiche ist eine doppelte Botschaft. Den russischen Oppositionellen gegenüber lautet sie: Regt euch nicht so auf, sondern seid dankbar für den historischen Fortschritt. Die Botschaft an die Deutschen und die Europäer ist ebenso klar: Meidet im Umgang mit Putin oder seinem Nachfolger das Thema Menschenrechte, sonst könnte sich Russland mit einer anderen östlichen Großmacht, China, gegen uns zusammenschließen.

Die «Realpolitiker» weisen mit Recht darauf hin, dass Europa ein gedeihliches Verhältnis zu Russland und China braucht. Richtig ist auch ihre Feststellung, dass nicht jede demonstrative Geste westlicher Politiker in Sachen Menschenrechte den Betroffenen nützt. Der Empfang des Dalai Lama im Bundeskanzleramt in Berlin war eine solche Geste, bei der die Kanzlerin, entgegen ihrer sonstigen Gewohnheit, die zu erwartenden Folgen nicht hinreichend bedacht und darum nicht richtig eingeschätzt hat. Ein Treffen an anderer Stelle, in der Konrad-Adenauer-Stiftung zum Beispiel, hätte wahrscheinlich kaum derart anhaltende, feindselige Reaktionen in Peking ausgelöst, wie wir sie jetzt erleben. Ungerechtfertigt aber ist die Kritik an dem Treffen als solchem. Natürlich darf die Bundeskanzlerin wie jeder andere Regierungschef mit einem international angesehenen, friedfertigen Religionsführer zu einem Gespräch zusammenkommen.

Ein gedeihliches Verhältnis zu Russland und China verträgt es sehr wohl, dass die westlichen Demokratien deutlich machen, wo sie stehen und wofür sie einstehen. Schließlich begreifen sich die beiden östlichen Großmächte als Gegenmodelle zum Westen. Ihnen gegenüber auf den eigenen Überzeugungen zu beharren, ist ein Gebot der Selbstachtung. Würden es sich die westlichen Demokratien zur Regel machen, in ihrem vermeintlichen nationalen Interesse zu krassen Menschenrechtsverletzungen zu schweigen, käme das einer Parzellierung der unveräußerlichen Menschenrechte, also einer Preisgabe ihres universalen Anspruchs, gleich, was ein Widerspruch in sich wäre: Es gäbe dann nämlich keine allgemeinen, das heißt unteilbaren Menschenrechte mehr.

Glaubwürdig ist westliche Kritik an Verstößen gegen die Menschenrechte in nicht-westlichen Gesellschaften freilich nur, wenn sie einhergeht mit Selbstkritik: Die Geschichte des Westens ist nicht nur, aber auch die Geschichte seiner Abweichungen von den eigenen Werten. Vom Sklavenhandel und der Sklaverei über Kolonialismus und Imperialismus bis hin zu Chauvinismus und Rassismus hat der Westen immer wieder deutlich gemacht, dass die Verkündung von Menschenrechten eines, ihre Verwirklichung jedoch ein anderes ist. Westliche Verstöße gegen die eigenen Prinzipien sind aber nicht nur eine Sache der Vergangenheit. Wer sich zu unmenschlichen Haftbedingungen in China oder fehlender Rechtsstaatlichkeit in Russland äußert, darf zu Guantánamo nicht schweigen.

Westliche Selbstkritik steht nicht im Widerspruch zu westlichem Selbstbewusstsein, sondern sie ist ein Teil desselben. Der Westen hat nicht den geringsten Grund, einem neuartigen Wettstreit der Systeme auszuweichen, auf den Russland und China offenbar aus sind. Die beiden Großmächte wollen beweisen, dass wirtschaftlicher Erfolg und technischer Fortschritt auch ohne Rechtsstaat und Demokratie möglich sind. Der Westen hingegen geht aus normativer Überzeugung und auf Grund vielfältiger historischer Erfahrung davon aus, dass es nur eine Form von nachhaltigem Fortschritt gibt: jene, die sich auf Menschen- und Bürgerrechte, auf Gewaltenteilung sowie auf «rule of law», «checks and balances» und «representative government» stützt.

Wir leben in einer multipolaren Welt – über diesen Sachverhalt braucht man nicht mehr zu streiten. Die Frage an Deutschland und Europa ist, wo sie sich in dieser Welt verorten wollen, oder, einfacher gesagt, wohin sie gehören. Wer steht uns näher: die «Pole», die unterschiedliche Spielarten von Staatskapitalismus repräsentieren und weder unveräußerliche Rechte des Individuums noch politischen Pluralismus akzeptieren – oder die westlichen Demokratien außerhalb Europas, die sich ebenso wie wir auf die Ideen der Amerikanischen Revolution von 1776 und der Französischen Revolution von 1789 berufen?

Das moralische Ansehen der größten und mächtigsten der westlichen Demokratien, der USA, hat durch den Irakkrieg von 2003, den Präsident George W. Bush und seine neokonservativen Berater vom Zaun gebrochen haben, schweren Schaden genommen. Ob der Schaden irreparabel ist, wird sich, vermutlich schon bald, zeigen. Aber wenn Europa mit Amerika Kontroversen über politische Moral ausficht, ist es ein Streit über unterschiedliche Auslegungen gemeinsamer, von Europa und Amerika entwickelter Werte. Das ist mehr als eine historische Erinnerung: Es ist eine grundlegende Erkenntnis, wenn es darum geht, den außenpolitischen Standort von Europa im Allgemeinen und Deutschland im Besonderen zu bestimmen.

Westliche Menschenrechtspolitik ist in gesteigertem Maß das, was Max Weber von Politik überhaupt gesagt hat: «ein starkes langsames Bohren von harten Brettern mit Leidenschaft und Augenmaß zugleich.»[2] Wenn Politiker unter widrigen Umständen etwas für die Sache der Menschenrechte tun wollen, müssen sie vorab fragen, welche Mittel am ehesten zum gewünschten

Ziel führen, und alles vermeiden, was das Gegenteil des Gewollten bewirken könnte. Eines aber sollten westliche Demokratien nicht tun: sogenannte nationale Interessen gegen universale Werte ausspielen. Werte sind immaterielle Interessen, und höhere Interessen gibt es nicht. Wenn der Westen das vergisst, hat er den neuen Wettkampf der Systeme bereits verloren.

# Angriff auf das westliche Projekt.
## Die Ukrainekrise als historische Zäsur
## Interview

*25. Juli 2014*

STANDARD: In Ihrer «Geschichte des Westens», die Sie demnächst mit dem dritten und vierten Band abschließen, beschreiben Sie die Durchsetzung «westlicher» Ideale, also im Wesentlichen Rechtsstaatlichkeit, Demokratie und Menschenrechte, als historisch einzigartige Erfolgsgeschichte. Aber 100 Jahre nach dem Ausbruch des Ersten Weltkriegs und 25 Jahre nach dem Fall der Berliner Mauer scheint das westliche Modell doch einigermaßen an Strahlkraft verloren zu haben, schaut man nur nach Russland oder China oder in die islamische Welt. Ist der Westen insgesamt in die Defensive geraten?

*Winkler:* Ganz sicher beherrscht der Westen heute nicht mehr die Welt, wie er das vor 1914 unbestritten tat und auch danach noch, mit schwindendem Erfolg, zu tun versucht hat. Ob in dieser multipolaren Welt, die an die Stelle des kurzen unipolaren Moments nach 1989/90, also der hegemonialen Vorherrschaft der USA, getreten ist, von einer nachlassenden Strahlkraft des westlichen Projekts gesprochen werden kann, ist eine ganz andere Frage.

STANDARD: Sie meinen die ideelle Attraktivität des westlichen Modells jenseits der realpolitischen Verhältnisse.

*Winkler:* Es gibt eine Fülle von Anzeichen dafür, dass die Ideen der beiden atlantischen Revolutionen des späten 18. Jahrhunderts, also der Amerikanischen Revolution von 1776 und der Französischen Revolution von 1789, unvermindert attraktiv sind. Im Jahr 2008 haben mehr als 5000 chinesische Intellektuelle die Charta 08 unterschrieben, die wesentlich von dem späteren Friedensnobelpreisträger Liu Xiaobo verfasst wurde und derentwegen Liu zu elf Jahren Gefängnis verurteilt wurde. Dieses Dokument ist ein großartiges Bekenntnis zur Allgemeingültigkeit der Menschenrechte, der Ideen des Rechtsstaates, der Gewaltenteilung, der «checks und balances». Ein Manifest, dem ein ähnlicher Rang zukommt wie der ersten Menschenrechtserklärung überhaupt, der Virginia Declaration of Rights vom Juni 1776, und der Erklärung der Menschen- und Bürgerrechte durch die französische Nationalversammlung vom August 1789.

STANDARD: Seit wann hat das Thema globale Dimension?

*Winkler:* Wo immer Bürgerrechtsaktivisten auftreten, berufen sie sich auf die Allgemeine Erklärung der Menschenrechte durch die Vollversammlung der Vereinten Nationen vom Dezember 1948. Damals wurden die Menschenrechte gewissermaßen globalisiert – leider nur auf dem Papier. Der Kampf um die Durchsetzung dieser Rechte wird vermutlich das große Thema des 21. Jahrhunderts sein.

STANDARD: Eine Ihrer zentralen Thesen lautet: Die Einbindung Deutschlands in den Westen nach dem Zweiten Weltkrieg ist die bedeutendste Zäsur in der jüngeren deutschen Geschichte. Nun sehen Sie durch die vielen deutschen Russland-Versteher, eigentlich Putin-Versteher, im Ukraine-Konflikt den Zusammenhalt des transatlantischen Bündnisses und der Europäischen Union gefährdet. Ist die Lage wirklich so dramatisch?

*Winkler:* Von einer dramatischen Lage würde ich nicht sprechen. Aber auch hier gilt das Motto: Wehret den Anfängen. Es gibt in Deutschland eine auch in Umfragen erkennbare Neigung, sich gewissermaßen nationalpazifistisch zu definieren, was in letzter Konsequenz eine Neutralität zwischen Ost und West einschließen würde. Die Bundesrepublik war über vier Jahrzehnte lang, von ihrer Gründung bis zur Wiedervereinigung, kein voll souveräner Staat. Erst durch den Zwei-plus-vier-Vertrag ist das wiedervereinigte Deutschland ein souveräner Staat geworden. Und an diesem Kriterium wird Deutschland auch im westlichen Bündnis gemessen. Wir können uns nicht mehr hinter den einstigen alliierten Vorbehaltsrechten verschanzen. Wir müssen unseren Verpflichtungen als Mitglied der Vereinten Nationen, der EU und der NATO gerecht werden.

STANDARD: Darauf hat ja in jüngster Zeit auch, in nicht unumstrittenen Wortmeldungen, der deutsche Bundespräsident Joachim Gauck hingewiesen.

*Winkler:* Ein Anlass für Kritik im Westen war die deutsche Stimmenthaltung im UN-Sicherheitsrat im März 2011, als es um eine humanitäre Intervention in Libyen ging. Damals hat Deutschland sich nicht nur gegen die USA, sondern auch gegen Frankreich und Großbritannien gestellt. Ich habe den Eindruck, das wird inzwischen in der politischen Klasse Deutschlands als Fehler betrachtet. Also sollten wir, bei allem Bemühen um diplomatische Konfliktlösungen, um einen friedlichen Ausgleich auch in der Ukraine-Krise und im Verhältnis zu Russland, immer wieder klarstellen, dass die Bündnisverpflichtungen der NATO natürlich auch für Deutschland gelten und dass wir eine hohe Verantwortung auch für den Zusammenhalt der EU tragen.

STANDARD: Was bedeutet das im Fall der Ukraine-Krise?

*Winkler:* Dass wir den Sicherheitsinteressen unserer Verbündeten in Ostmitteleuropa, namentlich Polens und der baltischen Staaten, mindestens ebenso Rechnung tragen, wie wir immer russische Sicherheitsinteressen berücksichtigt haben. Deshalb habe ich den in jüngster Zeit zu beobachtenden neutralistischen Tendenzen auf der Linken und Rechten widersprochen. Die gibt es ja sowohl bei der Partei Die Linke wie auch rechts, etwa bei der Alternative für Deutschland, aber auch bis hinein in die CSU. Es gibt auch irritierende Äußerungen von ehedem führenden Sozialdemokraten. All das ist Anlass, zu einer Diskussion über das deutsche Selbstverständnis beizutragen und auf unsere unverrückbare Zugehörigkeit zum Westen hinzuweisen.

STANDARD: Eine ähnliche Debatte gibt es auch in Österreich, wobei noch die Neutralität als spezieller Faktor hinzukommt. Besonders umstritten war der jüngste Staatsbesuch Wladimir Putins, den Kritiker als Entsolidarisierung eines EU-Mitglieds anprangerten. Andrej Illarionow, ein ehemaliger Berater Putins, meint, der Kreml-Chef lege es auf die Spaltung des Westens an: nämlich zwischen dem westlichen Kontinentaleuropa mit Deutschland an der Spitze einerseits und den «Hardcore»-Westlern USA und Großbritannien mit ihren östlichen «Frontstaaten» Polen und den baltischen Republiken. Was halten Sie von dieser These?

*Winkler:* Dass Putin die EU schwächen und einen Keil in das Atlantische Bündnis treiben will, scheint mir evident. Er hatte damit bisher keinen Erfolg. EU und Nato haben sich in der Ukraine-Krise immer wieder auf gemeinsame Positionen geeinigt. Dabei haben Deutschland und die meisten Mitglieder der Atlantischen Allianz eine sehr maßvolle Linie verfolgt. Sie haben nicht in den Ruf vor allem aus Polen und dem Baltikum eingestimmt, dauerhaft integrierte NATO-Truppen an der Ostgrenze des Bündnisses zu stationieren. Aber sie haben sich für eine rotierende, zeitweilige Präsenz des Bündnisses an der Ostgrenze ausgesprochen. In der Summe ist die Linie sowohl der EU mit Blick auf die Sanktionen als auch der NATO hinsichtlich der Solidaritätsgesten verantwortlich und vernünftig.

STANDARD: Die EU-Sanktionen scheinen ja, wiewohl verschiedentlich als zu weich kritisiert, doch eine gewisse Wirkung zu zeigen.

*Winkler:* Nach meiner Einschätzung möchte Putin die dritte Stufe der Sanktionen, also harte wirtschaftliche Maßnahmen, vermeiden. Denn dann würde die russische Volkswirtschaft noch mehr geschädigt als schon bisher durch die Konfrontation seit der Annexion der Krim. Ein weiterer wirtschaftlicher Niedergang – und Russland nähert sich einer Rezession – würde auch Putins Rückendeckung bei den Oligarchen ins Wanken bringen und seine Popularität, die nach der Krim-Aktion schwindelnde Höhen erreichte, wieder abstürzen lassen.

STANDARD: Wenn wir die Ostpolitik der EU prinzipiell betrachten: Die Östliche Partnerschaft ist ein Ersatz für eine Beitrittsperspektive, die die Union Ländern wie der Ukraine, Georgien und anderen Exsowjetrepubliken nicht geben will.

Stellt die EU damit nicht ihre eigene Raison d'être, also ihre ideelle Existenzgrundlage, und damit auch ihre Glaubwürdigkeit infrage?

*Winkler:* Vermutlich hätte die EU gut daran getan, noch deutlicher zu sagen, dass eine Annäherung der Ukraine und auch Georgiens nicht mit der Erwartung verbunden ist, dass sich diese Länder gegen Russland abschotten. Die inzwischen unterzeichneten Assoziierungsabkommen schließen ja Freihandelsabsprachen mit Russland und anderen Staaten der Eurasischen Zollunion nicht aus. Es ist der freie Wille dieser beiden Staaten, sich der EU anzunähern. Allerdings gibt es dabei auch übertriebene Erwartungen. Dass die Frage einer Vollmitgliedschaft schon bald aktuell wird, wie sich das Kiew und Tiflis offenbar wünschen, das zu glauben wäre eine Illusion.

STANDARD: Welche Haupthindernisse sehen Sie da?

*Winkler:* Die Kopenhagener Beitrittskriterien der EU von 1993 sind ausgesprochen anspruchsvoll.[1] Beide Staaten sind noch meilenweit davon entfernt, sie zu erfüllen. Wenn aber die Staaten des westlichen Balkans bis hin zu Serbien und Albanien eine Beitrittsperspektive haben, dann ist nicht einzusehen, warum die EU von vornherein eine Vollmitgliedschaft der anderen Bewerberländer in Osteuropa ausschließen sollte. Die Frage sollte offenbleiben. Aber eines ist klar: Es gibt kein Vetorecht Russlands gegen eine Westorientierung Georgiens, der Ukraine oder der Republik Moldau.

STANDARD: Gilt das auch für eine mögliche NATO-Mitgliedschaft dieser Länder?

*Winkler:* Das steht auf einem anderen Blatt. Die Aufnahme der ostmitteleuropäischen und südosteuropäischen Staaten in die Atlantische Allianz war legitim und notwendig. Da ging es um die Überwindung der willkürlichen Spaltung Europas durch das Abkommen von Jalta 1945. Gegen diese Spaltung hatten sich die friedlichen Revolutionen in Ostmitteleuropa gerichtet. Hätte sich der Westen diesem Drängen widersetzt, dann wäre in Ostmitteleuropa ähnlich wie in der Zwischenkriegszeit eine neue Zone der militärischen, politischen und wirtschaftlichen

Instabilität entstanden. Die Welt sähe gefährlicher aus, wäre es so gekommen.

STANDARD: Worin besteht nun der Unterschied zu Ländern wie der Ukraine oder Georgien?

*Winkler:* Hier hat sich der Westen bisher, nach einer Phase des Schwankens in der Ära George W. Bush, auf den Standpunkt gestellt, dass man die historischen Bindungen dieser Staaten an Russland in Rechnung stellen sollte. Gegenüber einem kooperativen Russland fällt die Berücksichtigung russischer Sicherheitsinteressen leichter als gegenüber einem konfrontativen. Derzeit würde ich dem Westen empfehlen, die NATO-Mitgliedschaft Georgiens und der Ukraine nicht zu betreiben.

STANDARD: Putin findet vor allem im äußerst rechten Lager Westeuropas viel Verständnis, und zwar nicht nur mit seinem neoimperialistischen Kurs, sondern auch mit seiner nationalistischen, antiliberalen und homophoben Ideologie. Sie warnen in diesem Zusammenhang vor einer Rückkehr des «völkischen Nationalismus». Sehen Sie sich durch die Ergebnisse der Europawahlen bestätigt?

*Winkler:* In manchen Ländern sind solche Tendenzen mit den Händen zu greifen. Ich denke an den fast schon triumphalen Erfolg des Front National in Frankreich, aber auch an die irritierende Stärke der FPÖ. Dass Putin den Kontakt zu antieuropäischen Bewegungen ebenso wie zu antiamerikanischen Kräften sucht, daran gibt es nichts zu deuten. Er hat damit beträchtlichen Erfolg gehabt. Putin geht da nicht wählerisch vor. Wenn es in sein Konzept passt, kokettiert er genauso mit der politischen Linken, wobei sich die Extreme, wie so oft, berühren, gerade auch in Sachen Antiamerikanismus und Ablehnung der EU.

STANDARD: Was sind die Hauptmotive, die Putin antreiben?

*Winkler:* Auch aus innenpolitischen Gründen, im Interesse seiner engen Zusammenarbeit mit der russischen Orthodoxie, der Gralshüterin des antiwestlichen Ressentiments in Russland, versucht sich Putin das Image eines Führers der konservativen

Kräfte in aller Welt zu geben. Pointiert könnte man fast sagen: An die Stelle der gescheiterten Kommunistischen Internationale soll jetzt eine reaktionäre Internationale treten. Zu der würden dann Alleinherrscher in Afrika und im Nahen und Mittleren Osten gehören und vor allem alle Staaten, die mit Sympathie verfolgen, wie in Russland die Homophobie triumphiert.

STANDARD: Also eine klare Kampfansage an das westliche Projekt?

*Winkler:* Wer 1989/90 gehofft hat, die Ideen der Freiheit, der Menschenrechte, des Rechtsstaates und der Demokratie würden sich über den alten Okzident und Südosteuropa hinaus eines Tages bis nach Wladiwostok ausdehnen, der muss sich korrigieren. Russland hat schon in den 1990er Jahren, aber verstärkt unter Putin seit der Jahrtausendwende einen Weg eingeschlagen, der wegführt von den Bindungen an den Westen.

STANDARD: Die EU stellt quasi die Gegenthese zum Konzept des Nationalstaates und dessen inhärenten Zwängen dar. Haben ihre Befürworter die Zähigkeit der nationalstaatlichen Idee unterschätzt?

*Winkler:* Die Europäische Union will die Nationen und Nationalstaaten nicht überwinden, sondern überwölben. Alle EU-Mitglieder sind postklassische Nationalstaaten in dem Sinne, dass sie bestimmte Hoheitsrechte gemeinsam ausüben oder auf supranationale Einrichtungen übertragen haben. Das macht das Spezifische dieses Staatenverbundes aus. Nationale Identitätsängste zu schüren wäre höchst unklug. Deshalb schlage ich schon seit langem vor, den irreführenden Begriff des Postnationalen zu vermeiden und vielmehr klar zu sagen, dass der Nationalstaat sich grundlegend gewandelt hat. Er kann bestimmte Aufgaben noch immer zweckmäßig erfüllen, oft zweckmäßiger als die EU, aber andere eben nicht.

STANDARD: Das Ringen um die Nominierung des neuen EU-Kommissionspräsidenten hat ja exemplarisch den Konflikt zwischen den auf ihren Einfluss bedachten nationalen Regierungen und den Befürwortern einer stärkeren Rolle des Europaparlaments und der Europäischen Kommission gezeigt. Die deutsche Bundeskanzlerin Angela Merkel hat nach anfänglichem Widerstand einen Schwenk vollzogen und damit die Ernennung Jean-Claude Junckers entsprechend dem Ergebnis der EU-Wahlen ermöglicht. Sehen Sie darin, trotz aller Krisenerscheinungen, ein Hoffnungszeichen für eine bürgernähere EU?

*Winkler:* Die EU ist als Staatenverbund gemäß dem Vertrag von Lissabon auf eine Machtbalance zwischen dem Europäischen Rat und dem Europäischen Parlament angewiesen. Das Parlament hat ein geradezu existenzielles Interesse daran, die Schere zwischen seiner demokratischen Legitimation durch allgemeine, gleiche Wahlen und dem immer noch vorhandenen Mangel an tatsächlichen Befugnissen zu schließen. Der Versuch, den Lissabon-Vertrag im Sinne der Spitzenkandidaturen auszuschöpfen, ist höchst berechtigt. De facto hat das Parlament sich jetzt mit seiner Interpretation des Lissabon-Vertrags durchgesetzt. Das bedeutet aber noch keine Festlegung für die Zukunft. Angela Merkel hat ja gegenüber dem widerstrebenden britischen Premier David Cameron in Abrede gestellt, dass es sich um einen Präzedenzfall handle.[2]

STANDARD: Das Problem des Interessenausgleichs bleibt also bestehen?

*Winkler:* Die Wahl Junckers wird vermutlich ihr Gegenstück in einer Art Wahlkapitulation finden, also in der Festlegung des Kommissionspräsidenten auf bestimmte Reformen, darunter auch eine Rückverlagerung von Kompetenzen von Brüssel in die Mitgliedstaaten, wie sie vor allem die Briten gefordert haben. Doch die EU muss sich auch auf andere Weise erneuern, damit das Grundübel angepackt werden kann, nämlich das verbreitete Gefühl vieler Bürgerinnen und Bürger, dass in der EU die wichtigsten Entscheidungen hinter verschlossenen Türen ohne vorherige öffentliche Debatte fallen.

STANDARD: Wo sehen Sie weiteren großen Reformbedarf?

*Winkler:* Die Kommission als Ganzes muss sich bemühen, ihre Detailregelungswut zu zügeln, die häufig auf die Wünsche von nationalen Regierungen und Interessenverbänden zurückgeht. Eine schlankere EU würde das Projekt Europa stärken und nicht schwächen.

STANDARD: Liegt die Krise der EU, abseits von strukturellen und organisatorischen Fragen, nicht auch daran, dass es an Politikern mangelt, die sich auch bei nationalem Gegenwind für die europäische Sache engagieren?

*Winkler:* In keinem europäischen Land sind die Bürgerinnen und Bürger in den vergangenen Jahren von der sogenannten politischen Klasse mit Grundsatzdebatten «belästigt» worden. Im Gegenteil: Man hat ihnen Fragen erspart, von denen viele Politiker offenbar meinen, sie könnten liebgewonnene Gewohnheiten erschüttern. Ich finde es aber notwendig, dass man in einer so angespannten Weltlage wie der jetzigen die Grundfragen unseres Selbstverständnisses anspricht. Als EU-Mitglieder haben Deutsche wie Österreicher eine Verantwortung für die Weiterentwicklung der Gemeinschaft. Gerade 100 Jahre nach Ausbruch des Ersten Weltkriegs müssen wir auch den ungeheuren Wert der ständigen Kommunikation zwischen den europäischen Regierungschefs erkennen, wie mühsam es oft auch sein mag, einen gemeinsamen Nenner zu finden.

STANDARD: Das führt zurück zu den Verhältnissen vor dem Kriegsausbruch 1914.

*Winkler:* Dieser heutige permanente Dialog ist ein fundamentaler Unterschied zur Spaltung Europas in verfeindete Machtblöcke vor 1914. Europa hat sich bis weit nach Osten der politischen Kultur des Westens geöffnet, die bis 1945, ja bis 1989 jeweils nur einen Teil Europas erfasst hatte. Das sind Errungenschaften, die es weiterzuentwickeln gilt, mit Augenmaß und mit Sinn für unterschiedliche nationale Identitäten, aber auch für die großen Gemeinsamkeiten, die uns verbinden. Es sind die historischen Errungenschaften des Westens: die unveräußerlichen Menschenrechte, die Ideen des Rechtsstaates, der Gewaltenteilung, der Volkssouveränität, der repräsentativen Demokratie. Dieses Bewusstsein zu stärken und nationalistischen Tendenzen entgegenzutreten ist sowohl eine Verpflichtung der verantwortlichen Politiker als auch der Intellektuellen.

# V

# DIE DEUTSCHEN VON SICH
## SELBST BEFREIT

# Rede zum 70. Jahrestag des 8. Mai 1945
## im Deutschen Bundestag

Herr Bundespräsident! Herr Präsident des Deutschen Bundestages! Frau Bundeskanzlerin! Herr Präsident des Bundesrates! Herr Präsident des Bundesverfassungsgerichts! Meine Damen und Herren Abgeordnete des Deutschen Bundestages! Exzellenzen! Meine Damen und Herren!

In der deutschen Geschichte gibt es keine tiefere Zäsur als den Tag, dessen 70. Wiederkehr wir heute gedenken: den 8. Mai 1945. Er markiert das Ende des Zweiten Weltkriegs in Europa, den Zusammenbruch des nationalsozialistischen Regimes, das diesen Krieg entfesselt hatte, und den Untergang des ein Dreivierteljahrhundert zuvor von Bismarck gegründeten Deutschen Reiches. Zwölf Jahre lang hatten die Nationalsozialisten frenetisch die nationale Einheit der Deutschen beschworen. Als ihre Herrschaft in einem Inferno ohnegleichen unterging, war ungewiss, ob die Deutschen jemals wieder in einem einheitlichen Staat zusammenleben würden.

In seiner historischen Rede zum 40. Jahrestag der bedingungslosen Kapitulation des Deutschen Reiches hat der damalige Bundespräsident Richard von Weizsäcker die Deutschen gemahnt, den 8. Mai 1945 nicht vom 30. Januar 1933 zu trennen - dem Tag, an dem Reichspräsident von Hindenburg Hitler zum Reichskanzler ernannte. Den 8. Mai 1945 aber gelte es, als das Ende eines Irrweges deutscher Geschichte zu erkennen, das den Keim der Hoffnung auf eine bessere Zukunft barg.[1]

Der Irrweg, von dem Weizsäcker sprach, hatte nicht erst 1933 begonnen. Großen Teilen der deutschen Eliten, ja der Gesellschaft insgesamt galt die erste deutsche Demokratie, die Republik von Weimar, als ein Produkt der deutschen Niederlage im Ersten Weltkrieg, als die Staatsform der westlichen Siegermächte, als ein undeutsches System.

Im Ersten Weltkrieg hatten bekannte Professoren und Publizisten den Ideen der Französischen Revolution von 1789, also Freiheit, Gleichheit, Bruderlichkeit, die deutschen «Ideen von 1914» gegenübergestellt: die Verherrlichung eines starken, auf das Militär gestützten Staates, der «Volksgemeinschaft» und eines angeblich «deutschen Sozialismus».

Als die parlamentarische Demokratie von Weimar im Frühjahr 1930 gescheitert war und Deutschland wenig später zu einem halbautoritären Präsidialregime überging, konnte Hitler einerseits erfolgreich an die verbreiteten Ressentiments gegenüber der westlichen Demokratie appellieren und andererseits eine demokratische Errungenschaft des Bismarckreiches nutzen, die jetzt weithin ihrer politischen Wirkung beraubt war: das allgemeine gleiche Reichstagswahlrecht, das seit der Revolution von 1918/19 nicht mehr nur den Männern, sondern auch den Frauen zustand.

Die Wahlerfolge der Nationalsozialisten in der Endphase der Weimarer Republik sind ohne die lange Vorgeschichte der deutschen Vorbehalte gegenüber der westlichen Demokratie nicht zu erklären. Dasselbe gilt für die rasch wachsende Popularität, derer Hitler sich nach seiner sogenannten «Machtergreifung» erfreute. Diese Popularität ging so weit, dass Hitler nach den Worten des britischen Historikers Ian Kershaw spätestens 1936 selbst «Gläubiger seines Mythos» wurde.[2] Im Zweiten Weltkrieg wurde der Führermythos zwar durch die Rückschläge im Krieg gegen die Sowjetunion seit dem Winter 1941/42 und dann vor allem infolge der Niederlage von Stalingrad Ende Januar 1943 nachhaltig erschüttert, aber er erlosch nicht. Nach dem gescheiterten Attentat vom 20. Juli 1944 erlebte dieser Mythos sogar vorübergehend eine gewisse Renaissance. Vielleicht, so glaubten nun viele, war Hitler wirklich mit der Vorsehung im Bunde und Deutschland nur durch ihn zu retten.

Der deutsche Philosoph Ernst Cassirer, der im April 1945, wenige Wochen vor dem Kriegsende in Europa, im amerikanischen Exil starb, deutete in seiner letzten Schrift *Der Mythus des Staates* Hitlers politische Karriere als Triumph des Mythos über die Vernunft und diesen Triumph als Folge einer tiefen Krise: «In der Politik leben wir immer auf vulkanischem Boden. Wir müssen auf abrupte Konvulsionen und Ausbrüche vorbereitet sein. In allen kritischen Augenblicken des sozialen Lebens ... sind die rationalen Kräfte, die dem Wiedererwachen der alten mythischen Vorstellungen Widerstand leisten, ihrer selbst nicht mehr sicher. In diesen Momenten ist die Zeit für den Mythus wieder gekommen. Denn der Mythus ist nicht wirklich besiegt und unterdrückt worden. Er ist immer da, versteckt im Dunkel ... auf seine Stunde und Gelegenheit wartend. Diese Stunde kommt, sobald die ... bindenden Kräfte im sozialen Leben des Menschen aus dem einen oder anderen Grunde ihre Kraft verlieren und nicht länger imstande sind, die dämonischen Kräfte zu bekämpfen.»[3]

Angesichts von Ausbrüchen der Fremdenfeindschaft, wie wir sie in Deutschland in den letzten Monaten erlebt haben, und von antisemitischer Hetze und Gewalt hier und in anderen europäischen Ländern sind die Worte Cassirers von geradezu beklemmender Aktualität. Sie mahnen uns, zu jeder Zeit die eigentliche Lehre der deutschen Geschichte der Jahre 1933 bis 1945 zu beherzigen: die Verpflichtung, unter allen Umständen die Unantastbarkeit der Würde jedes einzelnen Menschen zu achten.

(Beifall)

Die zweite, diesmal totale Niederlage Deutschlands im 20. Jahrhundert erschütterte das Selbstbewusstsein der Deutschen ungleich stärker als die Niederlage von 1918. Es war nicht so, dass die überwältigende Mehrheit der Deutschen den Sieg der Alliierten im Mai 1945 als Befreiung erlebt hätte. Anders als die Völker, denen dieser Sieg die Befreiung von deutscher Fremd- und Gewaltherrschaft brachte, bedeutete der «Zusammenbruch» des nationalsozialistischen Regimes für viele Deutsche zugleich den Zusammenbruch ihres Glaubens an den «Führer» und ihrer Hoffnungen auf einen deutschen «Endsieg». Als Befreiung erlebten die bedingungslose Kapitulation zunächst nur *die* Deutschen, denen der verbrecherische Charakter von Hitlers Herrschaft schon vorher bewusst geworden oder von jeher bewusst gewesen war.

Als der vorläufige Rat der Evangelischen Kirche in Deutschland im Oktober 1945 im «Stuttgarter Schuldbekenntnis» von einer «Solidarität der Schuld» zwischen Kirche und Volk sprach, stieß das auch innerhalb der Kirche auf verbreiteten Widerspruch. Als unangebrachte Bestätigung der alliierten These von einer deutschen «Kollektivschuld» galt vor allem der Satz: «Durch uns ist unendliches Leid über viele Völker und Länder gebracht worden.»[4]

Vom schrecklichsten aller Menschheitsverbrechen des Nationalsozialismus, der Ermordung von etwa 6 Millionen europäischen Juden, war im «Stuttgarter Schuldbekenntnis» nicht ausdrücklich die Rede. Es sollten Jahrzehnte vergehen, bis sich in Deutschland, nicht zuletzt dank der bahnbrechenden Forschungen von jüdischen Gelehrten wie Joseph Wulf, Gerald Reitlinger, Raul Hilberg und Saul Friedländer, die Einsicht durchsetzte, dass der Holocaust *die* Zentraltatsache der deutschen Geschichte des 20. Jahrhunderts ist. Gleichzeitig wuchs eine andere Erkenntnis: Der von den alliierten Soldaten, nicht zuletzt denen der Roten Armee, unter schwersten Opfern erkämpfte Sieg über Deutschland hatte die Deutschen in gewisser Weise von sich selbst befreit – befreit im Sinne der Chance, sich von politischen Verblendungen und von Traditionen zu lösen, die Deutschland von den westlichen Demokratien trennten.

Kulturell war Deutschland immer ein Land des alten Okzidents, des lateinischen oder westkirchlichen Europa, gewesen. Deutschland hatte an den mittelalterlichen Gewaltenteilungen, der ansatzweisen Trennung erst von geistlicher und weltlicher Gewalt, dann von fürstlicher und ständischer Gewalt, sowie an den Emanzipationsprozessen der frühen Neuzeit vom Humanismus über die Reformation bis zur Aufklärung teilgenommen und sie entscheidend mitgeprägt. Einigen wesentlichen politischen Konsequenzen der Aufklärung aber, den Ideen der Amerikanischen Revolution von 1776 und der Französischen Revolution von 1789, den Ideen der unveräußerlichen Men-

schenrechte, der Volkssouveränität und der repräsentativen Demokratie, hatten sich maßgebliche deutsche Eliten bis weit ins
20. Jahrhundert hinein verweigert. Erst die Erfahrung der deutschen Katastrophe der Jahre 1933 bis 1945, des Höhepunkts der
deutschen Auflehnung gegen die politischen Ideen des Westens,
entzog diesem Ressentiment allmählich den Boden. Die Chance,
eine zweite, diesmal funktionstüchtige und zur Selbstverteidigung fähige parlamentarische Demokratie aufzubauen, erhielt
nach 1945 freilich nur ein Teil Deutschlands: die drei westlichen
Besatzungszonen, die spätere Bundesrepublik Deutschland, und
der Westen des geteilten Berlin. Den Deutschen, die im anderen
Teil des Landes lebten, blieb die politische Freiheit viereinhalb
Jahrzehnte lang vorenthalten.

Die fortschreitende Öffnung der Bundesrepublik gegenüber
der politischen Kultur des Westens und die Herausbildung einer
selbstkritischen Geschichtskultur gehörten unauflöslich zusammen. Es bedurfte teilweise heftiger wissenschaftlicher, publizis-
tischer und politischer Kontroversen, um diese Prozesse voranzutreiben. Von großer Bedeutung war in diesem Zusammenhang
die Debatte über den maßgeblichen Anteil des deutschen Kaiserreiches an der Entstehung des Ersten Weltkriegs. Erst allmählich gelang es, die immer noch einflussreichen nationalapolo-
getischen Deutungen der deutschen Geschichte zu überwinden
und der verbreiteten Neigung entgegenzuwirken, im deutschen
Volk das erste Opfer Hitlers zu sehen und sich selbst von jeder
Mitverantwortung für damals geschehenes Unrecht freizuspre-
chen. Inzwischen erinnern «Stolpersteine», Gedenktafeln und
Gedenkstätten in vielen deutschen Städten an jüdische und andere Opfer des Nationalsozialismus – und das nicht aufgrund
irgendwelcher staatlicher Erlasse, sondern aufgrund von bürger-
schaftlichen Initiativen. Oft sind es Schulklassen, die sich der
Erforschung der Geschichte ihres Ortes in der Zeit des sogenannten «Dritten Reiches» widmen.

Sehr zögernd nur kam die strafrechtliche Aufarbeitung natio-
nalsozialistischer Kriegsverbrechen und namentlich der Schoah
durch deutsche Gerichte, beginnend mit dem Ulmer Einsatz-

gruppen-Prozess von 1958, in Gang. Noch 1986 musste jene öffentliche Auseinandersetzung geführt werden, die als «Historikerstreit» in die Annalen der bundesrepublikanischen Geschichte eingegangen ist: eine Debatte über den historischen Ort des nationalsozialistischen Judenmordes – eines Genozids, der den britischen Kriegspremier Winston Churchill in einem Brief an seinen Außenminister Anthony Eden vom 11. Juli 1944 zu der Feststellung veranlasste: «Es besteht kein Zweifel, dass es sich hier um das wahrscheinlich größte und schrecklichste Verbrechen der ganzen Weltgeschichte handelt, das von angeblich zivilisierten Menschen im Namen eines großen Staates und eines führenden Volkes Europas mit wissenschaftlichen Mitteln verübt wird.»[5]

Viele Deutsche hatten einen langen und schmerzhaften Weg zurücklegen müssen, bevor sie diesem Urteil eines ehemaligen Kriegsgegners rückblickend zustimmen konnten. Aber wären sie nicht bereit gewesen, sich der einzigartigen Monstrosität des Holocaust, der Ermordung der Sinti und Roma, von Zehntausenden geistig behinderter Menschen sowie zahllosen Homosexuellen und der Verantwortung für schrecklichste Kriegsverbrechen in den von Deutschland besetzten und ausgebeuteten Ländern Europas zu stellen, wie hätte die Bundesrepublik Deutschland je wieder zu einem geachteten Mitglied der Völkergemeinschaft werden können?

Besonders schwer war es für die Millionen von Flüchtlingen und Heimatvertriebenen, das ihnen widerfahrene Leid als Folge der deutschen Gewaltpolitik zu begreifen und sich mit dem Verlust ihrer Heimat abzufinden. Aber als nach dem Fall der Berliner Mauer am 9. November 1989, *dem* Symbolereignis der friedlichen Revolutionen in Ostmitteleuropa, deren Vorgeschichte bis zur Gründung der unabhängigen Gewerkschaft Solidarność im August 1980 in Polen zurückreicht, die deutsche Frage unverhofft wieder auf die Tagesordnung der internationalen Politik zurückkehrte, da war der überwältigenden Mehrheit der Deutschen, auch der Heimatvertriebenen, klar, dass es ein wiedervereinigtes Deutschland nur in den Grenzen von 1945 geben konnte. Mit anderen Worten: Die deutsche Frage ließ sich nur lösen, wenn zugleich ein anderes Jahrhundertproblem, die polnische Frage, gelöst wurde. Das eben geschah durch den Zwei-plus-Vier-Vertrag und den deutsch-polnischen Grenzvertrag vom 14. November 1990: zwei Verträge, durch die die bestehende deutsch-polnische Grenze an Oder und Görlitzer Neiße für alle Zukunft in völkerrechtlich verbindlicher Form anerkannt wurde.

Die historische Bedeutung des 3. Oktober 1990, des Tages, an dem die Deutsche Demokratische Republik gemäß Artikel 23 des Grundgesetzes der Bundesrepublik Deutschland beitrat, hat Richard von Weizsäcker beim Festakt in der Berliner Philharmonie in dem Satz zusammengefasst: «Der Tag ist gekommen, an dem zum ersten Mal in der Geschichte das ganze Deutschland seinen dauerhaften Platz im Kreis der westlichen Demokratien findet.»[6]

Anders als das am 8. Mai 1945 untergegangene Deutsche Reich war das wiedervereinigte Deutschland von Anfang an in übernationale Zusammenschlüsse wie die Europäische Union und das Atlantische Bündnis eingebunden. Es ist ein postklassischer Nationalstaat, der einige seiner Hoheitsrechte im Staatenverbund der Europäischen Union gemeinsam mit anderen Mitgliedstaaten ausübt oder auf supranationale Einrichtungen übertragen hat. Seine Einheit erlangte Deutschland 1990 nur wieder, weil es glaubwürdig mit jenen Teilen seiner politischen Tradition gebrochen hatte, die der Entwicklung einer freiheitlichen Demokratie westlicher Prägung entgegenstanden. Eben darauf beruhte Deutschlands «zweite Chance», von der der aus Breslau stammende, von Hitler zur Emigration gezwungene deutsch-amerikanische Historiker Fritz Stern im Juli 1990 gesprochen hat.[7]

Abgeschlossen ist die deutsche Auseinandersetzung mit der eigenen Vergangenheit nicht, und sie wird es auch niemals sein. Jede Generation wird ihren Zugang zum Verständnis einer so widerspruchsvollen Geschichte wie der deutschen suchen. Es gibt vieles Gelungene in dieser Geschichte, nicht zuletzt in der

Zeit nach 1945, über das sich die Bürgerinnen und Bürger der Bundesrepublik Deutschland freuen und worauf sie stolz sein können. Aber die Aneignung dieser Geschichte muss auch die Bereitschaft einschließen, sich den dunklen Seiten der Vergangenheit zu stellen. Niemand erwartet von den Nachgeborenen, dass sie sich schuldig fühlen angesichts von Taten, die lange vor ihrer Geburt von Deutschen im Namen Deutschlands begangen wurden. Zur Verantwortung für das eigene Land gehört aber immer auch der Wille, sich der Geschichte dieses Landes im Ganzen bewusst zu werden.

(Beifall)

Das gilt für alle Deutschen, ob ihre Vorfahren vor 1945 in Deutschland lebten oder erst später hier eingewandert sind, und es gilt für die, die sich entschlossen haben oder noch entschließen werden, Deutsche zu werden.

(Beifall)

Würden die Deutschen der bequemen Versuchung nachgeben, sich nicht mehr an das erinnern zu wollen, was Deutsche nach 1933 und vor allem im Zweiten Weltkrieg an Schuld auf sich geladen haben, sie würden doch immer wieder damit konfrontiert werden, dass die Nachfahren der Opfer diese Geschichte so leicht nicht vergessen können. SS und Wehrmacht haben vielerorts Verbrechen begangen, die aus der kollektiven Erinnerung der betroffenen Völker nicht zu löschen sind. Dazu gehören die fast 900 Tage während Belagerung und Aushungerung von Leningrad, die mindestens 800 000 Menschen das Leben kostete, der billigend in Kauf genommene Tod von über der Hälfte der insgesamt 5,7 Millionen sowjetischen Kriegsgefangenen – der Herr Bundespräsident hat gestern daran erinnert –, die Vernichtung des jüdischen Ghettos in Warschau nach dem Aufstand vom Frühjahr 1943 und die systematische Zerstörung der polnischen Hauptstadt nach dem zweiten Warschauer Aufstand im Oktober 1944.

Ortsnamen wie Oradour und Lidice sind in Deutschland bekannter als Kragujevac in Serbien, Distomo in Griechenland und Marzabotto in Italien. Aber auch diese Namen, und es sind nur einige von vielen, stehen für Massaker, die bis heute nachwirken. Es gibt keine moralische Rechtfertigung dafür, die Erinnerung an solche Untaten in Deutschland *nicht* wachzuhalten

(Beifall)

und die moralischen Verpflichtungen zu vergessen, die sich daraus ergeben. Dasselbe gilt für die unmenschliche Behandlung von Millionen von Zwangsarbeitern, vor allem der sogenannten «Ostarbeiter» und besonders wiederum der Juden, für die Zwangsarbeit fast immer die Vorstufe der Vernichtung war. Unter eine solche Geschichte lässt sich kein Schlussstrich ziehen.

(Beifall)

Neben dem Vergessen gibt es freilich auch noch eine andere Gefahr im Umgang mit dem dunkelsten Kapitel der deutschen Geschichte: eine forcierte Aktualisierung zu politischen Zwecken. Wenn Deutschland sich an Versuchen der Völkergemeinschaft beteiligt, einen drohenden Völkermord oder andere Verbrechen gegen die Menschlichkeit zu verhindern, bedarf es nicht der Berufung auf Auschwitz. Auf der anderen Seite lässt sich weder aus dem Holocaust noch aus anderen nationalsozialistischen Verbrechen noch aus dem Zweiten Weltkrieg insgesamt ein deutsches Recht auf Wegsehen ableiten. Die Menschheitsverbrechen der Nationalsozialisten sind kein Argument, um ein Beiseitestehen Deutschlands in Fällen zu begründen, wo es zwingende Gründe gibt, zusammen mit anderen Staaten im Sinne der «responsibility to protect», einer Schutzverantwortung der Völkergemeinschaft, tätig zu werden.

(Beifall)

Jede tagespolitisch motivierte Instrumentalisierung der Ermordung der europäischen Juden läuft auf die Banalisierung dieses Verbrechens hinaus. Ein verantwortlicher Umgang mit der Geschichte zielt darauf ab, verantwortliches Handeln in der Gegenwart möglich zu machen. Daraus folgt zum einen, dass sich die Deutschen durch die Betrachtung ihrer Geschichte nicht lähmen lassen dürfen. Zum anderen gilt es, politische Entscheidungen nicht dadurch zu überhöhen, dass man sie als die jeweils einzig richtige Lehre aus der deutschen Vergangenheit ausgibt. Jeder Versuch, mit dem Hinweis auf den Nationalsozialismus eine deutsche Sondermoral zu begründen, führt in die Irre.

(Beifall)

Gleichwohl gibt es nach wie vor deutsche Verpflichtungen, die unmittelbar oder mittelbar aus der deutschen Politik der Jahre 1933 bis 1945 erwachsen. Mit an erster Stelle zu nennen sind in diesem Zusammenhang die besonderen Beziehungen zu Israel, wie sie sich in den letzten fünf Jahrzehnten entwickelt haben. Doch auch innerhalb Europas wirkt die Zeit des Nationalsozialismus nach als Vergangenheit, die nicht vergehen will. Das Deutsche Reich hat unter der Führung Hitlers nicht nur die nationale Souveränität und territoriale Integrität vieler europäischer Staaten mit Füßen getreten. Es hat durch den Hitler-Stalin-Pakt, den Angriff auf Polen und den Überfall auf die Sowjetunion auch die Voraussetzungen für die viereinhalb Jahrzehnte während Spaltung Europas in einen freien und einen unfreien Teil geschaffen. Daraus ergibt sich eine besondere Pflicht zur Solidarität mit Ländern, die erst im Zuge der friedlichen Revolutionen von 1989/90 ihr Recht auf innere und äußere Selbstbestimmung wiedergewonnen haben.

(Beifall)

Am 21. November 1990, sieben Wochen nach der Wiedervereinigung Deutschlands, wurde in der französischen Hauptstadt die Charta von Paris unterzeichnet. Darin verpflichteten sich alle 34 Mitgliedstaaten der Konferenz über Sicherheit und Zusammenarbeit in Europa, «die Demokratie als einzige Regierungsform unserer Nationen aufzubauen, zu festigen und zu stärken». In einem Augenblick, da Europa am Beginn eines neuen Zeitalters stehe, bekannten sich die Unterzeichnerstaaten, unter ihnen die Sowjetunion, zur friedlichen Beilegung von Streitfällen. Sie bekräftigten die Prinzipien der 15 Jahre zuvor unterzeichneten Schlussakte von Helsinki, darunter die Achtung der territorialen Integrität und der politischen Unabhängigkeit sowie den Verzicht auf die Androhung und Anwendung von Gewalt.[8] Wenn es irgendein Datum gibt, das für das definitive Ende der zweiten Nachweltkriegszeit des 20. Jahrhunderts steht, dann ist es der Tag der Unterzeichnung der Charta von Paris, der 21. November 1990.

Von den Hoffnungen der Epochenwende der Jahre 1989 bis 1991 sind einige in Erfüllung gegangen, andere nicht. Der durch die Vereinbarungen der «Großen Drei» von Jalta, der USA, Großbritanniens und der Sowjetunion, im Februar 1945 geteilte alte europäische Okzident ist wieder zusammengewachsen. In Ostmittel- und Südosteuropa entstand, anders als nach 1918, kein neues «Zwischeneuropa», keine Zone der wirtschaftlichen, politischen und militärischen Instabilität. Vielmehr gehören die meisten Demokratien dieser Region inzwischen der Europäischen Union und dem Atlantischen Bündnis an. Die Vision vom trikontinentalen Friedensraum von Vancouver bis Wladiwostok, einem großen Bund freiheitlicher Demokratien, aber wurde nicht verwirklicht. Das Jahr 2014 markiert eine tiefe Zäsur: Durch die völkerrechtswidrige Annexion der Krim ist die Gültigkeit der Prinzipien der Charta von Paris radikal infrage gestellt – und mit ihr die europäische Friedensordnung, auf die sich die einstigen Kontrahenten des Kalten Krieges damals verständigt hatten.

(Beifall)

Deutschland hat während des immer noch andauernden Konflikts um die Ukraine alles getan, was in seinen Kräften steht, um den Zusammenhalt der Europäischen Union und des Atlantischen Bündnisses zu sichern. Es hat sich zugleich in enger Abstimmung mit seinen Verbündeten und mit der Ukraine darum bemüht, im Dialog mit Russland so viel wie möglich von jener Politik der konstruktiven Zusammenarbeit zu retten oder wiederherzustellen, auf die sich Ost und West nach dem Ende des Kalten Krieges geeinigt hatten. *Eines* galt und gilt es dabei immer zu beachten, und auch das ist eine Lehre aus der deutschen Geschichte: Nie wieder dürfen unsere ostmitteleuropäischen Nachbarn, die 1939/40 Opfer der deutsch-sowjetischen Doppelaggression im Zuge des Hitler-Stalin-Paktes wurden und die heute unsere Partner in der Europäischen Union und im Atlantischen Bündnis sind – nie wieder dürfen Polen und die baltischen Republiken den Eindruck gewinnen, als werde zwischen Berlin und Moskau irgendetwas über ihre Köpfe hinweg und auf ihre Kosten entschieden.

(Beifall)

Ende Mai 1945, wenige Wochen nach dem Ende des Zweiten Weltkrieges in Europa, trug Thomas Mann, im Ersten Weltkrieg noch ein beredter Fürsprecher der deutschen «Ideen von 1914», in der Library of Congress in Washington auf Englisch Gedanken über «Deutschland und die Deutschen» vor. In dieser Rede, die nach seinem eigenen Zeugnis ein «Stück deutscher Selbstkritik» sein sollte, steht ein Satz, der das Ergebnis seines Nachdenkens prägnant bündelt: «Die Deutschen ließen sich verführen, auf ihren eingeborenen Kosmopolitismus den Anspruch auf europäische Hegemonie, ja auf Weltherrschaft zu gründen, wodurch er zu seinem strikten Gegenteil, zum anmaßlichsten und bedrohlichsten Nationalismus und Imperialismus wurde.»[9]

Mit dem Selbstverständnis eines Staatenverbundes wie der Europäischen Union ist die Hegemonie *eines* Landes unvereinbar. Dem wiedervereinigten Deutschland fällt innerhalb der EU schon aufgrund seiner Bevölkerungszahl und seiner Wirtschaftskraft eine besondere Verantwortung für den Zusammenhalt und die Weiterentwicklung dieser supranationalen Gemeinschaft zu. Dazu kommt die Verantwortung, die sich aus der deutschen Geschichte ergibt. Es ist eine an Höhen und Tiefen reiche Geschichte, die nicht aufgeht in den Jahren 1933 bis 1945 und die auch nicht zwangsläufig auf die Machtübertragung an Hitler hingeführt, wohl aber dieses Ereignis und seine Folgen ermöglicht hat. Sich dieser Geschichte zu stellen, ist beides: ein europäischer Imperativ und das Gebot eines aufgeklärten Patriotismus. Um es in den Worten des dritten Bundespräsidenten Gustav Heinemann aus seiner Rede zum Amtsantritt am 1. Juli 1969 zu sagen: «Es gibt schwierige Vaterländer. Eines davon ist Deutschland. Aber es ist *unser* Vaterland.»[10]

Ich danke Ihnen.

(Beifall – Die Anwesenden erheben sich.)

# Abkürzungsverzeichnis

| | |
|---|---|
| ABC-Waffen | atomare, bakteriologische/biologische und chemische Waffen |
| AfD | Alternative für Deutschland |
| CDU | Christlich-Demokratische Union Deutschlands |
| CSU | Christlich-Soziale Union in Bayern |
| DDR | Deutsche Demokratische Republik |
| DM | Deutsche Mark |
| EG | Europäische Gemeinschaften |
| EKD | Evangelische Kirche in Deutschland |
| EU | Europäische Union |
| EZB | Europäische Zentralbank |
| FDP | Freie Demokratische Partei |
| FPÖ | Freiheitliche Partei Österreichs |
| KP | Kommunistische Partei |
| KPD | Kommunistische Partei Deutschlands |
| NATO | North Atlantic Treaty Organization |
| NSDAP | Nationalsozialistische Deutsche Arbeiterpartei |
| OSZE | Organisation für Sicherheit und Zusammenarbeit in Europa |
| PDS | Partei des Demokratischen Sozialismus |
| SED | Sozialistische Einheitspartei Deutschlands |
| SPD | Sozialdemokratische Partei Deutschlands |
| UNO | United Nations Organization |
| USA | United States of America |

# Anmerkungen

## I. DEUTSCHLAND AUF DER SUCHE NACH SICH SELBST

### Der unverhoffte Nationalstaat

1 National-Zeitung (Berlin), 4.12.1866 (Morgenblatt), zit. bei Heinrich August Winkler, Der lange Weg nach Westen. Bd. 1: Deutsche Gesichte vom Ende des Alten Reiches bis zum Untergang der Weimarer Republik, München 2005⁵, S. 191.

### War die Wiedervereinigung ein Fehler?

1 Ludwig Thoma, Sämtliche Beiträge aus dem «Miesbacher Anzeiger» 1920/21. Kritisch ediert und kommentiert von Wilhelm Volkert, München 1989, S. 341.

2 Leserbrief des Professors der Rechtswissenschaft Manfred Löwisch an die «Badische Zeitung» (Freiburg), 19.7.1990

3 Leserbrief von Carl L. Lotz, Heidelberg, an die «Rhein-Neckar-Zeitung» (Heidelberg), 3.9.1990.

4 Alexander Gauland, Zwischen tragischer Geste und demokratischer Anstrengung. Gedanken über die deutsche Ideologie und die europäische Zukunft, in: «Frankfurter Allgemeine Zeitung», 27.3.1990.

### Wider die postnationale Nostalgie

1 Karl Dietrich Bracher, Die deutsche Diktatur. Entstehung, Struktur, Folgen des Nationalsozialismus, Frankfurt a. M. 1979⁶, S. 544 (Nachwort zur 5. Auflage); ders., Politik und Zeitgeist. Tendenzen der siebziger Jahre, in: ders., Wolfgang Jäger, Werner Link, Republik im Wandel 1969–1974. Die Ära Brandt (Geschichte der Bundesrepublik Deutschland, Bd. V, 1), Stuttgart 1986, S. 285–406 (406).

2 Heinrich August Winkler, Bismarcks Schatten. Ursachen und Folgen der deutschen Katastrophe, in: Die Neue Gesellschaft/Frankfurter Hefte 35 (1988), Heft 2 (Februar), S. 111–121 (111).

3 Ders., Der lange Weg nach Westen. Bd. 2: Vom «Dritten Reich» bis zur Wiedervereinigung, München 2010⁵, S. 480f.

4 Ebd., S. 540 f.

5 Johann Wolfgang von Goethe, Werke, Weimarer Ausgabe, München 1987, Bd. 5, S. 218.

6 Friedrich Meinecke, Weltbürgertum und Nationalstaat (1906), Werke, Bd. 5, München 1962.

7 Hermann Heimpel, Entwurf einer deutschen Geschichte, in: ders., Der Mensch in seiner Gegenwart. Acht historische Essais, Göttingen 1957², S. 162–195 (173).

8 Jürgen Habermas, Eine Art Schadensabwicklung, in: «Historikerstreit». Die Dokumentation der Kontroverse um die Einzigartigkeit der nationalsozialistischen Judenvernichtung, München 1987, S. 62–76 (75).

## Rücksichtslos gewaltfrei

1 Günter Verheugen, Außenpolitik nicht auf Bundeswehreinsätze reduzieren, in: Vorwärts, Heft 8, August 1995.

2 Immanuel Kant, Kritik der praktischen Vernunft, Hamburg 1959¹⁰, Erster Teil, I. Buch, 1. Hauptstück, § 8, S. 43.

3 Ralph Giordano, Ich stehe zu Bärbel Bohley, in: Berliner Zeitung, 28.6. 1995.

4 Karl Dietrich Bracher, Die deutsche Diktatur. Entstehung, Struktur, Folgen des Nationalsozialismus, Frankfurt a. M. 1979⁶, S. 109 ff.

5 Egon Bahr, Was wird aus den Deutschen? Fragen und Antworten, Reinbek 1982, S. 109 ff.

## Lesarten der Sühne

1 Heinrich August Winkler, Der lange Weg nach Westen. Bd. 2: Vom «Dritten Reich» bis zur Wiedervereinigung, München 2010⁵, S. 537.

2 Ebd., S. 540 f.

3 Walther Rathenau, Der Kaiser (1919), in: ders., Schriften und Reden, Frankfurt 1964, S. 235–272 (249).

4 Lea Rosh, Kriegsdenkmäler – ja, Holocaust-Denkmal – nein? In: Vorwärts, Heft 11 (1988).

5 Ernst Nolte, Vergangenheit, die nicht vergehen will, in: «Historikerstreit». Die Dokumentation der Kontroverse um die Einzigartigkeit der nationalsozialistischen Judenvernichtung, München 1987, S. 13–35.

6 Joschka Fischer, Vorwort, in: Andrei S. Markovits und Simon Reich, Das deutsche Dilemma. Die Berliner Republik zwischen Macht und Machtverzicht, Berlin 1998.

7 Winkler, Weg, Bd. II (Anm. 1), S. 534 f.

8 Hermann Heimpel, Entwurf einer deutschen Geschichte, in: ders., Der Mensch in seiner Gegenwart. Acht historische Essais, Göttingen 1957[2], S. 162–195 (193).

9 Ernest Renan, Was ist eine Nation? Und andere politische Schriften, hg. von Walter Euchner, Wien 1995, S. 57.

10 Stéphane Courtois, Das Schwarzbuch des Kommunismus. Unterdrückung, Verbrechen und Terror (frz. Orig.: Paris 1997), München 1998.

11 Winkler, Weg, Bd. II, (Anm. 1), S. 654.

12 Ebd., S. 654 f.

### 3. Oktober oder 9. November?

1 Fischers Äußerungen zum Tag der Deutschen Einheit: «Wir versuchen, was wir können» (Interview), in: «Die Zeit», Nr. 41, 5.10.2010.

### Die Fallstricke der nationalen Apologie

1 Martin Walser, Über ein Geschichtsgefühl, in: Der Tagesspiegel, 10.5.2002.

2 George F. Kennan, The Decline of Bismarck's European Order. Franco-Russian Relations, 1875–1890, Princeton 1979, S. 3.

3 Heinrich August Winkler, Die verdrängte Schuld. Warum die Weimarer Sozialdemokraten auf den moralischen Bruch mit dem Kaiserreich verzichteten, in: ders., Auf ewig in Hitlers Schatten?, München 2008[2], S. 58–71.

### Ganz gewöhnliche Antisemiten

1 Der Wortlaut der Rede: http://www.heise.de/tp/artikel/15/15981/1.html

2 General lobte Hohmann. Struck schmeißt KSK-Chef raus. SPIEGEL Online. http://www.spiegel.de/politik/deutschland/general-lobte-hohmann-struck-schmeisst-ksk-chef-raus-a-272524.html.

3 Ernst Nolte, Vergangenheit, die nicht vergehen will (Frankfurter Allgemeine Zeitung, 6.6.1986), in: «Historikerstreit». Die Dokumentation der Kontroverse um die Einzigartigkeit der nationalsozialistischen Judenvernichtung, München 1987, S. 39–47.

4 Wilhelm Mommsen (Hg.), Deutsche Parteiprogramme, München 1960, S. 78–80 (78).

5 Ebd., S. 533–543 (538).

6 Heinrich August Winkler, Weimar 1918–1933. Die Geschichte der ersten deutschen Demokratie, München 2005⁴, S. 269.

7 Ders., Der lange Weg nach Westen. Bd. 1: Deutsche Geschichte vom Ende des Alten Reiches bis zum Untergang der Weimarer Republik, München 2010⁵, S. 466.

8 Ebd., S. 466.

9 Ders., Der lange Weg nach Westen. Bd. 2: Deutsche Geschichte vom «Dritten Reich» bis zur Wiedervereinigung, München 2010⁵, S. 101.

10 Ebd., S. 99.

11 Ebd., S. 82 f.

12 «Denk' ich an Deutschland». Rede des Regierenden Bürgermeisters von Berlin, Brandt, im Politischen Club der Evangelischen Akademie Tutzing, 15. Juli 1963, in: Willy Brandt, Berliner Ausgabe, Bd. 3: Berlin bleibt frei. Politik in und für Berlin 1947–1966, bearbeitet von Siegfried Heimann, Bonn 2004, S. 419–449 (427).

## Macht, Moral und Menschenrechte

1 Eberhard Sandschneider, Deutsche Außenpolitik. Eine Gestaltungsmacht in der Kontinuitätsfalle, in: Aus Politik und Zeitgeschichte (Beilage der Wochenzeitung «Das Parlament»), 6.3.2013, S. 3–9; Jörg Lau, Das bisschen Unterdrückung, in: Die Zeit, Nr. 7, 7.2.2013.

2 Interview mit Alexander Rahr: Deutschlands Ostpolitik hat die Balance verloren, Spiegel Online, 18.3.2013; Jörg Lau, «Siedlungsraum» im Osten, in: Die Zeit, Nr. 12, 14.3.2013.

3 Helmut Schmidt bei «Beckmann», ARD, 2.5.2013; ähnlich ders., Besuch bei einer Weltmacht, in: Die Zeit, Nr. 18, 25.4.2013.

4 Montesquieu, De l'esprit des lois, Œuvres complètes, Bd. II, Paris 1951, S. 716–718, 750 f.

5 Heinrich August Winkler, Geschichte des Westens. Von den Anfängen in der Antike bis zum 20. Jahrhundert, München 2015⁴, bes. S. 52 ff.; ders., Was heißt westliche Wertegemeinschaft?, Internationale Politik 68 (2013), Nr. 4 (April), S. 66–85, April 2007, S. 66–85.

6 Jürgen Habermas, Eine Art Schadensabwicklung, in: «Historikerstreit». Die Dokumentation der Kontroverse um die Einzigartigkeit der nationalsozialistischen Judenvernichtung, München 1987, S. 62–76 (75).

7 Francis Fukuyama, Das Ende der Geschichte. Wo stehen wir?, München 1992.

8 Peter Opitz (Hg.), Forum der Welt: 40 Jahre Vereinte Nationen, Bonn 1986, S. 318–334.

9 Ebd., S. 335–338.

10 EuropaArchiv, Dokumente 48 (1993), S. D 498–D 520.

11 EuropaArchiv, Dokumente 45 (1990), S. D 656–D 664.

12 Die Charta 77 u.a. in: Frankfurter Allgemeine Zeitung, 7.1.1977, die Charta 08, in: ebd., 8.10.2010.

13 Alex J. Bellamy, Responsibility to Protect. The Global Effort to End Mass Atrocities, Cambridge 2009; Matthias Wenzel, Schutzverantwortung im Völkerrecht. Zu Möglichkeiten und Grenzen der «Responsibility to Protect»-Konzeption, Hamburg 2010.

14 Sandschneider, Außenpolitik (Anm. 1), S. 8.

15 Ludwig August (richtig: August Ludwig) von Rochau, Grundsätze der Realpolitik. Angewendet auf die staatlichen Zustände Deutschlands [1853], hg. u. eingel. von Hans-Ulrich Wehler, Frankfurt 1972, S. 25 f.

16 Heinrich von Treitschke, Politik. Vorlesungen gehalten an der Universität zu Berlin, 2 Bde., Leipzig 1899/1900.

17 Timothy Garton Ash, Lässt sich die europäische Macht moralisch begründen? (2004), in: ders., Jahrhundertwende. Weltpolitische Betrachtungen 2000–2010, München 2010, S. 119–136 (135).

18 Hans Morgenthau, Macht und Frieden. Grundlegung einer Theorie der internationalen Politik, Gütersloh 1963; Henry A. Kissinger, Großmacht Diplomatie. Von der Staatskunst Castlereaghs und Metternichs, Düsseldorf 1962.

19 Robert Musil, Der Mann ohne Eigenschaften. Roman, Hamburg 1952, S. 16. Das Zitat lautet: «Wenn es aber Wirklichkeitssinn gibt, und niemand bezweifelt, daß er seine Daseinsberechtigung hat, dann muß es auch etwas geben, das man Möglichkeitssinn nennen kann.»

20 Johann Gustav Droysen, Historik. Vorlesungen über Enzyklopädie und Methodologie der Geschichte. Hg. v. Rudolf Hübner, Darmstadt 1960⁴, S. 184.

21 Immanuel Kant, Zum ewigen Frieden. Ein philosophischer Entwurf (1795), in: ders., Kleinere Schriften zur Geschichtsphilosophie, Ethik und Politik, Hamburg 1959, S. 115–169 (153).

22 Erhard Eppler, Bescheidenheit könnte uns nicht schaden, Süddeutsche Zeitung, 26.11.2012.

23 Edgar Wolfrum, Rot-Grün an der Macht. Deutschland 1998–2005, München 2013, S. 76 ff.

## Anmerkungen

### Die Spuren schrecken

1 Rede von Gauland zur Krise in der Ukraine. Alternative für Deutschland. https://www.alternativefuer.de/2014/03/23/rede-von-gauland-zur-krise-in-der-ukraine/.

2 Ebd.

3 «Absurde Vorstellung», in: DER SPIEGEL, Nr. 48, 23.11.2009.

4 Vertrag über die abschließende Regelung in Bezug auf Deutschland vom 12. September 1990, Art. 5, Abs. 3.

5 Mark Kramer, The Myth of a No-NATO-Pledge in Russia, in: The Washington Quarterly 32, Nr. 2 (2009), S. 39–61.

6 Ulf Terlinden, Die Erweiterung der NATO und ihr Verhältnis zu Russland. Berliner Informationszentrum für Transatlantische Sicherheit (BITS). Research Report 99.3, Dezember 1999.

7 Konferenz über Sicherheit und Zusammenarbeit in Europa. Schlussakte. Helsinki 1975.

8 Heinrich August Winkler, Geschichte des Westens. Die Zeit der Weltkriege 1914–1945, München 2011, S. 332 ff.

9 Gerd Koenen, Der Russland-Komplex. Die Deutschen und der Osten 1900–1945, München 2005, S. 131.

10 Ebd., S. 401.

11 Klemens von Klemperer, Konservative Bewegungen zwischen Kaiserreich und Nationalsozialismus, München 1962, S. 169 ff.

12 Horaz, Episteln I, 1, 74.

13 Owen Matthews, Putins Masterplan, in: Cicero. Magazin für politische Kultur, Nr. 4 (April 2014), S. 52–57 (54).

14 Ebd., S. 57.

15 Harold J. Berman, Recht und Revolution. Die Bildung der westlichen Rechtstradition (amerik. Orig.: Cambridge, Mass. 1983), Frankfurt 1991.

16 Philipp Zelikow/Condoleezza Rice, Sternstunde der Diplomatie. Die deutsche Einheit und das Ende der Spaltung Europas (amerik. Orig.: Cambridge, Mass. 1995), Berlin 1996, S. 190.

17 Zitiert aus der Rede Putins vor der Duma, 25.4.2005, nach: Boris Chavkin, Die Nostalgie nach dem Stalinschen Imperium im postsowjetischen Diskurs, in: Forum für osteuropäische Ideen und Zeitgeschichte 13 (2009), S. 81–99.

18 Francis Fukuyama, Das Ende der Geschichte. Wo stehen wir? (amerik. Orig.: New York 1992), München 1992.

# Anmerkungen

## Ein ziemlich deutscher Pazifismus

1 Ost-Pfarrer gegen Gauck, in: Deutschlandfunk – Tag für Tag, 4.7.2014, 09.05 Uhr.
2 Zit. ebd.
3 Alex J. Bellamy, Responsibility to Protect. The Global Effort to End Mass Atrocities, Cambridge 2009.
4 Jürgen Habermas, Eine Art Schadensabwicklung. Die apologetischen Tendenzen in der deutschen Zeitgeschichtsschreibung, in: «Historikerstreit». Die Dokumentation der Kontroverse um die Einzigartigkeit der nationalsozialistischen Judenvernichtung, München 1987, S. 62–76 (75).

## II. STREITFRAGEN DER DEUTSCHEN INNENPOLITIK

### Wandel durch Anbiederung?

1 «Tout comprendre c'est tout pardonner»: Das Wort wird auf die Madame de Staël (Corinne ou l'Italie, 1807) zurückgeführt. Georg Büchmann, Geflügelte Worte, Frankfurt 1957, S. 127.
2 Friedrich Schorlemmer, Das unwürdige Spiel beenden. Vom Umgang mit dem Stasi-Erbe und den Folgen, in: Frankfurter Rundschau, 29.2.1992.

### Von Australien lernen?

1 Roma locuta, causa finita (Rom hat gesprochen, die Sache ist entschieden): Auf Augustinus zurückgeführte Redensart. Georg Büchmann, Geflügelte Worte, Frankfurt 1957, S. 197.
2 Anke Brunn widerspricht Sabine Etzold, in: *Die Zeit*, Nr. 37, 6.9.1997.
3 «Die Uni ist kein Friseurladen», in: *Der Spiegel*, Nr. 14, 31.3.1997.

### Die Stunde der Generalisten

1 Die Uni zwischen Rot und Grün. Ein Streitgespräch zwischen den Bildungspolitikern Jürgen Zöllner (SPD) und Matthias Berninger (Die Grünen), in: *Die Zeit*, Nr. 47, 14.11.1997.
2 «Misera contribuens plebs» (das arme steuerzahlende Volk): Formel des ungarischen Juristen Verböczi. Georg Büchmann, Geflügelte Worte, Frankfurt 1957, S. 199.

3 Karin Bundschuh, Der hessische Streikbote, in: Berliner Zeitung, 25.11. 1997.

## Wenn der Pfarrer ein Komödiant ist

1 Johann Wolfgang Goethe, Faust I, Hexenküche.

2 Schorlemmers Vorschlag einer Teilamnestie wurde abgedruckt in: Der Tagesspiegel, 4.1.1999.

3 Friedrich Schorlemmer, Den Frieden riskieren, in: Friedenspreis des deutschen Buchhandels 1993, Berlin 1993.

4 «Stasi-Akten ins Freudenfeuer». Interview mit Friedrich Schorlemmer, in: Express (Halle), 11.11.1993.

5 Goethe, Faust I, Nacht.

## Sozialliberal oder sozialkonservativ?

1 Edgar Wolfrum, Rot-Grün an der Macht. Deutschland 1998–2005, München 2013, S. 145 f.

## Von Marx zur Marktlücke

1 Gerhard Schröder, Zuverlässigkeit und Berechenbarkeit in der Außenpolitik. Ansprache von Bundeskanzler Gerhard Schröder anlässlich des 4. Forums «Fazit Deutschland» am 22.9.1999 in Berlin, in: Bulletin der Bundesregierung 59/1999, S. 605–608.

2 Karl Marx, Das Kapital. Kritik der politischen Ökonomie, 1. Band. Marx-Engels-Werke, Band 23, Berlin 1962, S. 12.

3 England and America are two countries separated by the same language (Reader's Digest, November 1942, S. 100).

4 Zum Schröder-Blair-Papier: Edgar Wolfrum, Rot-Grün an der Macht. Deutschland 1998–2005, München 2013, S. 145 ff.

5 Peter Glotz, Die beschleunigte Gesellschaft. Kulturkämpfe im digitalen Kapitalismus, München 1999.

6 Bismarck und der Staat. Ausgewählte Dokumente. Eingeleitet von Hans Rothfels, Stuttgart 1953[2], S. 359 (Bismarck gegenüber dem Schriftsteller Moritz Busch, 26.6.1881).

7 Ralf Dahrendorf, Das Elend der Sozialdemokratie, in: Merkur. Deutsche Zeitschrift für europäisches Denken 41 (1987), Heft 12, S. 1021–1038.

## Missgriff in die Geschichte

1 Heinrich August Winkler, Weimar. Die Geschichte der ersten deutschen Demokratie 1918–1933, München 2005⁴, S. 375 ff.
2 Oskar Lafontaine, Die Wiedergeburt Heinrich Brünings, in: BILD, 18.11. 2002.

## Die große Illusion

1 Thukydides, Der Peloponnesische Krieg. Hg. und übersetzt von Georg Peter Landmann, Düsseldorf 2002, S. 11 f., (II, 37).
2 Ebd., S. 130 (II, 65); Gustav Adolf Lehmann, Perikles. Staatsmann und Stratege im klassischen Athen, München 2008, S. 19 f.
3 Willi Paul Adams und Angela Meurer Adams (Hg.), Die Amerikanische Revolution 1763–1787, München 1976, S. 350 f.
4 Carl Schmitt, Die geistesgeschichtliche Lage des heutigen Parlamentarismus (1923), Berlin 1926², S. 8.
5 Thymian Bussemer, Die erregte Republik. Wutbürger und die Macht der Medien, Stuttgart 2011, S. 210.
6 Ernst Fraenkel, Die repräsentative und die plebiszitäre Komponente im demokratischen Verfassungsstaat, in: ders., Deutschland und die westlichen Demokratien, Stuttgart 1964, S. 71–109 (105).

## III. EUROPA ZWISCHEN ERWEITERUNG UND VERTIEFUNG

### Grenzen der Erweiterung

1 Paul Kennedy, The Rise and Fall of the Great Powers. Economic Change and Military Conflict from 1500 to 2000, New York 1987, S. 515.
2 Matthäus 22,21; Markus 12,17; Lukas 20,26.

### Europa an der Krisenkreuzung

1 Jacob Burckhardt, Über das Studium der Geschichte. Der Text der «Weltgeschichtlichen Betrachtungen», auf Grund der Vorarbeiten von Ernst Ziegler, hg. von Peter Ganz, München 1982, S. 213.
2 Andreas Rödder, Deutschland einig Vaterland. Die Geschichte der Wiedervereinigung, München 2009, S. 264 ff.; Heinrich August Winkler, Ge-

schichte des Westens. Bd. 3: Vom Kalten Krieg zum Mauerfall, München 2014, S. 1019f., 1047ff.

3 Jürgen Habermas, Die postnationale Konstellation und die Zukunft der Demokratie, in: ders., Die postnationale Konstellation. Politische Essays, Frankfurt 1998, S. 91–169.

4 Zum Begriff der «postnationalen Demokratie» siehe S. 30f.

5 Hermann Heimpel, Entwurf einer deutschen Geschichte, in: ders., der Mensch in seiner Gegenwart. Acht historische Essais, Göttingen 1957², S. 162–195 (173).

6 Heinrich August Winkler, Geschichte des Westens. Bd. 4: Die Zeit der Gegenwart, München 2015², S. 159ff.

7 Georg Wilhelm Friedrich Hegel, Phänomenologie des Geistes. Mit einem Nachwort von Georg Lukács, Frankfurt 1970, S. 27 (Vorrede).

8 Karl Marx, Der achtzehnte Brumaire des Louis Bonaparte (1852), in: Karl Marx/Friedrich Engels, Werke, Berlin 1959ff., Bd. 8, S. 11–207 (204).

## Schreckliche Vereinfacher am Werk

1 Heinrich August Winkler, Geschichte des Westens. Von den Anfängen in der Antike bis zum 20. Jahrhundert, München 2015³, S. 953.

2 Karl Marx, Der achtzehnte Brumaire des Louis Bonaparte (1852), in: Karl Marx/Friedrich Engels, Werke, Berlin 1959ff., Bd. 8, S. 11–207 (204).

3 Colin Crouch, Postdemokratie (engl. Orig.: Cambridge 2008), Frankfurt 2008.

4 Ernst Fraenkel, Die repräsentative und die plebiszitäre Komponente im demokratischen Verfassungsstaat (1958), in: ders., Deutschland und die westlichen Demokratien, Stuttgart 1964, S. 71–109 (105).

5 Ralf Dahrendorf, Über Populismus, in: ders., Der Wiederbeginn der Geschichte. Vom Fall der Mauer zum Krieg im Irak, München 2004, S. 314–321 (318).

## Europa wird westlich oder gar nicht sein

1 Colin Crouch, Postdemokratie (engl. Orig.: Cambridge 2008), Frankfurt 2008.

2 Heinrich August Winkler, Geschichte des Westens, Bd. 4: Die Zeit der Gegenwart, München 2015², S. 424f.

3 Jan Werner Müller, Wo Europa endet. Ungarn, Brüssel und das Schicksal der liberalen Demokratie, Berlin 2013, S. 59 ff.

4 Heinrich August Winkler, Vom Staatenverbund zur Föderation, in. Frankfurter Allgemeine Zeitung, 13.6.2012.

5 Alan Milward, The European Rescue of the Nation-State, Berkeley 1992, S. 446 f.

6 Gerald Stourzh (Hg.), Annäherungen an eine europäische Geschichtsschreibung, Wien 2002, S. XI.

## IV. ZERREISS- UND BEWÄHRUNGSPROBEN DES WESTENS

### Die NATO in der Zerreißprobe

1 Edgar Wolfrum, Rot-Grün an der Macht. Deutschland 1998–2005, München 2013, S. 410 ff.

2 Herbert Schambeck u. a. (Hg.), Dokumente zur Geschichte der Vereinigten Staaten von Amerika, Berlin 2007[2], S. 770–794. Amerikanisches Original: www.state.gov/documents/organization/63562.pdf.

3 Ludwig Dehio, Gleichgewicht oder Hegemonie. Betrachtungen über ein Grundproblem der neueren Staatengeschichte, Krefeld 1948.

4 Heinrich August Winkler, Geschichte des Westens. Bd. 4: Die Zeit der Gegenwart, München 2015[2], S. 215.

5 Robert Kagan, Power and Weakness, in: Policy Review 113 (2002), S. 3–28.

### Die Welt vom Bösen zu erlösen

1 Heinrich August Winkler, Geschichte des Westens, Bd. 1: Von den Anfängen in der Antike bis zum 20. Jahrhundert, München 2015[3], S. 964 ff.

2 Herbert Schambeck u. a. (Hg.), Dokumente zur Geschichte der Vereinigten Staaten von Amerika, Berlin 2007[2], S, 770–794.

3 Ernest Lee Tuveson, Redeemer Nation. The Idea of America's Millennial Role, Chicago 1968.

4 Winkler, Geschichte 1 (Anm. 1), S. 965 f.

5 Ders., Geschichte des Westens. Bd. 2: Die Zeit der Weltkriege 1914–1945, München 2011, S. 86.

6 Ders., Geschichte des Westens. Bd. 3: Vom Kalten Krieg zum Mauerfall, München 2014, S. 818 f.

7 Ders., Geschichte des Westens, Bd. 4: Die Zeit der Gegenwart, München 2015[2], S. 212.

8 Carl Schmitt, Politische Theologie. Vier Kapitel zur Lehre von der Souveränität, München 1934[2], S. 11.

9 Winkler, Geschichte 4 (Anm. 7), S. 215.

## Wenn die Macht Recht spricht

1 Carl Schmitt, Der Begriff des Politischen. Text von 1932 mit einem Vorwort und drei Corrollarien, Berlin 2002[7].

2 Heinrich Meier, Carl Schmitt, Leo Strauss und «Der Begriff des Politischen». Zu einem Dialog unter Abwesenden. Erweiterte Neuausgabe,
Stuttgart 1998.

3 Carl Schmitt, Gespräch über die Macht und den Zugang zum Machthaber,
Pfullingen 1954.

4 Ernst Fraenkel, Das amerikanische Regierungssystem. Eine politologische
Analyse. Quellenbuch, Köln 1962[2], S. 28–32 (28).

5 Michael J. Glennon, Why The Security Council Failed, in: Foreign Affairs
82, Nr. 3 (2003), S. 16–35. Das Zitat von Francis Fukuyama aus ders., The
West May Be Cracking, in: International Herald Tribune, 9.8.2002.

## Wer schweigt, hat unrecht

1 Erhard Eppler, Europa darf Russland und China nicht verprellen, in: Süddeutsche Zeitung, 28.11.2007.

2 Max Weber, Politik als Beruf (1919), in: ders., Gesammelte politische
Schriften, Tübingen 1958[2], S. 493–548 (548).

## Angriff auf das westliche Projekt

1 Heinrich August Winkler, Geschichte des Westens. Bd. 4, Die Zeit der Gegenwart, München 2015[2], S. 34f.

2 Ebd., S. 543f.

## V. DIE DEUTSCHEN VON SICH SELBST BEFREIT

1 Richard von Weizsäcker, Der 8. Mai 1945–40 Jahre danach, in: Reden und
Interviews 1. 1. Juli 1984–30. Juni 1985, Bonn 1986, S. 279–295 (280).

2 Ian Kershaw, Der Hitler-Mythos. Volksmeinung und Propaganda im Dritten Reich, Stuttgart 1980, S. 70f.

3 Ernst Cassirer, Der Mythus des Staates. Philosophische Grundlagen politischen Verhaltens (1949), Frankfurt 1985, S. 364.

4 Armin Boyens, Das Stuttgarter Schuldbekenntnis vom 19. Oktober 1945 – Entstehung und Bedeutung, in: Vierteljahrshefte für Zeitgeschichte 19 (1971), S. 347–397 (der Text des «Stuttgarter Schuldbekenntnisses»: 347 f.).

5 Winston S. Churchill, Der Zweite Weltkrieg (engl. Orig.: London 1948 ff.), Bd. 6: Triumph und Tragödie, 1. Buch: Dem Sieg entgegen, Bern 1954, S. 413.

6 Texte zur Deutschlandpolitik, Reihe III, Bd. 8b, Bonn 1991, S. 717–731 (718).

7 Fritz Stern, Die zweite Chance. Die Wege der Deutschen, in: Frankfurter Allgemeine Zeitung, 26.7.1990. Wieder abgedruckt in: Udo Wengst (Hg.), Historiker betrachten Deutschland. Beiträge zum Wiedervereinigungsprozeß und zur Hauptstadtdiskussion, Bonn 1992, S. 139–143.

8 Karl Kaiser, Deutschlands Vereinigung. Die internationalen Aspekte. Mit den wichtigsten Dokumenten, Bergisch-Gladbach 1991, S. 368–375.

9 Thomas Mann, Deutschland und die Deutschen, in: ders., Gesammelte Werke in dreizehn Bänden, Bd. 11, Frankfurt 1990, S. 1126–1148 (1141).

10 Gustav Heinemann, Reden und Schriften. Bd. 1: Allen Bürgern verpflichtet. Reden des Bundespräsidenten 1969–1974, S. 13–20 (20, Hervorhebung im Original).

# Drucknachweise

Der unverhoffte Nationalstaat. Deutsche Einheit: Die Vorzeichen sind günstiger als 1871.
DIE ZEIT, Nr. 40, 28.9.1990 (redaktioneller Titel: Mit Skepsis zur Einigung). Historiker betrachten Deutschland. Beiträge zum Vereinigungsprozeß und zur Hauptstadtdiskussion, Bonn 1992, S. 162–172.

War die Wiedervereinigung ein Fehler? Bonn oder Berlin: Eine Glosse zum Hauptstadtstreit
DIE ZEIT, Nr. 18, 26.4.1991 (redaktioneller Titel: Alle lieben Berlin... und wollen doch vᴜn Bonn nicht lassen).

Wider die postnationale Nostalgie
Die neue Gesellschaft/Frankfurter Hefte 40 (1993), Heft 7 (Juli), S. 633–639 (ursprünglicher Titel: Abschied von einem deutschen Sonderweg. Wider die postnationale Nostalgie).

Rücksichtslos gewaltfrei. Der Balkan, die SPD und die politische Moral
Frankfurter Allgemeine Zeitung, 7.8.1995.

Lesarten der Sühne. Zur linken Instrumentalisierung von Auschwitz
DER SPIEGEL, Nr. 35, 24.8.1998.

3. Oktober oder 9. November? Der Streit um den Tag der deutschen Einheit
DIE ZEIT, Nr. 46, 9.11.2000.

Die Fallstricke der nationalen Apologie. Eine Antwort an Martin Walser
Der Tagesspiegel, 12.5.2002.

Ganz gewöhnliche Antisemiten. Wo sich Nationalkonservative und Rechtsradikale berühren
DER SPIEGEL, Nr. 47, 17.11.2003.

Macht, Moral und Menschenrechte. Über Werte und Interessen in der deutschen Außenpolitik

# Drucknachweise

Vortrag in der Deutschen Gesellschaft für Auswärtige Politik. 17.6.2013. Internationale Politik 68 (2013), Nr. 4 (Juli/August), S. 116–127. Gekürzt unter dem Titel «Das Beste vom Westen», in: DIE ZEIT, Nr. 26, 30.6.2013.

Die Spuren schrecken. Putins deutsche Verteidiger wissen nicht, in welcher Tradition sie stehen
DER SPIEGEL, Nr. 16, 14.4.2014 (leicht gekürzt).

Ein ziemlich deutscher Pazifismus
Süddeutsche Zeitung, 14.7.2014 (leicht gekürzt).

Wandel durch Anbiederung?
Berliner Zeitung, 9.9.1992.

Von Australien lernen? Zum Streit um nachträgliche Studiengebühren
Frankfurter Allgemeine Zeitung, 23.4.1997.

Die Stunde der Generalisten. Bloß nichts lernen: Mitternacht der Hochschulpolitik
Frankfurter Allgemeine Zeitung, 28.11.1997.

Wenn der Pfarrer ein Komödiant ist. Über einen merkwürdigen Amnestievorschlag
FOCUS, Nr. 2, 11.1.1999.

Sozialliberal oder sozialkonservativ? Zum «Schröder-Blair-Papier»
Der Tagesspiegel, 16.6.1999.

Von Marx zur Marktlücke. Warum die PDS für die SPD ein Problem ist
Frankfurter Allgemeine Zeitung, 19.10.1999.

Missgriff in die Geschichte. Gerhard Schröder ist nicht Heinrich Brüning der Zweite
Der Tagesspiegel, 25.11.2002.

Die große Illusion. Warum direkte Demokratie nicht unbedingt den Fortschritt fördert
DER SPIEGEL, Nr. 47, 20.11.2011.

Grenzen der Erweiterung. Plädoyer für eine privilegierte Partnerschaft mit der Türkei
DIE ZEIT, Nr. 46, 7.11.2002 (redaktioneller Titel: Wir erweitern uns zu Tode).

Europa an der Krisenkreuzung
Frankfurter Allgemeine Zeitung, 13.8.2010.

Schreckliche Vereinfacher am Werk. Was rechte und linke Populisten verbindet
DIE ZEIT, Nr. 6, 6.2.2015 (redaktioneller Titel: Stunde der Vereinfacher).

Europa wird westlich oder gar nicht sein. Gedanken über die normative Identität der EU
Nexus (Tilburg/Niederlande), Nr. 70, 2015.

Die NATO in der Zerreißprobe. Kritik der Bush-Doktrin
DER SPIEGEL, Nr. 40, 30.9.2002.

Die Welt vom Bösen zu erlösen. Die amerikanische Hegemonialpolitik fordert Europa heraus
Süddeutsche Zeitung, 2./3.10.2002.

Wenn die Macht Recht spricht. Amerikas konservative Revolutionäre stellen die Werte des Westens in Frage
DIE ZEIT, Nr. 26, 28.6.2003.

Wer schweigt, hat unrecht. Der Westen, Rußland, China und die Menschenrechte
Süddeutsche Zeitung, 22.12.2007.

Angriff auf das westliche Projekt. Die Ukrainekrise als historische Zäsur
Gespräch mit Josef Kirchengast.
DER STANDARD (Wien), 25.7.2014.

Die Deutschen von sich selbst befreit
Rede zum 70. Jahrestag des 8. Mai 1945. Deutscher Bundestag, 8.5.2015. www.bundestag.de/dokumente/textarchiv2015/kw19_gedenkstunde_wkii_rede_winkler/373858. Gekürzt unter dem Titel «Es gibt keine tiefere Zäsur», in: Frankfurter Allgemeine Zeitung, 9.5.2015.

# Personenregister